〔唐〕李延壽 撰

點校本
二十四史
修訂本

南史

第六冊

卷六八至卷八〇

中華書局

2023 年 10 月第 1 版　　2025 年 5 月第 2 次印刷

ISBN 978-7-101-16353-7

南史卷六十八

列傳第五十八

趙知禮　蔡景歷子徵　宗元饒　韓子高　華皎

劉師知　謝岐　毛喜　沈君理　陸山才

趙知禮字齊旦，天水隴西人也。父孝穆，梁候官令。知禮涉獵文史，善書翰。陳武帝之討元景仲也，或薦之，引爲書記。知禮爲文贍速，每占授軍書，下筆便就，率皆稱旨。由是恒侍左右，深被委任，當時計畫，莫不預焉。武帝征侯景，至白茅灣，上表於梁元帝及與王僧辯論軍事，其文並知禮所製。及景平，授中書侍郎，封始平縣子。陳受命，位散騎常侍、太府卿，權知領軍事。

天嘉元年，進爵爲伯。王琳平，授吳州刺史。知禮沈靜有謀謨，每軍國大事，文帝輒令璽書問之。再遷右將軍，領前軍將軍〔一〕。卒，贈侍中，謚曰忠。子元恭嗣〔二〕。

蔡景歷字茂世，濟陽考城人也。祖點，梁尚書左户侍郎。父大同，輕車岳陽王記室參軍。景歷少俊爽，有孝行，家貧好學，善尺牘，工草隸。爲海陽令，政有能名。在侯景中，與南康嗣王會理通，謀匡復，事泄被執，賊黨王偉保護之，獲免，因客游京口。侯景平，陳武帝鎮朱方，素聞其名，以書要之。景歷對使人答書，筆不停輟〔三〕，文無所改。帝得書，甚加欽賞，即日授征北府中記室參軍，仍領記室。衡陽獻王昌爲吴興太守，帝以鄉里父老，尊卑有數，恐昌年少接對乖禮，乃遣景歷輔之。承聖中，還掌記室。武帝將討王僧辯，獨與侯安都等數人謀之，景歷弗之知。部分既畢，召令草檄，景歷援筆立成，辭義感激，事皆稱旨。及受禪，遷祕書監、中書通事舍人，掌詔誥。

永定二年，坐妻弟受周寶安餉馬，爲御史中丞沈炯所劾，降爲中書侍郎，舍人如故。三年，武帝崩。時外有强寇，文帝鎮南皖，朝無重臣，宣后呼景歷及江大權、杜稜定議，秘不發喪，疾召文帝。景歷躬共宦者及内人密營斂服，時既暑熱，須營梓宮，恐斤斧之聲聞外，乃以蠟爲祕器，文詔依舊宣行。

文帝即位，復爲祕書監，舍人如故。以定策功，封新豐縣子。累遷散騎常侍。文帝誅侯安都，景歷勸成其事，以功遷太子左衛率，進爵爲侯，常侍、舍人如故。坐妻兄劉裕依倚景歷權前後姦詭〔四〕，并受歐陽威餉絹百匹〔五〕，免官。

華皎反，以景歷爲武勝將軍、吳明徹軍司。皎平，明徹於軍中輒戮安成内史楊文通，又受降人馬仗有不分明，景歷又坐不能匡正被收。久之獲宥。

宣帝即位，累遷通直散騎常侍、中書通事舍人，掌詔誥，仍復封邑。

太建五年，都督吳明徹北侵，所向剋捷，大破周梁士彦於吕梁，方進圍彭城。時宣帝鋭意河南，以爲指麾可定，景歷稱師老將驕，不宜過窮遠略。帝惡其沮衆，大怒，猶以朝廷舊臣，不加深罪，出爲豫章内史。未行，爲飛章所劾，以在省之日，贓污狼籍，帝令有司案問，景歷但承其半。於是御史中丞宗元饒奏免景歷所居官，徙居會稽。

及吳明徹敗，帝追憶景歷前言，即日追還，以爲征南鄱陽王諮議。數日，遷員外散騎常侍，兼御史中丞，復本爵封，入守度支尚書。舊式拜官在午後，景歷拜日，適逢輿駕幸玄武觀，在位皆侍宴，帝恐景歷不預，特令早拜，其見重如此。

卒官，贈太常卿，謚曰敬。十三年，改葬，重贈中領軍。禎明元年，配享武帝廟庭。二年，車駕親幸其宅，重贈景歷侍中、中撫軍將軍〔六〕，謚曰忠敬，給鼓吹一部，於墓所立碑。景歷屬文，不尚雕靡，而長於敘事，應機敏速，爲當時所稱。有文集三十卷。子徵嗣。

江大權字伯謀，濟陽考城人，位少府，封四會縣伯。太建二年，卒於通直散騎常侍。

徵字希祥，幼聰敏，精識强記。年六歲，詣梁吏部尚書河南褚翔，嗟其穎悟。七歲丁母憂，居喪如成人禮。繼母劉氏，性悍忌，視之不以道，徵供侍益謹，初無怨色。徵本名覽，景歷以其有王祥之性，更名字焉。

陳武帝爲南徐州，召補迎主簿，尋授太學博士。太建中，累遷太子中舍人，兼東宮領直，襲封新豐侯。至德中，位太子中庶子、中書舍人，掌詔誥。尋授左户尚書，與僕射江總知撰五禮事。後主器其才幹，任寄日重。遷吏部尚書，每十日一往東宮，於皇太子前論述古今得喪及當時政務。又敕以廷尉寺獄，事無大小，取徵議決。俄敕遣徵收募兵士，自爲部曲，徵善撫卹，得物情，旬月之閒，衆近一萬。位望既重，兼聲位熏灼，物議咸忌憚之。尋徙中書令。中書清簡無事，或云徵有怨言，後主聞之大怒，收奪人馬，將誅之，左右致諫，獲免。

禎明三年〔七〕，隋軍濟江，後主以徵有幹用，令權知中領軍事。徵日夜勤苦，備盡心力，後主嘉焉，謂曰：「事寧有以相報。」及決戰於鍾山南岡，敕徵守宮城西北大營，尋令督衆軍戰事。陳亡，隨例入長安。

徵美容儀，有口辯，多所詳究。至於士流官宦，陳宗戚屬，及當朝制度，憲章儀軌，户口風俗，山川土地，問無不對。然性頗便佞進取，不能以退素自業。初拜吏部尚書，啓後主借鼓吹，後主謂所司曰：「鼓吹軍樂，有功乃授，蔡徵不自量揆，紊我朝章。然其父景歷既有締構之功，宜且如啓，拜訖即追還。」徵不脩廉隅，皆此類也。

隋文帝聞其敏贍，召見顧問，言輒會旨。然累年不調，久之，除太常丞。歷尚書户部儀曹郎，轉給事郎，卒。子翼，位司徒屬。入隋，爲東宮學士。

宗元饒，南郡江陵人也。少好學，以孝聞。仕梁爲征南府外兵參軍。及司徒王僧辯幕府初建，元饒與沛國劉師知同爲主簿。陳武帝受禪，稍遷廷尉卿、尚書左丞。宣帝初，軍國務廣，事無巨細，一以貫之〔八〕，臺省號爲稱職。

遷御史中丞，知五禮事。時合州刺史陳裒贓污狼籍，遣使就渚斂魚，又令人於六郡乞米，百姓甚苦之，元饒劾奏免之。吳興太守武陵王伯禮、豫章内史南康嗣王方泰等，驕蹇放横，元饒案奏，皆見削黜。元饒性公平，善持法，諳曉故事，明練政體，吏有犯法，政不便時，及於名教不足者，隨事糾正，多所裨益。遷南康内史，以秩米三千餘斛助人租課，存問高年，拯救乏絶，百姓甚賴焉。以課最入朝，詔加散騎常侍。後爲吏部尚書，卒。

韓子高，會稽山陰人也。家本微賤。侯景之亂，寓都下。景平，陳文帝出守吳興，子高年十六，爲總角，容貌美麗，狀似婦人，於淮渚附部伍寄載，欲還鄉里，文帝見而問曰：「能事我乎？」子高許諾。子高本名蠻子，帝改名之〔九〕。性恭謹，恒執備身刀及傳酒炙。帝性急，子高恒會意旨。稍長，習騎射，頗有膽決，願爲將帥。及平杜龕，配以士卒。文帝甚愛之，未嘗離左右。

帝嘗夢騎馬登山，路危欲墮，子高推捧而升。

文帝之討張彪也，沈泰等先降，帝據有州城，周文育鎮北郭香巖寺，張彪自剡縣夜還襲城，文帝自北門出，倉卒闇夕，軍人擾亂，唯子高在側。文帝乃遣子高自亂兵中往見文育，反命酬答，於闇中又往慰勞衆軍。文帝散兵稍集，子高引入文育營，因共立栅。明日敗彪，彪奔松山〔一〇〕，浙東平。文帝乃分麾下多配子高，子高亦輕財禮士，歸之者甚衆。文帝嗣位，除右軍將軍，封文招縣子。及王琳平，子高所統益多，將士依附之，其有所論進，帝皆任使焉。天嘉六年，爲右衞將軍。文帝不豫，入侍醫藥。廢帝即位，加散騎常侍。宣帝入輔，子高兵權過重，深不自安，好參訪臺閣，又求出爲衡、廣諸鎮。光大元年八月，前上虞縣令陸昉及子高軍主告其謀反，宣帝在尚書省，因召文武在位議立皇太子，子高預焉，執送廷尉。其夕與到仲舉同賜死。父延慶及子弟並原宥。

華皎，晉陵既陽人也。世爲小吏。皎梁代爲尚書比部令史。侯景之亂，事景之黨王偉。陳武帝南下，文帝爲景所囚，皎遇文帝甚厚。及景平，文帝爲吴興太守，以皎爲都録事，深見委任。及文帝平杜龕，仍配以甲兵〔一一〕。御下分明，善於撫接，解衣推食，多少必均。天嘉元年，封懷仁縣伯。

王琳東下，皎隨侯瑱拒之。琳平，知江州事。後隨都督吴明徹征周迪，迪平，以功進爵爲侯，仍授都督、湘州刺史。皎起自下吏，善營産業，又征川洞，多致銅鼓及生口，並送都下。廢帝即位，改封重安縣公。

韓子高誅後，皎内不自安，光大元年，密啓求廣州，以觀時主意。宣帝僞許之，而詔書未出。皎亦遣使引周兵，又崇奉梁明帝，士馬甚盛。詔乃以吴明徹爲湘州刺史，實欲以輕兵襲之。慮皎先發，乃前遣明徹率衆三萬，乘金翅直趣郢州，又遣撫軍大將軍淳于量率衆五萬，乘大艦繼之。

時梁明帝遣水軍爲皎聲援，周武帝遣衞公宇文直頓魯山，又遣柱國長湖公元定攻圍郢州。梁明帝授皎司空，巴州刺史戴僧朔、衡陽内史任蠻奴、巴陵内史潘智虔、岳陽太守章昭裕、桂陽太守曹宣、湘東太守錢明，並隸於皎。又長沙太守曹慶等本隸皎下，因爲之用。帝恐上流宰守並爲皎扇惑，乃下詔曲赦湘、巴二州，其賊主帥節將，並許開恩出首。

皎以大艦載薪，因風放火，俄而風轉自焚，皎大敗，乃與戴僧朔奔江陵。元定等無復船度，步趣巴陵，巴陵城已爲陳軍所據，乃降，送于建鄴。皎遂終於江陵，其黨並誅，唯任蠻奴、章昭裕、曹宣、劉廣業獲免。

劉師知，沛國相人也。家本素族。祖奚之，齊淮南太守，以善政聞。父景彦，梁司農卿。

師知本名師智，以與敬帝諱同，改焉。好學，有當務才，博涉書傳，工文筆，善儀體，臺閣故事，多所詳悉。紹泰初，陳武帝入輔，以師知爲中書舍人，掌詔誥。時兵亂後，朝儀多闕，武帝爲丞相及加九錫并受禪，其儀注多師知所定。

梁敬帝在內殿，師知常侍左右。及將加害，師知詐帝令出，帝覺，遶牀走曰：「師知賣我，陳霸先反。我本不須作天子，何意見殺。」師知執帝衣，行事者加刃焉。既而報陳武帝曰：「事已了。」武帝曰：「卿乃忠於我，後莫復爾。」師知不對。武帝受命，仍兼舍人。性疎簡，與物多忤，雖位宦不遷[一二]，而任遇甚重，其所獻替，皆有弘益。

及武帝崩，六日成服，時朝臣共議大行皇帝靈坐俠御人衣服吉凶之制，博士沈文阿議宜服吉，師知議云：「既稱成服，本備喪禮。案梁昭明太子薨，成服，俠侍之官，悉著衰斬，唯著鎧不異，此即可擬。愚謂六日成服，俠靈坐須服衰絰。」中書舍人蔡景歷、江德藻、謝岐等同師知議。時以二議不同，乃啓取左丞徐陵決斷。陵云：「案山陵鹵簿吉部伍中，公卿以下導引者，爰及武賁、鼓吹、執蓋、奉車，並是吉服，豈容俠御獨爲衰絰？若言公卿胥吏並服衰絰，此與梓宮部伍有何差別？若言文物並吉，司事者凶，豈容衽絰而奉華蓋，衰衣而升玉路邪？同博士議。」謝岐議曰：「靈筵祔宗廟，梓宮還山陵[一三]，實如左丞議。但山陵鹵簿，備有吉凶，從靈輿者儀服無變，從梓宮者皆服苴衰〔一四〕，爰至士禮，悉同此制。此自是山陵之儀，非關成服。今謂梓宮靈扆，共在西階，稱爲成服，亦無鹵簿，直是爰自胥吏，上至王公，四海之內，必備衰絰。案梁昭明太子薨，略是成例，豈容凡百士庶，悉皆服重〔一五〕，而侍中至於武衞，最是近官，反鳴玉紆青，與平吉不異？左丞既推以山陵事，愚意或謂與成服有殊。」陵重答云：「老病屬纊，不能多說。古人爭議，多成怨府，傅玄見尤於晉代，王商取陷於漢朝。謹自三緘，敬同高命。若萬一不死，猶得展言，庶與羣賢，更申揚榷。」文阿猶執所見，衆議不能決，乃具録二議奏聞，上從師知議。

遷鴻臚卿，舍人如故。天嘉元年，坐事免。尋起爲中書舍人，復掌詔誥。天康元年，文帝不豫，師知與尚書僕射到仲舉等入侍醫藥。帝崩，豫顧命。宣帝入輔，師知與仲舉等遣舍人殷不佞矯詔令宣帝還東府〔一六〕，事覺，於北獄賜死。

初，文帝敕師知撰起居注，自永定二年秋至天嘉元年爲十卷。

謝岐，會稽山陰人也。父達，梁太學博士。

岐少機警，好學，仕梁爲山陰令。侯景亂，流寓東陽。景平，依于張彪。彪在吳郡及會稽，庶事委之。彪每征討，恒留岐監郡知後事。彪敗，陳武帝引參機密，爲兼尚書右丞。時軍旅屢興，糧儲多闕，岐所在幹理，深被知遇。永定元年，爲給事黄門侍郎、中書舍人，兼右丞如故。天嘉二年卒，贈通直散騎常侍。

弟嶠，篤學，爲通儒。

毛喜字伯武，滎陽陽武人也。祖稱，梁散騎侍郎。父栖忠，中權司馬。

喜少好學，善草隸。陳武帝素知之。及鎮京口，命喜與宣帝往江陵，仍敕宣帝諮稟之。及梁元帝即位，以宣帝爲領直，喜爲尚書功論侍郎。及魏平江陵，喜與宣帝俱遷長安。文帝即位，喜自周還，進和好之策，陳朝乃遣周弘正等通聘。及宣帝反國，又遣喜入周，以家屬爲請。周冢宰宇文護執喜手曰：「能結二國之好者，卿也。」仍迎柳皇后及後主還。天嘉三年至都，宣帝時爲驃騎將軍，仍以喜爲府諮議參軍，領中記室，府朝文翰，皆喜詞也。

文帝嘗謂宣帝曰：「我諸子皆以『伯』爲名，汝諸子宜用『叔』爲稱。」宣帝以訪喜，喜即條自古名賢杜叔英、虞叔卿等二十餘人以啓之，文帝稱善。

文帝崩，廢帝沖昧，宣帝録尚書輔政，僕射到仲舉等矯太后令，遣宣帝還東府，當時疑懼，無敢厝言。喜即馳入，謂宣帝曰：「今日之言，必非太后之意，宗社至重，願加三思。」竟如其策。

右衞將軍韓子高始與仲舉通謀，其事未發，喜謂宣帝曰：「宜簡人馬配與子高，并賜鐵炭，使脩器甲。」宣帝曰：「子高即欲收執，何更如是？」喜曰：「山陵始畢，邊寇尚多，而子高受委前朝，名爲杖順，宜推心安誘，使不自疑，圖之一壯士之力耳。」宣帝卒行其計。

及帝即位，除給事黄門侍郎，兼中書舍人，典軍國機密。宣帝議北侵，敕喜撰軍制十三條，詔頒天下，文多不載。論定策功，封東昌縣侯，以太子右衞率、右將軍行江夏、武陵、桂陽三王府國事〔一七〕。母憂去職，詔封喜母庾氏東昌國太夫人，遣員外散騎常侍杜緬圖其墓田，上親與緬案圖指畫，其見重如此。歷位御史中丞，五兵尚書，參掌選事。

及得淮南之地，喜陳安邊之術，宣帝納之，即日施行。帝又欲進兵彭、汴，以問喜，喜以爲「淮左新平，邊人未輯，周氏始吞齊國，難與爭鋒，未若安人保境，斯久長之術也」。上不從。吴明徹卒俘于周。

喜後歷丹陽尹，吏部尚書。及宣帝崩，叔陵構逆，敕中庶子陸瓊宣旨，令南北諸軍皆取喜處分。賊平，加侍中。

初，宣帝委政於喜，喜數有諫爭，事並見從。自明徹敗後，帝深悔不用其言，謂袁憲曰：「一不用喜計，遂令至此。」由是益見親重，喜乃言無回避。時皇太子好酒德，每共親幸人爲長夜之宴，喜嘗言之宣帝，太子遂銜之，即位後稍見踈遠。及被始興王傷，創愈，置酒引江總以下，展樂賦詩，醉酣而命喜。于時山陵初畢，未及踰年，喜見之不懌，欲諫而後主已醉。喜言心疾，仆于階下，移出省中。後主醒，乃謂江總曰：「我悔召毛喜，知其無病，但欲阻我懽宴，非我所爲耳。」乃與司馬申謀曰：「此人負氣，吾欲將乞鄱陽兄弟，聽其報讎，可乎？」對曰：「終不爲官用，願如聖旨。」傅縡爭之曰：「若許報讎，欲置先皇何地？」後主曰：「當與一小郡，勿令見人事耳。」

至德元年，授永嘉内史。喜至郡，不受奉秩，政弘清靜，人吏安之。遇豐州刺史章大寶舉兵反，郡與豐州接，而素無備，喜乃脩城隍器械，又遣兵援建安。賊平，授南安内史。禎明元年，徵爲光禄大夫，領左驍騎將軍，道卒。有集十卷。子處沖嗣。

沈君理字仲倫，吴興人也。祖僧畟，梁左户尚書。父巡，元帝時位少府卿。魏平荆州，梁宣帝署金紫光禄大夫。

君理美風儀，博涉有識鑒。陳武帝鎮南徐州，巡遣君理致謁，深見器重，命尚會稽長公主。及帝受禪，拜駙馬都尉，封永安亭侯，爲吴郡太守。時兵革未寧，百姓荒弊，君理總集士卒，脩飾器械，深以幹理見稱。

文帝嗣位，累遷左户尚書。天嘉六年，爲東陽太守。天康元年，以父憂去職，自請往荆州迎柩。朝議以在位重臣，難令出境，乃遣長兄君嚴往焉。及還，將葬，詔贈巡侍中、領軍將軍，謚曰敬子。

太建中，歷位太子詹事，吏部尚書。宣帝以君理女爲皇太子妃，賜爵望蔡縣侯，位侍中、尚書右僕射。卒，贈翊左將軍、開府儀同三司，謚曰貞憲。君理弟君高、君公。

君高字季高，少知名，性剛直，有吏能。位衛尉卿，平越中郎將、都督、廣州刺史，甚得人和。卒，謚祁子。

君公自梁元帝敗後，常在江陵。禎明中，與蕭瓛、蕭巖叛隋歸陳，後主擢爲太子詹事。君公博學有才辯，善談論，後主深器之。陳亡入隋，文帝以其叛亡，命斬于建康。

君理弟叔邁〔一八〕，亦方正有幹局，位通直散騎常侍，侍東宮。

陸山才字孔章，吳郡吳人也。祖翁寶，梁尚書水部郎。父汎，中散大夫。山才倜儻，好尚文史，范陽張纘、纘弟綰並欽重之。紹泰中，都督周文育出鎮南豫州，不知書疏，以山才爲長史，政事悉以委之。文育南討，剋蕭勃，禽歐陽頠，計畫多出山才。後文育重鎮豫章金口，山才復爲鎮南長史、豫章太守。

文育爲熊曇朗所害，曇朗囚山才等，送于王琳。未至，而侯安都敗琳將常衆愛，由是山才獲反。累遷度支尚書，坐侍宴與蔡景歷言語過差，爲有司所奏，免官。尋授散騎常侍，遷西陽、武昌二郡太守。卒，謚曰簡子。

論曰：趙知禮、蔡景歷屬陳武經綸之日，居文房書記之任，此乃宋、齊之初傅亮、王儉之職。若乃校其才用，理不同年，而卒能膺務濟時，蓋其遇也。希祥勞臣之子，才名自致，迹涉便佞，貞介所羞。元饒始終任遇，無虧公道，名位自卒，其殆優乎。子高權重爲戮，亦其宜也。華皎經綸云始，既蹈元功，殷憂之辰，自同勁草，雖致奔敗，未足爲非。師知送往多闕，見忌新主，謀人之義，可無慎哉；然晚遇誅夷，非其過也。毛喜逢時遇主，好謀而成，見廢昏朝，不致公輔，惜矣。沈、陸所以見重，固亦雅望之所致焉。

校勘記

〔一〕再遷右將軍領前軍將軍　「右將軍」，陳書卷一六趙知禮傳作「右衞將軍」，疑是。

〔二〕子元恭嗣　「元恭」，陳書卷一六趙知禮傳作「允恭」。

〔三〕筆不停輟　「輟」，宋乙本壹及陳書卷一六蔡景歷傳、御覽卷六〇〇引南史作「綴」。

〔四〕坐妻兄劉裕依倚景歷權前後姦詭　陳書卷一六蔡景歷傳、通志卷一四五「劉裕」作「劉洽」，「權」作「權勢」。

〔五〕并受歐陽威餉絹百匹　「歐陽威」，陳書卷一六蔡景歷傳作「歐陽武威」。

〔六〕重贈景歷侍中中撫軍將軍　「中撫軍將軍」，陳書卷一六蔡景歷傳作「中撫將軍」，疑是。

〔七〕禎明三年　「三年」，原作「二年」，據陳書卷二九蔡徵傳改。按隋師濟江，陳亡，事在禎明三年。

〔八〕事無巨細一以貫之　「貫」，陳書卷二九宗元饒傳作「咨」，通志卷一四五作「責」，名賢氏族言行類稿卷一一作「委」。

〔九〕帝改名之　「之」，宋乙本壹作「子高」。

〔一〇〕彪奔松山　「松山」，梁書卷四簡文帝紀、本書卷六四張彪傳作「若邪山」。

〔一一〕仍配以甲兵　「仍」，原作「都」，據宋乙本壹、大德本壹、南監本、北監本、汲本、殿本及陳書卷二〇華皎傳、通志卷一四四改。

〔二〕雖位宦不遷　「位宦」，宋乙本壹及通志卷一四五作「位官」。

〔三〕梓宮還山陵　「還」，陳書卷一六劉師知傳作「祔」。按陳書上又兩載「梓宮祔山陵」之語，疑當作「祔」。

〔四〕從梓宮者皆服苴衰　「苴」，原作「草」，據宋乙本壹、大德本壹、南監本、北監本、汲本、殿本及陳書卷一六劉師知傳、通志卷一四五改。

〔五〕豈容凡百士庶悉皆服重　「皆」，原作「此日」，據陳書卷一六劉師知傳改。

〔六〕師知與仲舉等遣舍人殷不佞矯詔令宣帝還東府　「東」字原脱，據陳書卷一六劉師知傳、通志卷一四五補。本書卷二五到彦之傳附到仲舉傳、卷六八毛喜傳亦作「宣帝還東府」，知此脱文。

〔七〕以太子右衛率右將軍行江夏武陵桂陽三王府國事　「右將軍」，陳書卷二九毛喜傳、册府卷六二六作「右衛將軍」，疑是。

〔八〕君理弟叔邁　「弟叔邁」，陳書卷二三沈君理傳作「第五叔邁」。按君理兄君嚴，弟君高、君公，並以「君」字爲名。君理「父巡」，叔名邁，字並從辵。「叔」上疑脱「五」字。

南史卷六十九

列傳第五十九

沈炯　虞荔弟寄　傅縡章華　顧野王蕭濟　姚察

沈炯字初明[一]，吳興武康人也。祖瑀，梁尋陽太守。父續，王府記室參軍。炯少有儁才，爲當時所重。仕梁爲尚書左户侍郎、吳令。侯景之難，吳郡太守袁君正入援建鄴，以炯監郡。臺城陷，景將宋子仙據吳興，使召炯，方委以書記，炯辭以疾，子仙怒，命斬之。炯解衣將就戮，礙於路間桑樹，乃更牽往他所，或救之，僅而獲免。子仙愛其才，終逼之令掌書記。及子仙敗，王僧辯素聞其名，軍中購得之，酬所獲者錢十萬，自是羽檄軍書，皆出於炯。及簡文遇害，四方岳牧上表勸進，僧辯令炯制表，當時莫有逮者。陳武帝南下，與僧辯會白茅灣，登壇設盟，炯爲其文。及景東奔，至吳郡，獲炯妻虞氏及子行簡，並殺之，炯弟攜其母逃免。侯景平，梁元帝愍其妻子嬰戮，特封原鄉侯。僧辯爲司徒，以炯爲從事中郎。梁元帝徵爲給事黃門侍郎，領尚書左丞。

魏剋荆州，被虜，甚見禮遇，授儀同三司。以母在東，恒思歸國，恐以文才被留，閉門却掃，無所交接。時有文章，隨即棄毁，不令流布。

嘗獨行經漢武通天臺，爲表奏之，陳己思鄉之意。曰：「臣聞橋山雖掩，鼎湖之竈可祠〔一〕；有魯遂荒，大庭之跡無泯。伏惟陛下降德猗蘭，纂靈豐谷，漢道既登，神仙可望。射之罘於海浦，禮日觀而稱功，横中流於汾河，指柏梁而高宴，何其甚樂，豈不然歟！既而運屬上僊，道窮晏駕，甲帳珠簾，一朝零落，茂陵玉盌，遂出人間。陵雲故基，與原田而膴膴，别風餘跡，帶陵阜而芒芒，羈旅縲臣，豈不落淚。昔承明見厭，嚴助東歸，駟馬可乘，長卿西反，恭聞故實，竊有愚心。黍稷非馨，敢望徼福。但雀臺之弔，空愴魏君，雍丘之祠，未光夏后，瞻仰煙霞，伏增悽戀。」奏訖，其夜夢有宫禁之所，兵衞甚嚴，炯便以情事陳訴。聞有人言：「甚不惜放卿還，幾時可至。」少日，便與王克等並獲東歸。歷司農卿，御史中丞。

陳武帝受禪，加通直散騎常侍。表求歸養，詔不許。文帝嗣位，又表求去，詔答曰：「當敕所由，相迎尊累，使卿公私無廢也。」

初，武帝嘗稱炯宜居王佐，軍國大政，多預謀謨。文帝又重其才，欲寵貴之。會王琳入寇大雷，留異擁據東境，帝欲使炯因是立功，乃解中丞，加明威將軍，遣還鄉里，收徒衆。以疾卒于吴中，贈侍中，謚恭子。有集二十卷行於世。

虞荔字山披，會稽餘姚人也。祖權，梁廷尉卿、永嘉太守。父檢，平北始興王諮議參軍。

荔幼聰敏，有志操。年九歲，隨從伯闡候太常陸倕，倕問五經十事，荔對無遺失，倕甚異之。又嘗詣徵士何胤，時太守衡陽王亦造之，胤言於王，王欲見荔，荔辭曰：「未有板刺，無容拜謁。」王以荔有高尚之志，雅相欽重，還郡，即辟爲主簿，荔又辭以年小不就。及長，美風儀，博覽墳籍，善屬文。仕梁爲西中郎法曹外兵參軍，兼丹陽詔獄正。梁武帝於城西置士林館，荔乃制碑奏上，帝命勒之于館，仍用荔爲士林學士。尋爲司文郎，遷通直散騎侍郎，兼中書舍人。時左右之任，多參權軸，内外機務，互有帶掌，唯荔與顧協泊然静退，居于西省，但以文史見知。尋領大著作。

及侯景之亂，荔率親屬入臺，除鎮西諮議參軍，舍人如故〔三〕。臺城陷，逃歸鄉里。侯景平，元帝徵爲中書侍郎。貞陽侯僭位，授揚州别駕，並不就。張彪之據會稽，荔時在焉。及文帝平彪，武帝及文帝並書招之，迫切不得已，乃應命至都，而武帝崩，文帝嗣位，除太子中庶子，仍侍太子讀。尋領大著作。

初，荔母隨荔入臺，卒於臺内，尋而城陷，情禮不申，由是終身蔬食布衣，不聽音樂。雖任遇隆重，而居止儉素，淡然無營。文帝深器之，常引左右〔四〕，朝夕顧訪。荔性沈密，少言論，凡所獻替，莫有見其際者。

第二弟寄，寓于閩中，依陳寶應，荔每言之輒流涕。文帝哀而謂曰：「我亦有弟在遠，此情甚切，他人豈知。」乃敕寶應求寄，寶應終不遣。荔因以感疾，帝欲數往臨視，令將家口入省。荔以禁中非私居之所，乞停城外，帝不許，乃令住蘭臺。乘輿再三臨問，手敕中使相望於道。又以蔬食積久，非羸疾所堪，乃敕曰：「卿年事已多，氣力稍減，方欲杖委，良須克壯。今給卿魚肉，不得固從所執。」荔終不從。卒，贈侍中，謚曰德子。及喪柩還鄉里，上親出臨送，當時榮之。子世基、世南，並少知名。

寄字次安，少聰敏。年數歲，客有造其父，遇寄於門，嘲曰：「郎子姓虞，必當無智。」寄應聲曰：「文字不辨，豈得非愚！」客大慙。入謂其父：「此子非常人，文舉之對，不是過也。」

及長，好學，善屬文。性沖靜，有栖遁志。弱冠舉秀才，對策高第。起家梁宣城王國左常侍。大同中，嘗驟雨，殿前往往有雜色寶珠，梁武觀之，甚有喜色，寄因上瑞雨頌。帝謂寄兄荔曰：「此頌典裁清拔，卿之士龍也，將如何擢用？」寄聞之歎曰：「美盛德之形容，以申擊壤之情耳，吾豈買名求仕者乎？」乃閉門稱疾，唯以書籍自娱。岳陽王詧爲會稽太守，寄爲中記室，領郡五官掾。在職簡略煩苛，務存大體，曹局之内，終日寂然。

侯景之亂，寄隨兄荔入臺，及城陷，遁還鄉里。張彪往臨川，强寄俱行。寄與彪將鄭瑋同舟而載，瑋嘗忤彪意，乃劫寄奔晉安。時陳寶應據有閩中，得寄甚喜。陳武帝平侯景，寄勸令自結，寶應從之，乃遣使歸誠。承聖元年，除中書侍郎，寶應愛其才，託以道阻不遣。每欲引寄爲僚屬，委以文翰，寄固辭獲免。

及寶應結昏留異，潛有逆謀，寄微知其意，言説之際，每陳逆順之理，微以諷諫。寶應輒引説他事以拒之。又嘗令左右讀漢書，卧而聽之，至蒯通説韓信曰「相君之背，貴不可言」，寶應蹶然起曰：「可謂智士。」寄正色曰：「覆酈驕韓，未足稱智，豈若班彪王命識所歸乎？」寄知寶應不可諫，慮禍及己，乃爲居士服以拒絶之。常居東山寺，僞稱脚疾，不復起。寶應以爲假託，遣人燒寄所卧屋，寄安卧不動。親近將扶寄出，寄曰：「吾命有所懸，避欲安往？」所縱火者，旋自救之。寶應自此方信之。

及留異稱兵，寶應資其部曲，寄乃因書極諫曰：

東山居士虞寄致書於明將軍使君節下：寄流離艱故，飄寓貴鄉，將軍待以上賓之禮，申以國士之眷，意氣所感，何日忘之。而寄沈痼彌留，愒陰將盡，常恐卒填溝壑，涓塵莫報，是以敢布腹心，冒陳丹款，願將軍留須臾之慮，少思察之，則瞑目之日，所懷畢矣。

夫安危之兆，禍福之機，匪獨天時，亦由人事。失之毫釐，差以千里。是以明智之士，據重位而不傾，執大節而不失，豈惑於浮辭哉。將軍文武兼資，英威動俗，往因多難，杖劍興師，援旗誓衆，抗威千里。豈不以四郊多壘，共謀王室，匡時報主，寧國庇人乎。此所以五尺童子，皆願荷戟而隨將軍者也。及高祖武皇帝肇基草昧，初濟艱難，于時天下沸騰，人無定主，豺狼當道，鯨鯢横擊，海内業業，未知所從。將軍運動微之鑒〔五〕，折從衡之辯〔六〕，策名委質，自託宗盟，此將軍妙筭遠圖，發於衷誠者也。及主上繼業，欽明睿聖，選賢與能，羣臣輯睦，結將軍以維城之重，崇將軍以裂土之封，豈非宏謨廟略，推赤心於物者也。屢申明詔，款篤殷勤，君臣之分定矣，骨肉之恩深矣。不意將軍惑於邪説，翻然異計，寄所以疾首痛心，泣盡繼之以血，萬全之策，竊爲將軍惜之。寄雖疾侵耄及，言無足采，千慮一得，請陳愚筭。願將軍少戢雷霆，賒其晷刻，使得盡狂瞽之説，披肝膽之誠，則雖死之日，猶生之年也。

自天厭梁德，多難荐臻，寰宇分崩，英雄互起，不可勝紀，人人自以爲得之。然夷凶翦亂，拯溺扶危，四海樂推，三靈眷命，揖讓而居南面者，陳氏也。豈非歷數有在，惟天所授，當璧應運，其事甚明，一也。主上承基，明德遠被，天網再張，地維重紐。夫以王琳之强，侯瑱之力，進足以摇蕩中原，爭衡天下，退足以屈强江外，雄張偏隅。然或命一旅之師，或資一士之説，琳即瓦解冰泮，投身異域，瑱則厥角稽顙，委命闕庭。斯又天假之威，而除其患，其事甚明，二也。今將軍以藩戚之重，擁東南之衆，盡忠奉上，勠力勤王，豈不勳高竇融，寵過吴芮，析珪判野，南面稱孤，其事甚明，三也。且聖朝棄瑕忘過，寬厚得人〔七〕，改過自新，咸加敍擢。至如余孝頃、潘純陀、李孝欽、歐陽頠等，悉委以心腹，任以爪牙，胸中豁然，曾無纖芥。況將軍釁非張繡，罪異畢諶，當何慮於危亡，何失於富貴？此又其事甚明，四也。方今周、齊鄰睦，境外無虞，并兵一向，匪朝伊夕。非有劉、項競逐之機，楚、趙連從之事，可得雍容高拱〔八〕，坐論西伯，其事甚明，五也。且留將軍狼狽一隅〔九〕，亟經摧衄，聲實虧喪，膽氣衰沮。高瓌、向文政、留瑜、黄子玉此數人者，將軍所知，首鼠兩端，唯利是視，其餘將帥亦可見矣。孰能被堅執銳，長驅深入，繫馬埋輪〔一〇〕，奮不顧命，以先士卒者乎？此又其事甚明，六也。且將軍之强，孰如侯景？將軍之衆，孰如王琳？武皇滅侯景於前，今上摧王琳於後，此乃天時，非復人力。且兵革已後，人皆厭亂，其孰能棄墳墓，捐妻子，出萬死不顧之計，從將軍於白刃之間乎？此又其事甚明，七也。歷觀前古，鑒之往事，子陽、季孟傾覆相尋，餘善、右渠危亡繼及，天命可畏，山川難恃。況將軍欲以數郡之地，當天下之兵，以諸侯之資，拒天子之命，强弱逆順，可得侔乎？此又其事甚明，八也。且非我族類，其心必異，不愛其親，豈能及物？留將軍身縻國爵，子尚王姬，猶且棄天屬而弗顧，背明君而孤立，危急之日，豈能同憂共患，不背將軍者乎？至於師老力屈，懼誅利賞，必有韓、智晉陽之謀，張、陳井陘之事。此又其事甚明，九也。且北軍萬里遠鬬，鋒不可當，將軍自戰其地，人多顧後，梁安背向爲心，脩旿匹夫之力〔一一〕，衆寡不敵，將帥不侔，師以無名而出，事以無機而動，以此稱兵，未知其利。以漢朝吳、楚，晉室潁、顒，連城數十，長戟百萬，拔本塞源，自圖家國，其有成功者乎？又其事甚明〔一二〕，十也。

　　爲將軍計者，莫若不遠而復，絕親留氏，秦郎、快郎，隨遣入質，釋甲偃兵，一遵詔旨。且朝廷許以鐵券之要，申以白馬之盟，朕不食言，誓之宗社。寄聞明者覽未形〔一三〕，智者不再計，此成敗之効，將軍勿疑，吉凶之幾，間不容髮。方今蕃維尚少，皇子幼沖，凡預宗枝，皆蒙寵樹。況以將軍之地，將軍之才，將軍之名，將軍之勢，而能克修蕃服，北面稱臣，寧與劉澤同年而語其功業哉？豈不身與山河等安，名與金石相弊？願加三思，慮之無忽。

寄氣力緜微，餘陰無幾，感恩懷德，不覺狂言，鈇鉞之誅，甘之如薺。

寶應覽書大怒。或謂寶應曰：「虞公病篤，言多錯謬。」寶應乃小釋〔一四〕。亦以寄人望，且容之。及寶應敗走，夜至蒲田，顧謂其子扞秦曰：「早從虞公計，不至今日。」扞秦但泣而已。寶應既禽，凡諸賓客微有交涉者皆誅，唯寄以先識免禍。

初，沙門慧標涉獵有才思，及寶應起兵，作五言詩以送之曰：「送馬猶臨水，離旗稍引風。好看今夜月，當照紫微宮。」寶應得之甚悅。慧標以示寄，寄一覽便止，正色無言。慧標退，寄謂所親曰：「標公既以此始，必以此終。」後竟坐是誅。

文帝尋敕都督章昭達發遣寄還朝，及至，謂曰：「管寧無恙，甚慰勞懷。」頃之，帝謂到仲舉曰：「衡陽王既出閤，須得一人旦夕游處，兼掌書記，宜求宿士有行業者。」仲舉未知所對，帝曰：「吾自得之。」乃手敕用寄。寄入謝，帝曰：「所以蹔屈卿游蕃，非止以文翰相煩，乃令以師表相事也。」後除東中郎建安王諮議，加戎昭將軍。寄乃辭以疾，不堪旦夕陪列。王於是令長停公事，其有疑議，就以決之，但朔旦牋修而已〔一五〕。太建八年，加太中大夫，後卒。

寄少篤行，造次必於仁厚，雖僮豎未嘗加以聲色。至臨危執節，則辭氣凜然，白刃不憚也。自流寓南土，與兄荔隔絕，因感氣病。每得荔書，氣輒奔劇，危殆者數矣。前後所居官，未嘗至秩滿，裁朞月，便自求解退。常曰：「知足不辱，吾知足矣。」及謝病私庭，每諸王爲州將，下車必造門致禮，命釋鞭板，以几杖侍坐。嘗出游近寺，閭里傳相告語，老幼羅列，望拜道左。或言誓爲約者，但指寄便不欺，其至行所感如此。所制文筆，遭亂並多散失。

傅縡字宜事，北地靈州人也。父彝，梁臨沂令。縡幼聰敏，七歲誦古詩賦至十餘萬言。長好學，能屬文。太清末，丁母憂，在兵亂中，居喪盡禮，哀毀骨立，士友以此稱之。後依湘州刺史蕭循。循頗好士，廣集墳籍，縡肆志尋閱，因博通羣書。王琳聞其名，引爲府記室。琳敗，隨琳將孫瑒還都。時陳文帝使顏晃賜瑒雜物，瑒託縡啓謝，詞理周洽，文無加點。晃還言之文帝，召爲撰史學士。再遷驃騎安成王中記室，撰史如故。

綷篤信佛教，從興皇寺慧朗法師受三論，盡通其學。尋以本官兼通直散騎侍郎使齊，還，累遷太子庶子〔一六〕。

後主即位，遷祕書監、右衞將軍，兼中書通事舍人，掌詔誥。綷爲文典麗，性又敏速，雖軍國大事，下筆輒成，未嘗起草，沈思者亦無以加，甚爲後主所重。然性木强，不持檢操，負才使氣，陵侮人物，朝士多銜之。會施文慶、沈客卿以佞見幸，專制衡軸，而綷益疎。文慶等因共譖之，後主收綷下獄。綷素剛，因憤恚，於獄中上書曰：「夫人君者，恭事上帝，子愛黔黎，省嗜慾，遠諂佞，未明求衣，日旰忘食，是以澤被區宇，慶流子孫。陛下頃來酒色過度，不虔郊廟大神〔一七〕，專媚淫昏之鬼。小人在側，宦豎弄權，惡忠直若仇讎，視百姓如草芥。後宮曳綺繡，厩馬餘菽粟，兆庶流離，轉尸蔽野，貨賄公行，帑藏損耗，神怒人怨，衆叛親離。恐東南王氣，自斯而盡。」書奏，後主大怒。頃之稍解，使謂曰：「我欲赦卿，卿能改過不？」綷對曰：「臣心如面，臣面可改，則臣心可改。」後主於是益怒，令宦者李善度窮其事〔一八〕，賜死獄中。有集十卷。

綷雖强直有才，而毒惡傲慢，爲當世所疾。及死，有惡蛇屈尾來上靈牀，當前受祭酹，去而復來者百餘日。時時有彈指聲。

時有吳興章華，字仲宗，家本農夫，至華獨好學，與士君子游處，頗通經史，善屬文。侯景之亂，游嶺南，居羅浮山寺，專精習業。歐陽頠爲廣州刺史，署爲南海太守。頠子紇敗，乃還都。後主時，除太市令，非其所好，乃辭以疾。禎明初，上書極諫，其大略曰：「陛下即位，于今五年，不思先帝之艱難，不知天命之可畏。溺於嬖寵，惑於酒色。祠七廟而不出，拜妃嬪而臨軒。老臣宿將，棄之草莽，諂佞讒邪，升之朝廷。今疆埸日蹙，隋軍壓境，陛下如不改絃易張，臣見麋鹿復游於姑蘇矣。」書奏，後主大怒，即日斬之。

顧野王字希馮，吳郡吳人也。祖子喬，梁東中郎武陵王府參軍事〔一九〕。父烜，信威臨賀王記室，兼本郡五官掾，以儒術知名。

野王幼好學，七歲讀五經，略知大旨。九歲能屬文。嘗制日賦，領軍朱异見而奇之。十二，隨父之建安，撰建安地記二篇。長而徧觀經史，精記嘿識，天文地理，蓍龜占候，蟲篆奇字，無所不通。爲臨賀王府記室。宣城王爲揚州刺史，野王及琅邪王褒並爲賓客，王甚愛其才。野王又善丹青，王於東府起齋，令野王畫古賢，命王褒書贊，時人稱爲二絕。

及侯景之亂，野王丁父憂，歸本郡，乃召募鄉黨，隨義軍援都。野王體素清羸，裁長六尺，又居喪過毀，殆不勝哀〔二〇〕。及杖戈被甲，陳君臣之義，逆順之理，抗辭作色，見者莫不壯之。城陷，逃會稽。

陳天嘉中，敕補撰史學士。太建中，爲太子率更令，尋領大著作，掌國史，知梁史事。後爲黄門侍郎，光禄卿，知五禮事。卒，贈祕書監，右衛將軍。

野王少以篤學至性知名，在物無過辭失色。觀其容貌，似不能言，其厲精力行，皆人所莫及。所撰玉篇三十卷，輿地志三十卷，符瑞圖十卷，顧氏譜傳十卷，分野樞要一卷，續洞冥記一卷，玄象表一卷，並行於時。又撰通史要略一百卷，國史紀傳二百卷，未就而卒。有文集二十卷。

時有蕭濟字孝康，東海蘭陵人也。好學，博通經史。仕梁爲太子舍人。預平侯景功，封松陽縣侯。陳文帝爲會稽太守，以濟爲宣毅府長史。及即位，授侍中。太建中，歷位五兵、度支、祠部三尚書，卒。

姚察字伯審，吴興武康人，吴太常卿信之九世孫也。父僧坦，梁太醫正〔二一〕。及元帝在荆州，爲晉安王諮議參軍。後入周，位遇甚重。

察幼有至性，六歲誦書萬餘言。不好戲弄，勵精學業，十二能屬文。僧坦精醫術，知名梁代，二宮所得供賜，皆回給察兄弟，爲游學之資。察並用聚蓄圖書，由是聞見日博。年十三，梁簡文帝時在東宮，盛修文義，即引於宣猷堂聽講論難，爲儒者所稱。及簡文嗣位，尤加禮接。起家南海王國左常侍，兼司文侍郎。後兼尚書駕部郎。遇梁室喪亂，隨二親還鄉里。在亂離間，篤學不廢。元帝於荆州即位，授察原鄉令。後爲佐著作，撰史。

陳永定中，吏部尚書徐陵領大著作，復引爲史佐。太建初，補宣明殿學士。尋爲通直散騎常侍，報聘于周。江左耆舊先在關右者，咸相傾慕。沛國劉臻竊於公館訪漢書疑事十餘條，並爲剖析，皆有經據。臻謂所親曰：「名下定無虛士。」著西聘道里記。使還，補東宮學士，遷尚書祠部侍郎。

舊魏王肅奏祀天地，設宮懸之樂，八佾之儛，爾後因循不革。至梁武帝以爲事人禮縟，事神禮簡，古無宮懸之文。陳初承用，莫有損益。宣帝欲設備樂，付有司立議，以梁武爲非。時碩學名儒，朝端在位，咸希旨注同。察乃博引經籍，獨違羣議，據梁樂爲是。當時驚駭，莫不慙服。僕射徐陵因改同察議。其不順時隨俗，皆此類也。

後歷仁威淮南王、平南建安王二府諮議參軍。丁內憂去職。俄起爲戎昭將軍，知撰梁史。後主立，兼東宮通事舍人，知撰史。至德元年，除中書侍郎，轉太子僕，餘並如故。初，梁室淪没，察父僧垣入長安，察蔬食布衣，不聽音樂，至是凶問因聘使到江南。時察母韋氏喪制適除，後主以察羸瘠，慮加毁頓，乃密遣中書舍人司馬申就宅發哀，仍敕申專加譬抑。尋以忠毅將軍起，兼東宮通事舍人，察頻讓不許。俄敕知著作郎事。服闋，除給事黄門侍郎，領著作。察既累居憂戚，齋素日久，因加氣疾。後主嘗别召見，爲之動容，命停長齋，令從晚食。又詔授祕書監，領著作，奏撰中書表集。歷度支、吏部二尚書。

察自居顯要，一不交通。嘗有私門生不敢厚餉，送南布一端，花練一匹[一三]。察謂曰：「吾所衣著，止是麻布蒲練，此物於吾無用。既欲相款接，幸不煩爾。」此人遜請，察厲色驅出，自是莫敢饋遺。

陳亡入隋，詔授祕書丞，别敕成梁、陳二史。又敕於朱華閣長參。文帝知察蔬菲，别日獨召入内殿，賜果菜，指謂朝臣曰：「聞姚察學行當今無比，我平陳唯得此一人。」

開皇十三年，襲封北絳郡公。察在陳時聘周，因得與父僧垣相見，將别之際，絶而復蘇。至是承襲，愈更悲感，見者莫不爲之歔欷。丁後母杜氏喪，解職。在服制之中，有白鳩巢于户上。

仁壽二年，詔除員外散騎常侍、晉王侍讀。煬帝即位，授太子内舍人。及改易衣冠，删定朝式，預參對問。大業二年，終于東都。遺命薄葬，以松板薄棺，纔可容身，土周於棺而已。葬日，止鹿車即送厝舊塋北〔二三〕。不須立靈，置一小牀，每日設清水，六齋日設齋食菜果，任家有無，不須別經營也。

初，察欲讀一藏經，並已究竟，將終，曾無痛惱，但西向坐正念，云「一切空寂」。其後身體柔軟，顏色如恒。兩宮悼惜，贈賵甚厚。

察至孝，有人倫鑒識，沖虚謙遜，不以所長矜人。專志著書，白首不倦。所著漢書訓纂三十卷，説林十卷，西聘、玉璽、建康三鍾等記各一卷，文集二十卷。所撰梁、陳史，雖未畢功，隋開皇中，文帝遣中書舍人虞世基索本〔二四〕，且進。臨亡，戒子思廉撰續。思廉在陳爲衡陽王府法曹參軍、會稽王主簿。

論曰：沈炯才思之美，足以繼踵前良。然仕於梁朝，年已知命，主非不文，而位裁邑宰。及於運逢交喪，驅馳戎馬，所在稱美，用捨信有時焉。虞荔弟兄，才行兼著，崎嶇喪亂，保兹貞一，並取貴時主，豈虚得乎。傅縡聰警特達，才氣自負，行之平日，其猶殆諸；處以危邦，死其宜矣。顧、姚栖託藝文，蹈履清直，文質彬彬，各踐通賢之域，美矣乎！

校勘記

〔一〕沈炯字初明　「初明」，陳書卷一九沈炯傳、册府卷七二七作「禮明」。

〔二〕鼎湖之竈可祠　「竈」，陳書卷一九沈炯傳、初學記卷九、御覽卷八八引陳沈炯祭漢武帝陵文作「靈」。

〔三〕除鎮西諮議參軍舍人如故　「舍人」二字原脱，據陳書卷一九虞荔傳、册府卷八一三、通志卷一四五補。

〔四〕常引左右　南監本、北監本、殿本及陳書卷一九虞荔傳、通志卷一四五「引」下有「在」字。

〔五〕將軍運動微之鑒　「動微」，英華卷六八五虞寄諫陳寶應書、册府卷八三二作「洞微」。按洞微謂洞察微末，「洞鑒」亦當時熟語，如顔延年五君詠「識密鑒亦洞」，梁簡文帝和會三教詩「洞鑒資我皇」。疑當作「洞微」。

〔六〕折從衡之辯　原作「從折衝之辯」，據宋乙本壹、南監本、北監本、殿本及陳書卷一九虞荔傳改。

〔七〕寬厚得人　「得」，册府卷八三二宋本作「德」，明本作「待」。

〔八〕可得雍容高拱　「可」，南監本及陳書卷一九虞荔傳附虞寄傳、册府卷八三二、通鑑卷一六九陳紀三天嘉四年作「何」，疑是。

〔九〕且留將軍狼狽一隅　「狼狽」，陳書卷一九虞荔傳附虞寄傳、英華卷六八五虞寄諫陳寶應書、册府卷八三二、通鑑卷一六九陳紀三天嘉四年作「狼顧」，疑是。

〔一〇〕繫馬埋輪　「繫」，原作「擊」，據陳書卷一九虞荔傳附虞寄傳、册府卷八三二、通鑑卷一六九陳紀三天嘉四年改。英華卷六八五虞寄諫陳寶應書作「縶」，小字注「陳書、南史作『繫』」，所見尚不誤。

〔一一〕脩吽匹夫之力　「脩吽」，原作「胥盱」，據宋乙本壹、殿本及陳書卷一九虞荔傳附虞寄傳改。

〔一二〕又其事甚明　陳書卷一九虞荔傳附虞寄傳、英華卷六八五虞寄諫陳寶應書、册府卷八三二「又」上有「此」字。

〔一三〕寄聞明者覽未形　「覽」，陳書卷一九虞荔傳附虞寄傳、英華卷六八五虞寄諫陳寶應書、册府卷八三二作「鑒」。

〔一四〕寶應乃小釋　陳書卷一九虞荔傳附虞寄傳、册府卷八三二、通鑑卷一六九陳紀三天嘉四年「寶應」下有「意」字。

〔一五〕但朔旦贱修而已　「朔旦」，陳書卷一九虞荔傳附虞寄傳、册府卷二九二作「朔望」，通志卷一四五作「旦夕」。

〔一六〕累遷太子庶子　陳書卷三〇傅縡傳下有「僕」字，按太子僕官階高於太子中庶子，見南齊書百官志。

〔一七〕不虔郊廟大神　「大」，北監本、殿本及陳書卷三〇傅縡傳、册府卷八七七作「之」。

〔一八〕令宦者李善度窮其事　「李善度」，陳書卷三〇傅縡傳、册府卷八七七、通鑑卷一七六陳紀一〇至德三年作「李善慶」。

〔一九〕梁東中郎武陵王府參軍事　「郎」字原脱，據陳書卷三〇顧野王傳補。

〔二〇〕又居喪過毁殆不勝哀　「哀」，陳書卷三〇顧野王傳、册府卷七六一、通志卷一四五作「衣」。

〔二一〕父僧垣梁太醫正　「僧垣」，陳書卷二七姚察傳同，周書作「僧垣」，傳見周書卷四七藝術傳、北史卷九〇藝術傳下。其名各書「僧垣」「僧坦」互見。

〔二二〕送南布一端花練一匹　「練」，御覽卷四二六引陳書、卷八二〇引陳書、册府卷四六二、卷八〇七、通志卷一四五作「練」。下「麻布蒲練」同。

〔二三〕止鹿車即送廨舊塋北　「鹿」，陳書卷二七姚察傳作「麤」，册府卷九〇七明本作「粗」。

〔二四〕文帝遣中書舍人虞世基索本　「中書舍人」，陳書卷二七姚察傳、通志卷一四五作「内史舍人」。按隋避文帝父忠諱，改中書省爲内史省，中書舍人稱内史舍人。

南史卷七十

列傳第六十

循吏

吉翰　杜驥　申恬　杜慧度　阮長之　甄法崇 孫彬

傅琰 孫岐　虞愿　王洪軌 李珪之　沈瑀　范述曾

孫謙 從子廉　何遠　郭祖深

昔漢宣帝以爲「政平訟理，其惟良二千石乎」。前史亦云，今之郡守，古之諸侯也。故長吏之職，號曰親人。至於道德齊禮，移風易俗，未有不由之矣。

宋武起自匹庶，知人事艱難，及登庸作宰，留心吏職。而王略外舉，未遑內務，奉師之費，日耗千金。播茲寬簡，雖所未暇，而黜己屏欲，以儉御身，左右無幸謁之私，閨房無文綺之飾。故能戎車歲駕，邦甸不擾。文帝幼而寬仁，入纂大業，及難興陝服，六戎薄伐，興師命將，動在濟時。費由府實，事無外擾。自此方内晏安，甿庶蕃息，奉上供徭，止於歲賦，晨出暮歸，自事而已。守宰之職以六朞爲斷，雖没世不徙，未及曩時，而人有所係，吏無苟得，家給人足，即事雖難，轉死溝渠，於時可免。凡百户之鄉，有市之邑，歌謡舞蹈，觸處成羣，蓋宋世之極盛也。暨元嘉二十七年，舉境外捍，於是傾資掃蓄，猶有未供，深賦厚斂，天下騷動。自茲迄于孝建，兵連不息。以區區江東，蕞爾迫隘，荐之以師旅，因之以凶荒，向時之盛，自此衰矣。晉世諸帝多處内房，朝宴所臨，東西二堂而已。孝武末年，清暑方構，及永初受命，無所改作，所居唯稱西殿，不制嘉名，文帝因之，亦有合殿之稱。及孝武承統，制度滋長，犬馬餘菽粟，土木衣綈繡。追陋前規，更造正光、玉燭、紫極諸殿。彫欒綺節，珠窗網户，嬖女幸臣，賜傾府藏，竭四海不供其欲，殫人命未快其心。明皇繼祚，彌篤浮侈，恩不卹下，以至横流。莅人之官，遷變歲屬，突不得黔，席未暇暖〔一〕，蒲、密之化，事未易階。豈徒吏不及古，人乖於昔，蓋由爲上所擾，致化莫從。

齊高帝承斯奢縱，輔立幼主，思振人瘼，風移百城。爲政未朞，擢山陰令傅琰爲益州刺史，乃損華反樸，恭己南面，導人以躬，意存勿擾。以山陰大邑，獄訟繁滋，建元三年，別置獄丞，與建康爲比。永明繼運，垂心政術，杖威善斷，猶多漏網，長吏犯法，封刃行誅。郡縣居職，以三周爲小滿。水旱之災，輒加振卹。十許年中，百姓無犬吠之驚，都邑之盛，士女昌逸〔二〕，歌聲舞節，袨服華粧。桃花淥水之間，秋月春風之下，無往非適。明帝自在布衣，達于吏事，及居宸扆，專務刀筆。未嘗枉法申恩，守宰由斯而震。屬以魏軍入伐，壃埸大擾，兵車連歲，不遑啓居，軍國糜耗，從此衰矣。繼以昏亂，政由羣孽，賦調雲起，傜役無度。守宰多倚附權門，互長貪虐，裒刻聚斂，侵擾黎甿。天下摇動，無所措其手足。

梁武在田，知人疾苦，及定亂之始，仍下寬書。東昏時雜調咸悉除省，於是四海之内始得息肩。及踐皇極，躬覽庶事，日昃聽政，求瘼卹隱。乃命輶軒以省方俗，置肺石以達窮人。勞己所先，事唯急病。元年，始去人貲，計丁爲布。在身服浣濯之衣，御府無文錦之飾。太官常膳，唯以菜蔬，圓案所陳，不過三盞，蓋以儉先海内也。故每選長吏，務簡廉平，皆召見於前，親勗政道。始擢尚書殿中郎到溉爲建安内史，左户侍郎劉鬷爲晉安太守。溉等居官，並以廉絜著。又著令：小縣有能，遷爲大縣令；大縣有能，遷爲二千石。於是山陰令丘仲孚有異績，以爲長沙内史；武康令何遠清公，以爲宣城太守。剖符爲吏者，往往承風焉。斯亦近代奬勸之方也。

案前史各立循吏傳，序其德美，今並掇采其事，以備此篇云。

吉翰字休文，馮翊池陽人也。初爲龍驤將軍劉道憐參軍，隨府轉征虜左軍參軍，隨道憐北征廣固，賜爵建城縣五等侯。參宋武帝中軍軍事、臨淮太守。復爲道憐驃騎中兵參軍，從事中郎。爲將佐十餘年，清謹勤正，甚爲武帝所知賞。

元嘉中，歷位梁、南秦二州刺史，徙益州刺史，加督。在任著美績，甚得方伯之體，論者稱之。

累遷徐州刺史、監徐兗二州豫州梁郡諸軍事，時有死罪囚，典籤意欲活之，因翰八關齋呈事，翰省訖，語令且去〔三〕，明可更呈。明旦，典籤不敢復入，呼之乃來。取昨所呈事視訖，謂曰：「卿意當欲宥此囚死命。昨於齋坐見其事，亦有心活之。但此囚罪重，不可全貸，既欲加恩，卿便當代任其罪。」因命左右收典籤付獄殺之，原此囚生命。其刑政類如此。自下畏服，莫敢犯禁。卒於官。

杜驥字度世，京兆杜陵人也。高祖預，晉征南將軍。曾祖耽，避難河西，因仕張氏。

苻堅平涼州，父祖始還關中。

兄坦頗涉史傳，宋武帝平長安，隨從南還。元嘉中，位青、冀二州刺史，晚度北人〔四〕，南朝常以傖荒遇之，雖復人才可施，每爲清途所隔，坦恒以此慨然〔五〕。嘗與文帝言及史籍，上曰：「金日磾忠孝淳深，漢朝莫及，恨今世無復此輩人。」坦曰：「日磾之美，誠如聖詔，假使出乎今世，養馬不暇，豈辯見知。」上變色曰：「卿何量朝廷之薄也。」坦曰：「請以臣言之，臣本中華高族，亡高祖因晉氏喪亂，播遷涼土〔六〕，直以南度不早，便以荒傖賜隔。日磾胡人，身爲牧圉，便超入內侍，齒列名賢。聖朝雖復拔才，臣恐未必能也。」上默然。

北土舊法，問疾必遣子弟。驥年十三，父使候同郡韋華。華子玄有高名，見而異之，以女妻焉。累遷長沙王義欣後軍録事參軍。

元嘉七年，隨到彥之入河南，加建武將軍。魏撤河南戍悉歸河北，彥之使驥守洛陽。洛陽城廢久，又無糧食，及彥之敗退，驥欲棄城走，慮爲文帝誅。初，武帝平關、洛，致鍾虡舊器南還。一大鍾墜洛水中，至是帝遣將姚聳夫領千五百人迎致之。時聳夫政率所領牽鍾於洛水，驥乃遣使紿之曰：「虜既南度，洛城勢弱，今脩理城池，並已堅固，軍糧又足，所乏者人耳。君率衆見就，共守此城，大功既立，取鍾無晚。」聳夫信之，率所領就驥。及至城不可守，又無糧食，於是引衆去，驥亦委城南奔。白文帝：「本欲以死固守，姚聳夫入城便走，人情沮敗，不可復禁。」上怒，使建威將軍鄭順之殺聳夫於壽陽。聳夫，吳興武康人，勇果有氣力，宋偏裨小將莫及。

十七年，驥爲青、冀二州刺史，在任八年，惠化著於齊土。自義熙至于宋末，刺史唯羊穆之及驥爲吏人所稱詠。後徵爲左軍將軍，兄坦代爲刺史，北土以爲榮焉。

坦長子琬爲員外散騎侍郎，文帝嘗有函詔敕坦，琬輒開視。信未及發，又追取之，敕函已發，大相推檢。上遣主書詰責驥，并檢開函之主。驥答曰：「開函是臣第四息季文，伏待刑坐。」上特原不問。卒官。

第五子幼文薄於行，明帝初，以軍功封邵陽縣男，尋坐巧妄奪爵。後以發太尉廬江王禕謀反事，拜給事黃門侍郎。廢帝元徽中爲散騎常侍。幼文所莅貪横，家累千金。與沈勃、孫超之居止接近，又並與阮佃夫厚善。佃夫既死，廢帝深疾之。帝微行，夜輒在幼文門墉間聽其絃管，積久轉不能平，於是自率宿衞兵誅幼文、勃、超之等。兄叔文爲長水校尉，亦誅。

申恬字公休〔七〕，魏郡魏人也。曾祖鍾，爲石季龍司徒。宋武帝平廣固，恬父宣、宣從父兄永皆得歸晉，並以幹用見知。武帝踐祚，拜太中大夫〔八〕。宣元嘉初，歷兗、青二州刺史。恬兄謨與朱脩之守滑臺。魏剋滑臺見虜。後得還，爲竟陵太守。

恬初爲驃騎劉道憐長兼行參軍。宋受命，辟東宮殿中將軍，度還臺，直省十年，不請休急。歷下邳、北海二郡太守，所至皆有政績。又爲北譙、梁二郡太守。郡境邊接任榛，屢被寇抄。恬到任，密知賊來，乃伏兵要害，出其不意，悉皆禽殄。

元嘉十二年，遷督魯東平濟北三郡諸軍事、太山太守，威惠兼著，吏人便之。二十一年，冀州移鎮歷下，以恬爲冀州刺史，加督。明年，加濟南太守。孝武踐祚，爲青州刺史，尋加督。齊地連歲興兵，百姓彫弊，恬防禦邊境，勸課農桑，二三年間，遂皆優實。

性清約，頻處州郡，妻子不免飢寒，世以此稱之。後拜豫州刺史，以疾徵還，道卒。死之日，家無遺財。

子寔，南譙太守。謨子元嗣，海陵太守。元嗣弟謙，臨川內史。

永子坦，孝建初爲太子右衞率，徐州刺史。大明元年，魏攻兗州，孝武遣太子左衞率薛安都、東陽太守沈法系北捍，至兗州，魏軍已去。坦建議任榛亡命，屢犯邊人，今軍出無功，宜因此翦撲，上從之。亡命先已聞知，舉村逃走，安都、法系坐白衣領職，坦棄市，羣臣爲請莫得。將行刑，始興公沈慶之入市抱坦慟哭曰：「卿無罪，爲朝廷所枉誅，我入市亦當不久。」市官以白上，乃原生命，繫尚方。尋被宥，復爲驍騎將軍。疾卒。

子令孫，明帝時爲徐州刺史，討薛安都。行至淮陽，即與安都合。弟闡時爲濟陰太守，戍睢陵城，奉順不同安都，安都攻圍不能剋。會令孫至，遣往睢陵說闡，闡降，殺之。令孫亦見殺。

杜慧度，交阯朱䳒人也〔九〕。本屬京兆。曾祖元爲寧浦太守，遂居交阯。父瑗字道言，仕州府爲日南、九德、交阯太守。初，九真太守李遜父子勇壯有權力，威制交土，聞刺史滕遯之當至，分遣二子斷遏水陸津要，瑗收衆斬遜，州境獲寧。後爲龍驤將軍、交州刺史。宋武帝義旗建，進號冠軍將軍。盧循竊據廣州，遣使通好，瑗斬之。義熙六年卒，年八十四，贈右將軍。

慧度，瑗第五子也。七年，除交州刺史，詔書未到，其年春，盧循襲破合浦，徑向交州，慧度乃率文武六千人拒循於石碕，破之。循雖破，餘黨皆習兵事，李遜子孫李弈、李移、李脱等皆奔竄石碕，盤結俚、獠，各有部曲。循知弈等與杜氏有怨，遣使招之。弈等受循節度。六月庚子，循晨造南津，令三軍入城乃食。慧度悉出宗族私財以充勸賞，自登高艦合戰，放火箭，循衆艦俱然，一時散潰。循中箭赴水死。斬循及父嘏并循二子，並傳首建鄴。封慧度龍編縣侯。

武帝踐祚，進號輔國將軍。其年，南討林邑，林邑乞降，輸生口、大象、金銀、古貝等，乃釋之。遣長史江攸奉表獻捷〔一〇〕。慧度布衣蔬食，儉約質素。能彈琴，頗好莊、老。禁斷淫祀，崇修學校，歲荒人飢，則以私禄振給。爲政纖密，有如居家，由是威惠霑洽，姦盜不起。乃至城門不夜閉，道不拾遺。卒，追贈左將軍。以慧度長子弘文爲振遠將軍、交州刺史〔一一〕。

初，武帝北征關、洛，慧度板弘文行九真太守。及繼父爲刺史〔一二〕，亦以寬和得衆，襲爵龍編侯。元嘉四年，文帝以廷尉王徽爲交州刺史〔一三〕，弘文被徵，會得重疾，牽以就路。親舊見其患篤，勸待病愈。弘文曰：「吾世荷皇恩，杖節三世。常欲投軀帝庭，以報所荷；況親被徵命，而可晏然者乎。」弘文母阮年老，見弘文輿疾就路，不忍別，與到廣州，遂卒。臨死，遣弟弘猷詣建鄴，朝廷甚哀之。

孝建中，以豫章太守檀和之爲豫州刺史，和之先歷始興太守、交州刺史，所在有威名，盜賊屏迹。每出獵，猛獸伏不敢起。

阮長之字景茂〔一四〕，一字善業，陳留尉氏人也。祖思曠，金紫光禄大夫。父普，驃騎諮議參軍。

長之年十五喪父，有孝性，哀感傍人。除服，蔬食者猶積載。閑居篤學，未嘗有惰容。

初爲諸府參軍，母老，求補襄垣令，督郵無禮，鞭之，去職。後拜武昌太守。時王弘爲江州，雅相知重，引爲車騎從事中郎。

元嘉十一年，除臨海太守，在官常擁敗絮。至郡少時，母亡，葬畢，不勝憂卒〔一五〕。

時郡田禄以芒種爲斷，此前去官者則一年秩禄皆入後人。始以元嘉末改此科，計月分禄。長之去武昌郡，代人未至，以芒種前一日解印綬。初發都，親故或以器物贈別，得便緘録，後歸，悉以還之。爲中書郎直省，夜往鄰省，誤著屐出閤，依事自列。門下以闇夜人不知，不受列。長之固遣送曰：「一生不侮暗室。」前後所莅官，皆有風政，爲後人所思。宋世言善政者咸稱之。文帝深惜之，曰：「景茂方堪大用，豈直以清苦見惜。」子師門，原鄉令。

元嘉初，文帝遣大使巡行四方，兼散騎常侍王歆之等上言：「宣威將軍、陳南頓二郡太守李元德清勤均平，姦盜止息。彭城内史魏恭子廉惜脩慎〔一六〕，在公忘私，安約守儉，久而彌固。前宋縣令成浦爲政寬濟，遺詠在人。前鮦陽令李熙國在事有方，人思其政。故山桑令何道自少清廉，白首彌厲。應加褒賚，以勸于後。」各被褒賜。歆之字叔道，河東人。曾祖愆期有名晉世，官至南蠻校尉。歆之位左户尚書、光禄大夫，卒官。

甄法崇，中山人也。父匡，位少府卿，以清聞。法崇，宋永初中爲江陵令，在任嚴整，縣境肅然。于時，南平繆士通爲江安令卒官，至其年末，法崇在聽事，士通前見。法崇知其已亡，愕然未言。坐定，云：「卿縣人宋雅見負米千餘石不還，令兒窮弊不自存，故自訴。」法崇因命口受爲辭，因遜謝下席。而法崇爲問，繆家狼狽輸送〔一七〕。太守王華聞而歎美之。

法崇孫彬。彬有行業，鄉黨稱善。嘗以一束苧就州長沙寺庫質錢，後贖苧還，於苧東中得五兩金，以手巾裹之，彬得，送還寺庫。道人驚云：「近有人以此金質錢，時有事不得舉而失。檀越乃能見還。」輒以金半仰酬，往復十餘，彬堅然不受，因謂曰〔一八〕：「五月披羊裘而負薪，豈拾遺金者邪。」卒還金。梁武帝布衣而聞之，及踐祚，以西昌侯藻爲益州刺史，乃以彬爲府録事參軍，帶郫縣令。將行，同列五人，帝誡以廉慎。至彬，獨曰：「卿昔有還金之美，故不復以此言相屬。」由此名德益彰。及在蜀，藻禮之甚厚云。

傅琰字季珪，北地靈州人也。曾祖弘仁，宋武帝之外弟，以中表歷顯官，位太常卿。祖劭字彦先〔一九〕，員外散騎侍郎。父僧祐，山陰令，有能名。

琰美姿儀，仕宋爲武康令，遷山陰令，並著能名，二縣皆謂之傅聖。賜爵新亭侯。元徽中，遷尚書左丞〔二〇〕。母喪，鄰家失火，延燒琰屋，抱柩不動。鄰人競來赴救，乃得俱全。琰股髀之間已被烟焰。

齊高帝輔政，以山陰獄訟煩積，復以琰爲山陰令。賣針、賣糖老姥爭團絲來詣琰，琰挂團絲於柱鞭之，密視有鐵屑，乃罰賣糖者。又二野父爭雞，琰各問何以食雞，一人云粟，一人云豆。乃破雞得粟，罪言豆者。縣内稱神明，無敢爲偷。琰父子並著奇績，時云諸傅有理縣譜，子孫相傳，不以示人。

昇明中，遷益州刺史。自縣遷州，近世罕有。齊建元四年，徵驍騎將軍、黄門郎。永明中，爲廬陵王安西長史、南郡内史，行荆州事。卒。琰喪西還，有詔出臨哭。

時長沙太守王沈、新蔡太守劉聞慰、晉平太守丘仲起、長城縣令何敬叔、故鄣縣令丘寂之，皆有能名，而不及琰也。沈字彦流，東海人，歷錢唐、山陰、秣陵令，南平、長沙太守，清廉戒慎，身恒居禄而居處日貧。死之日無宅可憩，故吏爲營棺柩。聞慰自有傳。仲起見沈憲傳，敬叔見子思澄傳。

寂之字德玄，吴興烏程人。年十七，爲州西曹，兼直主簿。刺史王彧行夜還〔二〕，前驅已至，而寂之不肯開門，曰：「不奉墨旨。」彧方於車中爲教，然後開。彧歎曰：「不意郅君章近在閤下。」即轉爲主簿。在縣專以廉潔御下。于時丹徒縣令沈巑之以清廉抵罪，寂之聞之曰：「清吏真不可爲也，政當處季、孟之間乎。」

巑吴興武康人，性疎直，在縣自以清廉不事左右，浸潤日至，遂鎖繫尚方。歎曰：「一見天子足矣。」上召問曰：「復欲何陳？」答曰：「臣坐清所以獲罪。」上曰：「清復何以獲罪？」曰：「無以承奉要人。」上曰：「要人爲誰？」巑之以手板四面指曰：「此赤衣諸賢皆是。若臣得更鳴，必令清譽日至。」巑之雖危言，上亦不責。後知其無罪，重除丹徒令。入縣界，吏人候之，謂曰：「我今重來，當以人肝代米，不然清名不立。」

又有汝南周洽，歷句容、曲阿、上虞、吴令，廉約無私，卒於都水使者。無以殯斂，吏人爲買棺器。齊武帝聞而非之，曰：「洽累歷名邑而居處不理，遂坐無車宅死，令吏衣棺之，此故宜罪貶，無論褒恤。」乃敕不給贈賻。

琰子翽，爲官亦有能名，後爲吴令，别建康令孫廉，廉因問曰：「聞丈人發姦擿伏，惠化如神，何以至此？」答曰：「無他也，唯勤而清。清則憲綱自行，勤則事無不理。憲綱自行則吏不能欺，事自理則物無疑滯，欲不理得乎。」時臨淮劉玄明亦有吏能，歷山陰、建康令，政常爲天下第一，終於司農卿。後翽又代玄明爲山陰令，問玄明曰：「願以舊政告新令尹。」答曰：「我有奇術，卿家譜所不載，臨别當相示。」既而曰：「作縣令唯日食一升飯而莫飲酒，此第一策也。」翽天監中爲建康令，復有能名，位驃騎諮議。子岐。

岐字景平，仕梁起家南康王左常侍，後兼尚書金部郎，母憂去職，居喪盡禮。服闋後疾廢久之，復除始新令。縣人有因鬬相毆而死，死家訴郡，郡録其仇人，考掠備至，終不引咎。郡乃移獄於縣，岐即令脱械，以和言問之，便即首服。法當償死，會冬節至，岐乃放其還家。獄曹掾固爭曰：「古者有此，今不可行。」岐曰：「其若負信，縣令當坐。」竟如期而反。太守深相歎異，遽以狀聞。岐後去縣，人無老少皆出境拜送，號哭聞數十里。至都，除廷尉正，入兼中書通事舍人，累遷安西中記室，兼舍人如故。

岐美容止，博涉能占對。大同中與魏和親，其使歲中再至，常遣岐接對焉。

太清元年，累遷太僕，司農卿，舍人如故。岐在禁省十餘年，機事密勿，亞於朱异。此年冬，貞陽侯蕭明伐彭城，兵敗，囚於魏。二年，明遣使還〔三〕，述魏欲通和好，敕有司及近臣定議。左衛朱异曰：「邊境且得靜寇息人，於事爲便。」議者並然之。岐獨曰：「高澄既新得志，何事須和？必是設間，故令貞陽遣使，令侯景自疑，當以貞陽易景，景意不安，必圖禍亂。若許通好，政是墮其計中。且彭城去歲喪師，渦陽復新敗退，今使就和，益示國家之弱。和不可許。」异等固執，帝遂從之。及遣使，景果有此疑，遂舉兵入寇，請誅朱异。

三年，遷中領軍，舍人如故。二月，侯景於闕前通表，乞割江右四州安置部下，當解圍還鎮。敕許之，乃於城西立盟。求遣召宣城王出送。岐固執宣城王嫡嗣之重，不宜許之。乃遣石城公大款送之。及與景盟訖，城中文武喜躍，冀得解圍。岐獨言於衆曰：「賊舉兵爲逆，豈有求和。」及景背盟，莫不歎服。尋有詔，以岐勤勞，封南豐縣侯。固辭不受。宮城失守，岐帶疾出圍，卒於宅。

虞愿字士恭，會稽餘姚人也。祖賚，給事中、監利侯。父望之早卒。賚中庭橘樹冬熟，子孫競來取之。愿年數歲獨不取，賚及家人皆異之。

宋元嘉中，爲湘東王國常侍。及明帝立，以愿儒吏學涉，兼蕃國舊恩，意遇甚厚。除太常丞，尚書祠部郎，通直散騎侍郎。帝性猜忌，體肥憎風，夏月常著小皮衣。拜左右二人爲司風令史，風起方面，輒先啓聞。星文災變，不信太史，不聽外奏，敕靈臺知星二人給愿，常内省直，有異先啓，以相檢察。

帝以故宅起湘宫寺，費極奢侈。以孝武莊嚴刹七層，帝欲起十層，不可立，分爲兩刹，各五層。新安太守巢尚之罷郡還見帝，曰：「卿至湘宫寺未？我起此寺是大功德。」愿在側曰：「陛下起此寺，皆是百姓賣兒貼婦〔二三〕，佛若有知，當悲哭哀愍。罪高佛圖，有何功德！」尚書令袁粲在坐，爲之失色。帝大怒，使人驅曳下殿〔二四〕，愿徐去無異容。以舊恩，少日中已復召入。

帝好圍碁，甚拙，去格七八道，物議共欺爲第三品，與第一品王抗圍碁，依品賭戲。抗饒借帝，曰：「皇帝飛碁，臣抗不能斷。」帝終不覺，以爲信然，好之愈篤。愿又曰：「堯以此教丹朱，非人主所宜好也。」雖數忤旨，而蒙賞賜猶異餘人。遷兼中書郎。

帝寢疾，愿常侍醫藥。帝尤好逐夷，以銀鉢盛蜜漬之，一食數鉢。謂揚州刺史王景文曰：「此是奇味，卿頗足不？」景文答曰：「臣夙好此物，貧素致之甚難。」帝甚悦。食逐夷積多，胸腹痞脹，氣將絶。左右啓飲數升酢酒，乃消。疾大困，一食汁滓猶至三升。水患積久，藥不復効。大漸日，正坐呼道人，合掌便絶。

愿以侍疾久，轉正員郎。出爲晉安太守〔二五〕。在郡不事生業。前政與百姓交關，質録其兒婦，愿遣人於道奪取將還。在郡立學堂教授。郡舊出髯蛇，膽可爲藥。有遺愿蛇者，愿不忍殺，放二十里外山中。一夜蛇還牀下。復送四十里山，經宿復歸。論者以爲仁心所致。海邊有越王石，常隱雲霧，相傳云「清廉太守乃得見」。愿往就觀視，清徹無所隱蔽。後琅邪王秀之爲郡，與朝士書曰：「此郡承虞公之後，善政猶存，遺風易遵，差得無事。」

以母老解職，除後軍將軍。褚彦回嘗詣愿，愿不在，見其眠牀上積塵埃，有書數袠。彦回歎曰：「虞君之清至於此。」令人掃地拂牀而去。

遷中書郎，領東觀祭酒。兄季爲上虞令卒，愿從省步出還家，不得詔便歸東〔二六〕。除驍騎將軍，遷廷尉，祭酒如故。

愿嘗事宋明帝，齊初，神主遷汝陰廟，愿拜辭流涕。建元元年卒。愿著五經論問，撰會稽記，文翰數十篇。

王洪軌，上谷人也〔二七〕。宋泰始中，魏剋青州，洪軌得別駕清河崔祖歡女，仍以爲妻。祖歡女說洪軌南歸。宋桂陽王之難，隨齊高帝鎮新亭，常以身捍矢。高帝曰：「我自有楯，卿可自防。」答曰：「天下無洪軌何有哉，蒼生方亂，豈可一日無公。」帝甚賞之。

後爲晉壽太守，多昧贓賄，爲州所按。大懼，棄郡奔建鄴。高帝輔政，引爲腹心。建武初，爲青、冀二州刺史，悔爲晉壽時貨賕所敗，更勵清節。先是青州資魚鹽之貨，或彊借百姓麥地以種紅花，多與部下交易〔二八〕，以祈利益。洪軌至，一皆斷之。啓求侵魏，得黃郭、鹽倉等數戍。後遇敗，死傷塗地，深自咎責。乃於謝祿山南除地，廣設茵席，殺三牲，招戰亡者魂祭之。人人呼名，躬自沃酹，仍慟哭不自勝，因發病而亡。洪軌既北人而有清正，州人呼爲「虜父使君」，言之咸落淚。

永明中，有江夏李珪之字孔璋，位尚書右丞，兼都水使者，歷職稱爲清能。後兼少府卒。

沈瑀字伯瑜，吳興武康人也。父昶〔二九〕，事宋建平王景素。景素謀反，昶先去之，及敗坐繫獄。瑀詣臺陳請得免罪，由是知名。爲奉朝請，嘗詣齊尚書左丞殷瀰〔三〇〕，瀰與語及政事，甚器之，謂曰：「觀卿才幹，當居吾此職。」

司徒竟陵王子良聞瑀名，引爲府行參軍，領揚州部傳從事。時建康令沈徽孚恃勢傲瑀，瑀以法繩之，衆憚其强。子良甚相知賞，雖家事皆以委瑀。子良薨，瑀復事刺史始安王遥光，嘗使送人丁，速而無怨，遥光謂同使吏曰：「爾何不學沈瑀所爲。」乃令瑀專知州獄事。

湖熟縣方山埭高峻，冬月，公私行侣以爲艱。明帝使瑀行脩之。瑀乃開四洪，斷行客就作，三日便辦。揚州書佐私行，詐稱州使，不肯就作，瑀鞭之四十。書佐歸訴遥光，遥光曰：「沈瑀必不枉鞭汝。」覆之果有詐。明帝復使瑀築赤山塘，所費減材官所量數十萬。帝益善之。爲建德令，教人一丁種十五株桑、四株柹及梨栗，女子丁半之。人咸懽悦，頃之成林。

去官還都，兼行選曹郎，隨陳伯之軍至江州。會梁武起兵圍郢城，瑀説伯之迎武帝。伯之泣曰：「余子在都。」瑀曰「不然人情匈匈，皆思改計；若不早圖，衆散難合」。伯之遂降。

初，瑀在竟陵王家，素與范雲善，齊末嘗就雲宿，夢坐屋梁柱上，仰見天中有字曰「范氏宅」。至是瑀爲帝說之，帝曰：「雲得不死，此夢可驗。」及帝即位，雲深薦瑀，自既陽令擢兼尚書右丞。時天下初定，陳伯之言瑀催督運輸，軍國獲濟。帝以爲能，遷尚書駕部郎，兼右丞如故。瑀薦族人沈僧隆、僧照有吏幹，帝並納之。

以母憂去職，起爲餘姚令。縣大姓虞氏千餘家，請謁如市，前後令長莫能絕。自瑀到，非訟訴無所通，以法繩之。縣南又有豪族數百家〔三〕，子弟縱横，遞相庇廕，厚自封植，百姓甚患之。瑀召其老者爲石頭倉監，少者補縣僮，皆號泣道路，自是權右屏跡。瑀初至，富吏皆鮮衣美服以自彰別，瑀怒曰：「汝等下縣吏，何得自擬貴人！」悉使著芒屩麤布，侍立終日，足有蹉跌，輒加榜捶。瑀微時嘗至此鬻瓦器，爲富人所辱，故因以報焉。由是士庶駭怨。瑀廉絜自守，故得遂行其意。

後爲安南長史、尋陽太守。江州刺史曹景宗卒，仍爲信威蕭穎達長史，太守如故。瑀性屈强，每忤穎達，穎達銜之。天監八年，因入諮事，辭又激厲。穎達作色曰：「朝廷用君作行事邪？」瑀出，謂人曰：「我死而後已，終不能傾側面從。」是日於路爲人所殺，多以穎達害焉。子續累訟之。遇穎達尋卒，事不窮竟。續乃布衣蔬食終其身。

范述曾字子玄，一字穎彦，吴郡錢唐人也。幼好學，從餘杭吕道惠受五經，略通章句。道惠曰：「此子必爲王者師。」齊文惠太子、竟陵文宣王幼時，齊高帝引述曾爲之師友，起家宋晉熙王國侍郎。齊初至南郡王國郎中令，遷太子步兵校尉，帶開陽令。述曾爲人謇諤，在官多所諫爭〔三〕，太子雖不能全用，然亦弗之罪也。竟陵王深相器重，號爲周舍。太子左衞率沈約亦以述曾方汲黯。

齊明帝即位，爲永嘉太守。爲政清平，不尚威猛，甿俗便之。所部横陽縣山谷嶮峻，爲逋逃所聚，前後二千石討捕莫能息。述曾下車，開示恩信，凡諸凶黨，襁負而出，編户屬籍者二百餘家。自是商旅流通，居人安業。勵志清白，不受饋遺。明帝下詔褒美，徵爲游擊將軍。郡送故舊錢二十餘萬，一無所受，唯得白桐木火籠朴十餘枚而已。

東昏時，拜中散大夫，還鄉里。梁武帝踐祚，乃輕行詣闕，仍辭還。武帝下詔褒美，以爲太中大夫。述曾生平所得奉禄，皆以分施，及老遂壁立無資。以天監八年卒。注易文言，著雜詩賦數十篇。

後有吴興丘師施亦廉潔稱，罷臨安縣還，唯有二十籠簿書，並是倉庫券帖。當時以比述曾。位至臺郎。

孫謙字長遜，東莞莒人也。客居歷陽，躬耕以養弟妹，鄉里稱其敦睦。仕宋爲句容令，清慎强記，縣人號爲神明。宋明帝以爲巴東、建平二郡太守。郡居三峽，恒以威力鎮之。謙將述職，敕募千人自隨。謙曰：「蠻夷不賓，蓋待之失節耳。何煩兵役，以爲國費。」固辭不受。至郡，布恩惠之化，蠻獠懷之，競餉金寶。謙慰喻而遣，一無所納。及掠得生口，皆放還家。奉秩出吏人者，悉原除之。郡境翕然，威恩大著。視事三年，徵還爲撫軍中兵參軍，遷越騎校尉、征北司馬。府主建平王將稱兵，患謙强直，託事遣使至都，然後作亂。及建平誅，遷左軍將軍。

齊初，爲錢唐令，御煩以簡，獄無繫囚。及去官，百姓以謙在職不受餉遺，追載縑帛以送之。謙辭不受。每去官輒無私宅，借空車廐居焉。

永明初，爲江夏太守，坐被代輒去郡，繫尚方，頃之，免爲中散大夫。明帝將廢立，欲引謙爲心膂，使兼衞尉，給甲仗百人。謙不願處際會，輒散甲士，帝雖不罪而弗復任焉。

梁天監六年，爲零陵太守，年已衰老，猶强力爲政，吏人安之。先是郡多猛獸暴，謙至絶迹。及去官之夜，猛獸即害居人。謙爲郡縣，常勤勸課農桑，務盡地利，收入常多於鄰境。

九年，以老徵爲光禄大夫。及至，帝嘉其清潔，甚禮異焉。每朝見，猶請劇職自効。帝笑之：「朕當使卿智，不使卿力。」十四年，詔加優秩，給親信二十人，并給扶。

謙自少及老，歷二縣五郡，所在廉潔。居身儉素，牀施蘧蒢屏風。冬則布被莞席。夏日無幬帳，而夜卧未嘗有蚊蚋，人多異焉。年逾九十，强壯如五六十者。每朝會，輒先衆到公門。力於仁義，行己過人甚遠。從兄靈慶嘗病寄謙，謙行出，還問起居，靈慶曰：「向飲冷熱不調，即時猶渴。」謙退遣其妻。有彭城劉融行乞，疾篤無所歸，友人輿送謙舍，謙開聽事以受之。及融死，以禮殯葬，衆咸服其行義。末年，頭生二肉角，各長一寸。

十五年，卒官，時年九十二。臨終遺命諸子曰：「吾少無人間意，故自不求聞達，而仕歷三代，官成兩朝，如我資名，或蒙贈謚，自公體耳。氣絶即以幅巾就葬，每存儉率。比見輀車過精，非吾志也。士安束以蘧蒢，王孫倮入后地，雖是匹夫之節，取於人情未允。今使棺足周身，壙足容柩。旐書爵里，無曰不然。旒表命數，差可停息。直僦輀牀，裝之以蔆。以常所乘者爲魂車，他無所用。」第二子貞巧，乃織細蔆裝輀，以篋爲鈴佩，雖素而華。帝爲舉哀，甚悼惜之。

從子廉字思約。父奉伯位少府卿、淮南太守。廉便辟巧宦，齊時已歷大縣，尚書右丞。天監初，沈約、范雲當朝用事，廉傾意奉之。及中書舍人黄睦之等，亦尤所結附。凡貴要每食，廉必日進滋旨，皆手自煎調，不辭勤劇，遂得爲列卿，御史中丞，晉陵、吴興太守。廣陵高爽有險薄才，客於廉，廉委以文記。爽嘗有求不遂，乃爲屐謎以喻廉曰：「刺鼻不知嚏，蹋面不知瞋，齧齒作步數，持此得勝人。」譏其不計恥辱，以此取名位。然處官平直，遂以善政稱。武帝嘗曰：「東莞二孫，謙、廉而已。」

何遠字義方，東海郯人也。父慧炬，齊尚書郎。遠仕齊爲奉朝請，豫崔慧景敗亡事，抵尚書令蕭懿，懿深保匿焉。會赦出。頃之，懿遭難，子弟皆潛伏，遠求得懿弟融藏之。既而發覺，遠踰垣以免，融遇禍，遠家屬繫尚方。遠遂亡度江，因降魏。入壽陽見刺史王肅，求迎梁武帝，肅遣兵援送。武帝見遠謂張弘策曰：「何遠丈夫，而能破家報舊德，未易人也〔三〕。」

武帝踐祚，以奉迎勳，封廣興男，爲後軍鄱陽王恢録事參軍。遠與恢素善，在府盡其志力，知無不爲。恢亦推心杖之，恩寄甚密。

遷武昌太守。遠本倜儻，尚輕俠。至是乃折節爲吏，杜絶交游，饋遺秋毫無所受。武昌俗皆汲江水，盛夏，遠患水温，每以錢買人井寒水。不取錢者，則摙水還之，其他事率多如此。跡雖似僞，而能委曲用意。車服尤弊素，器物無銅漆。江左水族甚賤，遠每食不過乾魚數片而已。然性剛嚴，吏人多以細事受鞭罰，遂爲人所訟，徵下廷尉，被劾十數條。當時士大夫坐法皆不受測，遠度己無贓，就測立三七日不款，猶以私藏禁仗除名。

後爲武康令，愈厲廉節，除淫祀，正身率職，人甚稱之。太守王彬巡屬縣，諸縣皆盛供帳以待焉〔三四〕。至武康，遠獨設糗水而已。彬去，遠送至境，進斗酒隻鵝而別。彬戲曰："卿禮有過陸納，將不爲古人所笑乎。"武帝聞其能，擢爲宣城太守。自縣爲近畿大郡，近代未之有也。郡經寇抄，遠盡心綏理，復著名迹。朞年，遷樹功將軍、始興内史。時泉陵侯朗爲桂州，緣道多剽掠，入始興界，草木無所犯。

遠在官好開途巷，脩葺牆屋，人居市里，城隍廐庫，所過若營家焉。田秩奉錢，並無所取，歲暮擇人尤窮者充其租調，以此爲常。然其聽訟猶人也，不能過絶。而性果斷，人畏而惜之，所至皆生爲立祠，表言政狀，帝每優詔答焉。後歷給事黄門侍郎，信武將軍，監吴郡。在吴頗有酒失。遷東陽太守。遠處職，疾强富如仇讎，視貧細如子弟，特爲豪右所畏憚。在東陽歲餘，復爲受罰者所謗，坐免歸。

遠性耿介，無私曲，居人間絶請謁，不造詣。與貴賤書疏，抗禮如一。其所會遇，未嘗以顔色下人。是以多爲俗士所疾惡。其清公實爲天下第一。居數郡，見可欲終不變其心，妻子饑寒如下貧者。及去東陽歸家，經年歲，口不言榮辱，士類益以此多之。其輕財好義，周人之急，言不虚妄，蓋天性也。每戲語人云：「卿能得我一妄語，則謝卿以一縑。」衆共伺之，不能記也。後爲征西諮議參軍、中撫軍司馬，卒。

郭祖深，襄陽人也。梁武帝初起，以客從。後隨蔡道恭在司州。陷北還，上書言境上事，不見用。選爲長兼南梁郡丞，徙後軍行參軍。帝溺情内教，朝政縱弛，祖深輿櫬詣闕上封事，其略曰：

大梁應運，功高百王，慈悲既弘，憲律如替。愚輩罔識，褫慢斯作〔三五〕。各競奢侈，貪穢遂生。頗由陛下寵勳太過，馭下太寬，故廉潔者自進無途，貪苛者取入多徑，直弦者淪溺溝壑，曲鉤者升進重沓。飾口利辭，競相推薦，訥直守信，坐見埋没。勞深勳厚，禄賞未均，無功側入，反加寵擢。昔宋人賣酒，犬惡致酸，陛下之犬，其甚矣哉。

臣聞人爲國本，食爲人命，故禮曰國無六年之儲，謂非其國也。推此而言，農爲急務。而郡縣苛暴，不加勸奬，今年豐歲稔，猶人有飢色，設遇水旱，何以救之？陛下昔歲尚學，置立五館，行吟坐詠，誦聲溢境。比來慕法，普天信向，家家齋戒，人人懺禮，不務農桑，空談彼岸。夫農桑者今日濟育，功德者將來勝因，豈可墮本勤末，置邇効賒也。今商旅轉繁，游食轉衆，耕夫日少，杼軸日空。陛下若廣興屯田，賤金貴粟，勤農桑者擢以階級，惰耕織者告以明刑。如此數年，則家給人足，廉讓可生。

夫君子小人，智計不同，君子志於道，小人謀於利。志於道者安國濟人，志於利者損物圖己。道人者害國小人也，忠良者捍國君子也。臣見疾者詣道士則勸奏章，僧尼則令齋講，俗師則鬼禍須解，醫診則湯熨散丸，皆先自爲也。臣謂爲國之本，與療病相類，療病當去巫鬼，尋華、扁，爲國當黜佞邪，用管、晏。今之所任，腹背之毛耳。論外則有勉、捨，說内則有雲、旻。雲、旻所議則傷俗盛法，勉、捨之志唯願安枕江東。主慈臣恇，息謀外甸，使中國士女南望懷冤，若賈誼重生，豈不慟哭。臣今直言犯顔，罪或容宥，而乖忤貴臣，則禍在不測。所以不憚鼎鑊區區必聞者，正以社稷計重而螻蟻命輕。使臣言入身滅，臣何所恨。

夫謀臣良將，何代無之，貴在見知，要在用耳。陛下皇基兆運二十餘載，臣子之節，諫爭是誰？執事皆同而不和，答問唯唯而已。入對則言聖旨神衷，出論則云誰敢逆耳。過實在下而謫見於上，遂使聖皇降誡〔三六〕，躬自引咎，宰輔晏然，曾無謙退。且百僚卿士，尠有奉公，尸禄競利，不尚廉潔。累金積鏹，侍列如仙，不田不商，何故而爾？法者人之父母，惠者人之仇讎，法嚴則人思善，德多則物生惡，惡不可長，欲不可縱。伏願去貪濁，進廉平，明法令，嚴刑罰，禁奢侈，薄賦斂，則天下幸甚。謹上封事二十九條，伏願抑獨斷之明，少察愚瞽。

時帝大弘釋典，將以易俗，故祖深尤言其事，條以爲：

都下佛寺五百餘所，窮極宏麗。僧尼十餘萬，資産豐沃。所在郡縣，不可勝言。道人又有白徒，尼則皆畜養女，皆不貫人籍，天下户口幾亡其半。而僧尼多非法，養女皆服羅紈，其蠹俗傷法，抑由於此。請精加檢括，若無道行，四十已下，皆使還俗附農。罷白徒養女，聽畜奴婢。婢唯著青布衣，僧尼皆令蔬食。如此，則法興俗盛，國富人殷。不然，恐方來處處成寺，家家剃落，尺土一人，非復國有。

朝廷擢用勳舊，爲三陲州郡，不顧御人之道，唯以貪殘爲務。迫脅良善，害甚豺狼。江、湘人尤受其弊。自三關以外，是處遭毒。而此勳人投化之始，但有一身，及被任用，皆募部曲。而揚、徐之人，逼以衆役，多投其募，利其貨財。皆虚名上簿，止送出三津，名在遠役，身歸鄉里。又懼本屬檢問，於是逃亡他境，僑户之興，良由此故。又梁興以來，發人征役，號爲三五。及投募將客，主將無恩，存卹失理，多有物故，輒刺叛亡。或有身殞戰場，而名在叛目，監符下討，稱爲逋叛，録質家丁。合家又叛，則取同籍；同籍又叛，則取比伍；比伍又叛，則望村而取。一人有犯，則合村皆空。雖肆眚時降，蕩滌惟始，而監符猶下舊日，限以嚴程。上不任信下〔三七〕，轉相督促。臺使到州，州又遣押使至郡，州郡競急切，同趣下城。令宰多庸才，望風畏伏。於是斂户課，薦其筐篚，使人納重貨，許立空文。其百里微欲矯俗，則嚴科立至，自是所在恣意貪利，以事上官。

又「請斷界首將生口入北，及關津廢替，須加糺擿」；又言「廬陵年少，不宜鎮襄陽」；左僕射王暕在喪，被起爲吴郡，曾無辭讓」。其言深刻。又「請復郊四星」。帝雖不能悉用，然嘉其正直，擢爲豫章鍾陵令，員外散騎常侍。

普通七年，改南州津爲南津校尉，以祖深爲之。加雲騎將軍，秩二千石。使募部曲二千〔三八〕。及至南州，公嚴清刻。由來王侯勢家出入津〔三九〕，不忌憲綱，俠藏亡命。祖深搜檢姦惡，不避强禦，動致刑辟。奏江州刺史邵陵王、太子詹事周捨贓罪。遠近側足，莫敢縱恣。淮南太守畏之如上府。

常服故布襦，素木案，食不過一肉。有姥餉一早青瓜，祖深報以疋帛。後有富人效之以貨，鞭而徇衆。朝野憚之，絶於干請。所領皆精兵，令行禁止。有所討逐，越境追禽。江中嘗有賊，祖深自率討之，列陣未敢進，仍令所親人先登，不時進，斬之。遂大破賊，威振遠近，長江肅清。

論曰：善政之於人，猶良工之於埴也，用功寡而成器多焉。漢世户口殷盛，刑務簡闊，郡縣之職，外無横擾，勸賞威刑，事多專斷，尺一詔書，希經邦邑。吏居官者或長子孫，皆敷德政以盡人和，興義讓以存簡久。故龔、黄之化，易以有成。降及晚代，情僞繁起，人減昔時，務殷前世。立績垂風，難易百倍。若以上古之化，御此世之人，今吏之良，撫前代之俗，則武城弦歌，將有未暇，淮陽卧鎮，如或可勉。未必今才陋古，蓋化有醇薄者也。

校勘記

〔一〕突不得黔席未暇暖　「席」，原作「竈」，據宋書卷九二良吏傳序改。按漢書卷一〇〇上敘傳云：「孔席不煖，墨突不黔。」

〔二〕士女昌逸　「昌逸」，南齊書卷五三良政傳序作「富逸」。

〔三〕語令且去　「令」，宋書卷六五吉翰傳作「今」。

〔四〕晚度北人　「人」，原作「入」，據宋書卷六五杜驥傳改。

〔五〕坦恒以此慨然　「此」字原脱，據宋書卷六五杜驥傳、通志卷一七〇補。

〔六〕亡高祖因晉氏喪亂播遷涼土　「高祖」，宋書卷六五杜驥傳作「曾祖」。按錢大昕考異卷三七：「坦與驥爲昆弟，上文云曾祖耽避難河西，此云亡高祖播遷涼土，前後互異。」

〔七〕申恬字公休　「申恬」，原作「申怙」，據宋書卷六五申恬傳、通志卷一七〇改。下徑改不再出校。

〔八〕武帝踐祚拜太中大夫　按宋書卷六五申恬傳載：「永歷青、兗二州刺史。高祖踐阼，拜太中大夫。」南史刪落永名，致史文不詳。

〔九〕杜慧度交阯朱鳶人也　「杜慧度」，原作「杜慧慶」，據宋書卷九二良吏杜慧度傳、通志卷一七〇改。按王懋竑記疑、王鳴盛商榷卷六四並云「度」是而「慶」非。下徑改不再出校。

〔一〇〕遣長史江攸奉表獻捷　「江攸」，宋書卷九二良吏杜慧度傳作「江悠」。

〔一一〕以慧度長子弘文爲振遠將軍交州刺史　「振遠」，宋書卷九二良吏杜慧度傳作「振威」。

〔一二〕及繼父爲刺史　「及」，原作「乃」，據宋書卷九二良吏杜慧度傳、册府卷七七一改。

〔一三〕文帝以廷尉王徽爲交州刺史　「王徽」，宋書卷五文帝紀、通鑑卷一二〇宋紀二元嘉四年作「王徽之」。按御覽卷八八五引異苑：「太原王徽之字伯猷，元嘉四年爲交州刺史。」

〔一四〕阮長之字景茂　「景茂」，宋書卷九二良吏阮長之傳作「茂景」。

〔一五〕不勝憂卒　宋書卷九二良吏阮長之傳、通志卷一七〇「卒」上有「十四年」三字。

〔一六〕彭城内史魏恭子廉惜脩慎　「廉惜」，宋書卷九二良吏傳、册府卷六五八作「廉恪」。

〔一七〕繆家狼狽輸送　「繆」，通志卷一七〇作「宋」。按王懋竑記疑云：「當作『宋』。」馬宗霍校證：「按上文云宋雅負米千餘石不還，則此之狼狽輸送，當謂宋家，非繆家也。」

〔一八〕彬堅然不受因謂曰　「謂」，御覽卷八一〇引南史、册府卷七八七作「詠」。

〔一九〕祖劭字彦先　「劭」，南齊書卷五三良政傅琰傳作「邵」。

〔二〇〕元徽中遷尚書左丞　「左丞」，南齊書卷五三良政傅琰傳作「右丞」。

〔二一〕刺史王或行夜還　通志卷一七〇「行」下有「縣」字。

〔二二〕二年明遣使還　「二年」，原作「三年」，據梁書卷四二傅岐傳、册府卷四六五改。按下云「三年，還中領軍」，知此處當作「二年」。

〔二三〕皆是百姓賣兒貼婦　南齊書卷五三良政虞愿傳、御覽卷六五八引宋書、通鑑卷一三三宋紀一五泰始七年下有「錢」字。

〔二四〕使人馳曳下殿　「馳」，南齊書卷五三良政虞愿傳、通鑑卷一三三宋紀一五泰始七年作「驅」。

〔二五〕出爲晉安太守　「晉安」，南齊書卷五三良政虞愿傳、册府卷六七四作「晉平」。

〔二六〕不得詔便歸東　「得」，南齊書卷五三良政虞愿傳、册府卷八五一作「待」。

〔二七〕王洪軌上谷人也　「王洪軌」，南齊書卷六明帝紀、卷一八祥瑞志、卷二四柳世隆傳、卷四二江祏傳、卷五七魏虜傳均作「王洪範」，宋書卷七四沈攸之傳、南齊書卷四九張沖傳、卷五九芮芮虜傳等又作「王洪軌」。其名各史「軌」、「範」互見，未知孰是，今各仍其舊。

〔二八〕多與部下交易　「易」字原脱，據通志卷一七〇補。

〔二九〕父昶　「父」，梁書卷五三良吏沈瑀傳作「叔父」。

〔三〇〕嘗詣齊尚書左丞殷瀰　「左丞」，梁書卷五三良吏沈瑀傳、御覽卷四四三引梁書、册府卷八四三作「右丞」。

〔三一〕縣南又有豪族數百家　「有」字原脱，據梁書卷五三良吏沈瑀傳、册府卷七〇六、卷九二〇、通志卷一七〇補。

〔三二〕在官多所諫争　「官」，梁書卷五三良吏范述曾傳作「宫」。

〔三三〕未易人也　「人」，册府卷九四九作「及」。

〔三四〕諸縣皆盛供帳以待焉　「縣」字原脱，據御覽卷九一九引南史、吴興志卷一五、通志卷一七〇補。

〔三五〕褫慢斯作　「褫」，册府卷五四一作「悖」。

〔三六〕遂使聖皇降誠　「誠」，宋乙本貳、册府卷五四一作「誡」。

〔三七〕上不任信下　「不」，原作「下」，據册府卷五四一改。

〔三八〕使募部曲二千　「二千」，宋乙本貳及册府卷二〇〇、通志卷一七〇、廉吏傳卷下引南史作「三千」。

〔三九〕由來王侯勢家出入津　「津」，册府卷二〇〇作「南津」。

南史卷七十一

列傳第六十一

儒林

伏曼容 子暅 暅子挺　何佟之　嚴植之　司馬筠　卞華　崔靈恩
孔僉　盧廣　沈峻 太史叔明 峻子文阿　孔子袪　皇侃　沈洙
戚衮　鄭灼 張崖 陸詡 沈德威 賀德基　全緩　張譏
顧越 龔孟舒　沈不害　王元規 陸慶

蓋今之儒者，本因古之六學，以弘風正俗，斯則王政之所先也。自秦氏坑焚，其道用缺。及漢武帝時，開設學校，立五經博士，置弟子員，射策設科，勸以官禄，傳業者故益衆矣。其後太學生徒，動至萬數，郡國黌舍，悉皆充滿，其學於山澤者，或就而爲列肆焉。故自兩漢登賢，咸資經術。洎魏正始以後，更尚玄虛，公卿士庶，罕通經業。時荀顗、摯虞之徒，雖議創制，未有能易俗移風者也。自是中原橫潰，衣冠道盡。逮江左草創，日不暇給，以迄宋、齊，國學時或開置，而勸課未博，建之不能十年，蓋取文具而已。是時鄉里莫或開館，公卿罕通經術，朝廷大儒，獨學而弗肯養衆，後生孤陋，擁經而無所講習，大道之鬱也久矣乎。至梁武創業，深愍其弊，天監四年，乃詔開五館，建立國學，總以五經教授，置五經博士各一人。於是以平原明山賓、吴郡陸璉、吴興沈峻、建平嚴植之、會稽賀瑒補博士，各主一館。館有數百生，給其餼廪，其射策通明經者，即除爲吏，於是懷經負笈者雲會矣。又選學生遣就會稽雲門山，受業於廬江何胤，分遣博士、祭酒，到州郡立學。七年，又詔皇太子、宗室、王侯始就學受業，武帝親屈輿駕，釋奠於先師先聖，申之以讌語，勞之以束帛，濟濟焉，洋洋焉，大道之行也如是。及陳武創業，時經喪亂，衣冠殄瘁，寇賊未寧，敦奬之方，所未遑也。天嘉以後，稍置學官，雖博延生徒，成業蓋寡。其所采綴，蓋亦梁之遺儒，今並集之，以備儒林云。

伏曼容字公儀，平昌安丘人，晉著作郎滔之曾孫也。父胤之，宋司空主簿。曼容早孤，與母兄客居南海。少篤學，善老、易，倜儻好大言。常云：「何晏疑易中九事，以吾觀之，晏了不學也。故知平叔有所短。」聚徒教授以自業。爲驃騎行參軍。宋明帝好周易，嘗集朝臣於清暑殿講，詔曼容執經。曼容素美風采，明帝恒以方嵇叔夜，使吴人陸探微畫叔夜像以賜之。爲尚書外兵郎，嘗與袁粲罷朝相會言玄理，時論以爲一臺二絶。

昇明末，爲輔國長史、南海太守，至石門，作貪泉銘。

齊建元中，上書勸封禪，高帝以爲其禮難備，不從。仕爲太子率更令，侍皇太子講。衞將軍王儉深相愛好，令與河内司馬憲、吴郡陸澄共撰喪服〔一〕。及竟，又欲與定禮樂，會儉薨。建武中，拜中散大夫。時明帝不重儒術，曼容宅在瓦官寺東，施高坐於聽事，有賓客，輒升高坐爲講説，生徒常數十百人。

梁臺建，召拜司徒司馬，出爲臨海太守。天監元年卒官，年八十二。

曼容多伎術，善音律，射馭、風角、醫筭，莫不閑了。爲周易、毛詩、喪服集解，老、莊、論語義。子暅。

暅字玄曜，幼傳父業，能言玄理，與樂安任昉、彭城劉曼俱知名。仕齊位東陽郡丞、鄞令。時曼容已致仕，故頻以外職處暅，令得養焉。

梁武帝踐祚，兼五經博士，與吏部尚書徐勉、中書侍郎周捨總知五禮事。

出爲永陽内史，在郡清潔，政務安靜，郡人何貞秀等一百五十四人詣州言狀，湘州刺史以聞。詔勘有十五事爲吏人所懷，帝善之。徙新安太守，在郡清恪如永陽時。人賦税不登者，輒以太守田米助之。郡多麻苧，家人乃至無以爲繩，其厲志如此。屬縣始新、遂安、海寧並同時生爲立祠。

徵爲國子博士，領長水校尉。時始興内史何遠累著清績，武帝擢爲黄門侍郎，俄遷信武將軍、監吴郡事。暅自以名輩素在遠前，爲吏俱稱廉白，遠累見擢，暅循階而已，意望不滿，多託疾居家。尋求假到東陽迎妹喪，因留會稽築宅，自表解職。詔以爲豫章内史，乃出拜。書侍御史虞皭奏曰：「風聞豫章内史伏暅，去歲啓假，以迎妹喪爲辭，因停會稽不去。入東之始，貨宅賣車，以此而推，則是本無還意。暅歷典二邦，少免貪濁，此自爲政之本，豈得稱功？常謂人才品望居何遠之右，而遠以清見擢，名位轉隆〔二〕。暅深懷誹怨，形於辭色。天高聽卑，無私不照。去年十二月二十一日下詔曰：『國子博士、領長水校尉伏暅爲政廉平，宜加將養，勿使恚望，致虧士風，可豫章内史。』豈有人臣奉如此之詔，而不亡魂破膽，歸罪有司。而冒寵不辭，吝斯苟得。故以士流解體，行路沸騰，辨跡求心，無一可恕。請以暅大不敬論。」有詔勿論，暅遂得就郡。

徵爲給事黄門侍郎，領國子博士，未赴卒。

初，暅父曼容與樂安任遥皆昵於齊太尉王儉，遥子昉及暅並見知。頃之，昉才遇稍盛，齊末已爲司徒左長史，暅獨滯於參軍事〔三〕，及終名位略相侔。暅性儉素，車服麤惡，外雖退靜，内不免心競，故見譏於時。然能推薦後來，常若不及，少年士子或以此依之。子挺。

挺字士標，幼敏悟，七歲通孝經、論語。及長，博學有才思，爲五言詩，善效謝康樂體。父友樂安任昉深相歎異，常曰：「此子日下無雙。」齊末，州舉秀才，策爲當時第一〔四〕。梁武帝師至，挺迎謁於新林，帝見之甚悅，謂之顔子，引爲征東行參軍，時年十八。天監初，除中軍參軍事。居宅在潮溝，於宅講論語，聽者傾朝。挺三世同時聚徒教授，罕有其比。累爲晉陵、武康令。罷縣還，仍於東郊築室，不復仕。

挺少有盛名，又善處當世，朝中勢素多與交游，故不能久事隱靜。後遂出仕，除南臺書侍御史。因事納賄被劾，懼罪，乃變服出家，名僧挺，久之藏匿，後遇赦，乃出大心寺。

會邵陵王爲江州，攜挺之鎮。王好文義，深被恩禮。挺不堪蔬素，因此還俗。侯景亂中卒。著邇說十卷，文集二十卷。

子知命，以其父宦途不進，怨朝廷，後遂盡心侯景。襲郢州，圍巴陵，軍中書檄皆其文也。言及西臺，莫不劇筆。及景篡位，爲中書舍人，權傾内外。景敗，被送江陵，於獄幽死。

挺弟捶亦有才名，爲邵陵王記室參軍。

何佟之字士威，廬江灊人，晉豫州刺史惲六世孫也。祖邵之，宋員外散騎常侍。父歆，齊奉朝請。

佟之少好三禮，師心獨學，强力專精，手不輟卷。讀禮論三百餘篇，略皆上口。太尉王儉雅相推重。起家揚州從事，仍爲總明館學士。仕齊，初爲國子助教，爲諸生講喪服〔五〕，結草爲絰，屈手巾爲冠，諸生有未曉者，委曲誘誨，都下稱其醇儒。

建武中，爲鎮北記室參軍，侍皇太子講。時步兵校尉劉瓛、徵士吳苞皆已卒，都下碩儒唯佟之而已，當時國家吉凶禮則皆取決焉。後爲驃騎司馬。永元末，都下兵亂，佟之常集諸生講論，孜孜不怠。性好絜，一日之中洗滌者十餘過，猶恨不足，時人稱爲水淫。有至性，父母亡後，常設一屋，晦朔拜伏流涕，如此者二十餘年。當世服其孝行。

于時又有遂安令劉澄，爲性彌絜，在縣埽拂郭邑，路無横草，水翦蟲穢，百姓不堪命，坐免官。然甚貞正，善醫術，與徐嗣伯埒名。子聰能世其家業。

佟之自東昏即位，以其兇虐，乃謝病，終身不涉其流。梁武帝踐阼，以爲尚書左丞。時百度草創，佟之依禮定議，多所裨益。天監二年卒官。故事，左丞無贈官者，帝特詔贈黄門侍郎，儒者榮之。所著文章禮議百許篇。子朝隱、朝晦。

嚴植之字孝源，建平秭歸人也。少善莊、老，能玄言，精解喪服、孝經、論語。及長，偏習鄭氏禮、周易、毛詩、左氏春秋。性惇孝謹厚，不以所長高人。少遭父憂，因菜食二十三載。

仕齊爲廣漢王國右常侍，仍侍王讀。及王誅，國人莫敢視，植之獨奔哭，手營殯斂，徒跣送喪墓所，爲起冢，葬畢乃還。當時義之。後爲康樂令。植之在縣清白，人吏稱之。

梁天監二年，詔求通儒脩五禮，有司奏植之主凶禮。四年，初置五經博士，各開館教授，以植之兼五經博士。植之館在潮溝，生徒常百數。講說有區段次第，析理分明。每當登講，五館生畢至，聽者千餘人。遷中撫記室參軍，猶兼博士。卒於館。植之自疾後便不受稟奉，妻子困乏。及卒，喪無所寄，生徒爲市宅，乃得成喪。

植之性慈仁，好行陰德，在闇室未嘗怠也。少嘗山行，見一患者，問其姓名不能答。載與俱歸，爲營醫藥，六日而死，爲棺斂殯之，卒不知何許人也。又嘗緣柵塘行，見患人卧塘側，問之，云「姓黄，家本荊州，爲人傭賃。疾篤，船主將發，棄之于岸」。植之惻然，載還療之，經年而愈。請終身充奴僕以報厚恩。植之不受，遺以資糧遣之。所撰凶禮儀注四百七十九卷。

司馬筠字貞素，河内温人也。晉譙王承七代孫。祖亮，宋司空從事中郎。父端字敬文，齊奉朝請，始安王遥光使掌文記。遥光之敗，曹武入城見之，端曰：「身蒙始安厚恩，君宜見殺。」武叱令速去。答曰：「死生命也，君見事不捷，便以義師爲賊。」武捨之去，尋兵至見殺。

筠少孤貧好學，師沛國劉瓛，强力專精，深爲瓛器。及長，博通經術，尤明三禮。梁天監初爲既陽令，有清績。入拜尚書祠部郎。

七年，安成國太妃陳氏薨，江州刺史安成王秀、荆州刺史始興王憺，並以慈母表解職，詔不許，還攝本任。而太妃在都，喪祭無主。中書舍人周捨議曰：「賀彦先稱：『慈母之子不服慈母之黨，婦又不從夫而服慈姑，小功服無從故也。』庾蔚之云：『非徒子不從母而服其黨，孫又不從父而服其慈母。』由斯而言，慈祖母無服明矣。尋門内之哀，不容自同於常。案父之祥禫，子並受弔，今二王諸子，宜以成服日單衣一日爲位受弔。」制曰：「二王在遠，世子宜攝祭事。」捨又曰：「禮云『縞冠玄武，子姓之冠』。則世子衣服宜異於常，可著細布衣，絹爲領帶，三年不聽樂。又禮及春秋，庶母不世祭，蓋謂無王命者耳。吴太妃既朝命所加，得用安成禮秩，則當祔廟，五世親盡乃毁。陳太妃命數之重，雖則不異，慈孫既不從服，廟食理無傳祀，子祭孫止，是會經文。」武帝由是敕禮官議皇子慈母之服。筠議：「宋朝五服制，皇子服訓養母，依禮庶母慈己，宜從小功之制。案曾子問云：『子游曰：「喪慈母〔六〕，禮歟？」孔子曰：「非禮也。古者男子外有傅，内有慈母，君命所使教子也，何服之有。」』鄭玄注云：『此指謂國君之子也。』若國君之子不服，則王者之子不服可知。又喪服經云：『君子子爲庶母慈己者。』傳曰：『君子子者，貴人子也。』鄭玄引内則，三母止施於卿大夫。以此而推，則慈母之服，上不在五等之嗣，下不逮三士之息。儻其服者止卿大夫，尋諸侯之子尚無此服，況乃施之皇子？謂宜依禮刊除，以反前代之惑。」武帝以爲不然，曰：「禮言慈母凡有三條：一則妾子之無母，使妾之無子者養之，命爲母子，服以三年，喪服齊衰章所言『慈母如母』是也。二則嫡妻之子無母，使妾養之，慈撫隆至，雖均乎慈愛，但嫡妻之子，妾無爲母之義，而恩深事重，故服以小功，喪服小功章所以不直言慈母，而云『庶母慈己』者，明異於三年之慈母也。其三則子非無母，正是擇賤者視之，義同師保，而不無慈愛，故亦有慈母之名。師保既無其服，則此慈亦無服矣〔七〕。內則云：『擇於諸母與可者，使爲子師。其次爲慈母，次爲保母〔八〕。』此其明文。言擇諸母〔九〕，是擇人而爲此三母，非謂擇取兄弟之母也。何以知之？若是兄弟之母其先有子者，則是長妾。長妾之禮，寔有殊加，何容次妾生子，乃退成保母，斯不可也。又有多兄弟之人，於義或可；若始生之子，便應三母俱闕邪？由是推之，內則所言諸母，是謂三母，非兄弟之母明矣。子游所問，自是師保之慈，非三年小功之慈也。故夫子得有此對，豈非師保之慈母無服之證乎？鄭玄不辯三慈，混爲訓釋，引彼無服，以注慈己，後人致謬，實此之由。經言『君子子』者，此雖起於大夫，明大夫猶爾，自斯以上，彌應不異。故傳云『君子子者，貴人之子也』。總言曰貴，無所不包。經傳互文，交相顯發，則知慈加之義〔一〇〕，通乎大夫以上矣。宋代此科，不乖禮意，便加除削，良是所疑。」於是筠等請依制改定嫡妻之子，母没爲父妾所養，服之五月，貴賤並同，以爲永制。

後爲尚書左丞，卒於始興内史。子壽傳父業，明三禮，位尚書祠部郎，曲阿令。

卞華字昭岳〔一一〕，濟陰宛句人，晉驃騎將軍壼六世孫也。父倫之，齊給事中。華幼孤貧好學，年十四，召補國子生，通周易。及長，徧習五經，與平原明山賓、會稽賀瑒同業友善。梁天監中，爲安成王功曹參軍，兼五經博士，聚徒教授。華博涉有機辯，説經析理，爲當時之冠。江左以來，鍾律絶學，至華乃通焉。位尚書儀曹郎，吴令，卒〔一二〕。

崔靈恩，清河東武城人也。少篤學，徧習五經，尤精三禮、三傳。仕魏爲太常博士。天監十三年歸梁，累遷步兵校尉，兼國子博士。靈恩聚徒講授，聽者常數百人。性拙朴，無風采，及解析經理，甚有精致，都下舊儒咸稱重之。助教孔僉尤好其學。靈恩先習左傳服解，不爲江東所行，乃改説杜義。每文句常申服以難杜，遂著左氏條義以明之。時助教虞僧誕又精杜學，因作申杜難服以答靈恩，世並傳焉。僧誕會稽餘姚人，以左氏教授，聽者亦數百人。該通義例，當世莫及。

先是儒者論天，互執渾蓋二義，論蓋不合渾，論渾不合蓋。靈恩立義，以渾蓋爲一焉。

出爲長沙内史，還除國子博士，講衆尤盛。又出爲桂州刺史，卒官。

靈恩集注毛詩二十二卷，集注周禮四十卷，制三禮義宗三十卷，左氏經傳義二十二卷，左氏條例十卷，公羊、穀梁文句義十卷。

孔僉，會稽山陰人，少師事何胤，通五經，尤明三禮、孝經、論語。講説並數十徧，生徒亦數百人。三爲五經博士，後爲海鹽、山陰二縣令。僉儒者不長政術，在縣無績。太清亂，卒於家。

子淑玄〔一三〕，頗涉文學，官至太學博士。僉兄子元素又善三禮，有盛名，早卒。

盧廣，范陽涿人，自云晉司空從事中郎諶之後也。少明經，有儒術。天監中歸梁，位步兵校尉，兼國子博士。徧講五經。時北來人儒學者有崔靈恩、孫詳、蔣顯並聚徒講說，而音辭鄙拙；唯廣言論清雅，不類北人。僕射徐勉兼通經術，深相賞好。後爲尋陽太守、武陵王長史，卒官。

沈峻字士嵩，吳興武康人也。家世農夫，至峻好學。與舅太史叔明師事宗人沈驎士，在門下積年，晝夜自課。睡則以杖自擊，其篤志如此。遂博通五經，尤長三禮。爲兼國子助教。時吏部郎陸倕與僕射徐勉書薦峻曰：「凡聖賢所講之書〔四〕，必以周官立義，則周官一書，實爲羣經源本。此學不傳，多歷年世。北人孫詳、蔣顯亦經聽習，而音革楚、夏，故學徒不至；唯助教沈峻特精此書，比日時開講肆，羣儒劉嵒、沈宏、沈熊之徒，並執經下坐，北面受業，莫不歎服，人無間言。弟謂宜即用此人，令其專此一學，周而復始，使聖人正典廢而更興。」勉從之。奏峻兼五經博士，於館講授，聽者常數百人。及中書舍人賀琛奉敕撰梁官，乃啓峻及孔子袪補西省學士，助撰録。書成，入兼中書通事舍人。出爲武康令，卒官。

傳峻業者，又有吴郡張及、會稽孔子雲，官皆至五經博士、尚書祠部郎。

太史叔明，吴興烏程人，吴太史慈後也。少善莊、老，兼通孝經、論語、禮記，尤精三玄。每講説，聽者常五百餘人。爲國子助教。邵陵王綸好其學，及出爲江州，攜叔明之鎮。王遷郢州，又隨府，所至輒講授，故江州人士皆傳其學〔一五〕。峻子文阿。

文阿字國衞，性剛强，有旅力。少習父業，研精章句。祖舅太史叔明、舅王慧興並通經術，而文阿頗傳之。又博采先儒異同，自爲義疏。通三禮、三傳，位五經博士。梁簡文引爲東宫學士。及撰長春義記，多使文阿撮異聞以廣之。

及侯景寇逆，簡文别遣文阿募士卒援都。臺城陷，與張嵊保吴興，嵊敗，文阿竄于山野。景素聞其名，求之甚急，文阿窮迫，登樹自縊，遇有所親救之，自投而下，折其左臂。及景平，陳武帝以文阿州里，表爲原鄉令、監江陰郡。紹泰元年，入爲國子博士。尋領步兵校尉，兼掌儀禮。自太清之亂，臺閣故事，無有存者〔一六〕，文阿父峻，梁武時常掌朝儀，頗有遺藁，於是斟酌裁撰，禮度皆自之出。

及陳武帝受禪，文阿輒棄官還武康，帝大怒，發使往誅之。時文阿宗人沈恪爲郡，請使者寬其死，即面縛鎖頸，致於上前。上視而笑之，曰：「腐儒復何爲者。」遂赦之。

武帝崩，文阿與尚書左丞徐陵、中書舍人劉師知等，議大行皇帝靈座俠御衣服之制，語在師知傳。及文帝即位，剋日謁廟，尚書左丞庾持奉詔遣博士議其禮。文阿議曰：

人物推移，質文殊軌，聖賢因機而立教〔一七〕，王公隨時以適宜。夫千人無君，不敗則亂〔一八〕，萬乘無主，不危則亡。當隆周之日，公旦叔父，吕、召爪牙，成王在喪，禍幾覆國。是以既葬便有公冠之儀，始殯受麻冕之策，斯蓋示天下以有主，慮社稷之艱難。逮乎末葉從横，漢承其弊，雖文、景刑厝，而七國連兵，或踰月即尊，或崩日稱詔，此皆有而爲之，非無心於禮制也。今國諱之日，雖抑哀於璽紱之重，猶未序於君臣之儀。古禮，朝廟退坐正寢，聽羣臣之政。今皇帝拜廟還，宜御太極前殿，以正南面之尊，此即周康在朝，一二臣衞者也。

其壤奠之節，周禮以玉作贄，公侯以珪，子男執璧，此以玉作瑞也〔一九〕。奠贄竟，又復致享，天子以璧，王后用琮。秦燒經典，威儀散滅，叔孫通定禮，尤失前憲，奠贄不珪，致享無帛，公王同璧，鴻臚奏賀。若此數事，未聞於古，後相沿襲，至梁行之。夫稱觴奉壽，家國大慶，四廂雅樂，歌奏懽欣。今君臣吞哀，兆庶抑割，豈同於惟新之禮乎？且周康賓稱奉珪，無萬壽之獻，此則前準明矣。愚以今坐正殿，止行薦璧之儀，無賀酒之禮。謹撰謁廟還升正寢、羣臣陪薦儀注如別。詔可施行。尋遷通直散騎常侍，兼國子博士，領羽林監。仍令於東宮講孝經、論語。天嘉中卒，贈廷尉卿。所撰儀禮八十餘條〔一〇〕，春秋、禮記、孝經、論語義記七十餘卷，經典大義十八卷，並行於時。儒者多傳其學。

孔子袪，會稽山陰人也。少孤貧好學，耕耘樵採，常懷書自隨，役閑則誦讀〔一一〕，勤苦自勵，遂通經術。尤明古文尚書，爲兼國子助教，講尚書四十徧，聽者常數百人。爲西省學士，助賀琛撰録，書成，兼司文侍郎，不就。累遷兼中書通事舍人，加步兵校尉。梁武帝撰五經講疏及孔子正言，專使子袪檢閱羣書以爲義證。事竟，敕子袪與右衞朱异、左丞賀琛於士林館遞日執經。後加通直正員郎，卒官。

子袪凡著尚書義二十卷，集注尚書三十卷〔一二〕，續朱异集注周易一百卷，續何承天集禮論一百五十卷。

皇侃，吴郡人，青州刺史皇象九世孫也。少好學，師事賀瑒，精力專門，盡通其業，尤明三禮、孝經、論語。爲兼國子助教，於學講説，聽者常數百人。撰禮記講疏五十卷。書成奏上，詔付祕閣。頃之，召入壽光殿説禮記義，梁武帝善之，加員外散騎侍郎。

侃性至孝，常日限誦孝經二十徧，以擬觀世音經。丁母憂還鄉里，平西邵陵王欽其學，厚禮迎之。及至，因感心疾卒。所撰論語義、禮記義，見重於世，學者傳焉。

沈洙字弘道，吴興武康人也。祖休季〔一三〕，梁餘杭令。父山卿，梁國子博士、中散大夫。

洙少方雅好學，不妄交游。通三禮、春秋左氏傳。精識强記，五經章句，諸子史書，問無不答。仕梁爲尚書祠部郎，時年蓋二十餘。大同中，學者多涉獵文史，不爲章句，而洙獨積思經術，吴郡朱异、會稽賀琛甚嘉之。及异、琛於士林館講制旨義，常使洙爲都講。侯景之亂，洙竄於臨安，時陳文帝在焉，親就習業。及陳武帝入輔，除國子博士，與沈文阿同掌儀禮。

武帝受禪，加員外散騎常侍，位揚州别駕從事史，大匠卿。有司奏：「建康令沈孝軌門生陳三兒牒稱，主人翁靈柩在周，主人奉使關右，因欲迎喪，久而未反。此月晦即是再周，主人弟息見在此者，爲至月末除靈，内外即吉？爲待主人還情禮申竟？」以事諮左丞江德藻。德藻議謂：「王衞軍云：『久喪不葬，唯主人不變，其餘親各終月數而除。』此蓋引禮文論在家内有事故未得葬者耳。孝軌既在異域，雖已迎喪，還期無指，諸弟若遂不除，永絶昏嫁，此於人情，或未爲允。中原淪陷以後，理有事例，宜諮沈常侍詳議。」洙議曰：「禮有變正，又有從宜。禮小記云：『久而不葬者，唯主喪者不除，其餘以麻終月數者，除喪則已〔二四〕。』注云：『其餘謂傍親。』如鄭所解，衆子皆應不除，王衞軍所引，此蓋禮之正也。但魏氏東關之役，既失亡屍柩，葬禮無期，時議以爲禮無終身之喪，故制使除服。晉氏喪亂，或死於虜庭，無由迎殯，江左故復申明其制。李胤之祖，王華之父，並存亡不測，其子制服，依時釋衰，此並變禮之宜也。孝軌雖因奉使便欲迎喪，而還期未剋，宜依東關故事，在此者並應釋除衰麻，毀靈祔祭；若喪柩得還，别行改葬之禮。自天下寇亂，西朝傾覆，若此之徒，諒非一二，寧可喪期無數，而弗除衰服？朝廷自應爲之限制，以義斷恩。」德藻依洙議。奏可。

文帝即位，累遷光禄卿，侍東宫讀。廢帝嗣位，歷尚書左丞，衡陽王長史，行府國事。梁代舊律，測囚之法，日一上，起自晡鼓，盡于二更。及比部郎范泉删定律令，以舊法測立時久，非人所堪，分其刻數，日再上。廷尉以爲新制過輕，請集八座丞郎并祭酒孔奐、行事沈洙五舍人會尚書省詳議。時宣帝録尚書，集衆議之。都官尚書周弘正議曰：「凡小大之獄，必應以情，政言依準五聽，驗其虚實，豈可令恣考掠，以判刑罪。且測人時節，本非古制，近代以來，方有此法。起自晡鼓，迄于二更，豈是常人所能堪忍？所以重械之下，危墮之上，無人不服，誣枉者多。朝晚二時，同等刻數，進退而求，於事爲衷。若謂小促前期數，致實罪不服，如復時節延長，則無愆妄款。且人之所堪，既有强弱，人之立意，固亦多途。至如貫高榜笞刺爇，身無完者，戴就熏針並極，困篤不移，豈關時刻長短，掠測優劣？夫『與殺不辜，寧失不經』，『罪疑惟輕，功疑惟重』。斯則古之聖王，垂此明法。愚謂依范泉著制爲允。」洙議曰：「夜中測立，緩急易欺，兼用晝漏，於事爲允。但漏刻賒促，今古不同。漢書律歷，何承天、祖沖之、祖暅父子漏經，並自關鼓至下鼓、自晡鼓至關鼓，皆十三刻，冬夏四時不異。若其日有長短，分在中時前後。今用梁末改漏，下鼓之後，分其短長：夏至之日各十七刻，冬至之日各十二刻。廷尉今牒以時刻短促，致罪人不款。愚意願去夜測之昧，從晝漏之明，斟酌今古之間〔二五〕，參會二漏之義，捨秋冬之少刻，從夏日之長晷，不問寒暑，並依今之夏至，朝夕上測各十七刻。比之古漏，則一上多昔四刻，即用今漏，則冬至多五刻。雖冬至之時，數刻侵夜，正是少日，於事非疑。庶罪人不以漏短而爲捍，獄囚無在夜之致誣。求之鄙意，竊謂爲宜依范泉前制〔二六〕。」宣帝曰：「沈長史議得中，宜更博議。」左丞宗元饒議曰：「沈議非頓異范，正是欲使四時均其刻數。請寫還删定曹詳改前制。」宣帝依事施行。

洙以太建元年卒。

戚衮字公文，吴郡鹽官人也。少聰慧，游學都下，受三禮於國子助教劉文紹。一二年中，大義略舉。年十九，梁武帝敕策孔子正言并周禮、禮記義，衮對高第。除揚州祭酒從事史。就國子博士宋懷方質儀禮義。懷方北人，自魏攜儀禮、禮記疏，祕惜不傳。及將亡，謂家人曰：「吾死後，戚生若赴，便以儀禮、禮記義本付之，若其不來，即隨屍而殯。」爲儒者推許如此。

尋兼太學博士。簡文在東宫，召衮講論。又嘗置宴集玄儒之士，先命道學互相質難，次令中庶子徐摛馳騁大義，間以劇談。摛辯從横，難以答抗，諸儒懾氣。時衮説朝聘義，摛與往復，衮精采自若，領答如流〔二七〕，簡文深加歎賞。

敬帝立，爲江州長史。仍隨沈泰鎮南豫州。泰之奔齊，逼衮俱行，後自齊逃還。又隨程文季於呂梁，軍敗入周，久之得歸。卒於始興王府録事參軍。袞於梁代撰三禮義記，逢亂亡失。禮記義四十卷行於世。

鄭灼字茂昭，東陽信安人也。幼聰敏，勵志儒學。少受業於皇侃。梁簡文在東宮，雅愛經術，引灼爲西省義學士。承聖中，爲兼中書通事舍人。仕陳，武帝、文帝時，累遷中散大夫，後兼國子博士，未拜卒。

灼性精勤，尤明三禮。少時，嘗夢與皇侃遇於途，侃謂曰：「鄭郎開口。」侃因唾灼口中，自後義理益進。灼家貧，抄義疏以日繼夜，筆豪盡，每削用之。常蔬食，講授多苦心熱，若瓜時，輒偃卧以瓜鎮心，起便讀誦，其篤志如此。

時有晉陵張崖、吳郡陸詡、吴興沈德威、會稽賀德基，俱以禮學自命。

張崖傳三禮於同郡劉文紹。天嘉元年，爲尚書儀曹郎，廣沈文阿儀注，撰五禮。後爲國子博士。

祠部郎。

陸詡少習崔靈恩三禮義〔二八〕，梁時百濟國表求講禮博士，詔令詡行。天嘉中，位尚書祠部郎。

沈德威字懷遠，少有操行。梁太清末，遁於天目山，築室以居。雖處亂離，而篤學無倦。天嘉元年，徵出都，後爲國子助教。每自學還私室講受，道俗受業數百人，率常如此。遷太常丞，兼五禮學士，後爲尚書祠部郎。陳亡入隋，官至秦王府主簿，卒年五十五。

賀德基字承業，世傳禮學。祖文發、父淹，仕梁俱爲祠部郎，並有名當世。德基少游學都下，積年不歸，衣資罄乏，又恥服故弊，盛冬止衣袷襦袴。嘗於白馬寺前逢一婦人，容服甚盛，呼德基入寺門，脱白綸巾以贈之。仍謂曰：「君方爲重器，不久貧寒，故以此相遺耳。」問姓名，不答而去。德基於禮記稱爲精明，位尚書祠部郎。雖不至大官，而三世儒學，俱爲祠部郎，時論美其不墜。

全緩字弘立，吴郡錢唐人也。幼受易于博士褚仲都，篤志研翫，得其精微。陳太建中，位鎮南始興王府諮議參軍。緩通周易、老、莊，時人言玄者咸推之。

張譏字直言，清河武城人也。祖僧寶，梁太子洗馬。父仲悅，梁尚書祠部郎。譏幼聰俊，有思理。年十四，通孝經、論語，篤好玄言。受學于汝南周弘正，每有新意，爲先輩推服。梁大同中，召補國子正言生。梁武帝嘗於文德殿釋乾、坤文言，譏與陳郡袁憲等預焉。敕令論議，諸儒莫敢先出，譏乃整容而進，諮審循環，辭令溫雅。帝甚異之，賜裙襦絹等，云「表卿稽古之力」。

譏幼喪母，有錯綵經帕，即母之遺制，及有所識，家人具以告之。每歲時輒對帕哽噎不能勝。及丁父憂，居喪過禮。爲士林館學士。簡文在東宮，出士林館，發孝經題，譏論義往復，甚見嗟賞。及侯景寇逆，於圍城之中，獨侍哀太子於武德後殿〔二九〕，講老、莊。臺城陷，譏崎嶇避難，卒不事景。

陳天嘉中，爲國子助教。時周弘正在國學，發周易題，弘正第四弟弘直亦在講席。譏與弘正論議，弘正屈，弘直危坐厲聲，助其申理。譏乃正色謂弘直曰：「今日義集，辯正名理，雖知兄弟急難，四公不得有助。」弘直謂曰：「僕助君師，何爲不可？」舉坐以爲笑樂。

弘正嘗謂人曰：「吾每登坐，見張譏在席，使人懍然。」

宣帝時，爲武陵王限内記室，兼東宮學士。後主在東宮，集宮僚置宴，時造玉柄麈尾新成，後主親執之曰：「當今雖復多士如林，至於堪捉此者，獨張譏耳。」即手授譏。仍令於温文殿講莊、老。宣帝幸宮臨聽，賜御所服衣一襲。

後主嗣位，爲國子博士、東宮學士。後主嘗幸鍾山開善寺，召從臣坐於寺西南松林下，敕譏竪義。時索麈尾未至，後主敕取松枝，手以屬譏，曰：「可代麈尾。」顧羣臣曰：「此即張譏後事。」陳亡入隋，終於長安，年七十六。

譏性恬靜，不求榮利，常慕閑逸。所居宅營山池，植花果，講周易、老、莊而教授焉。吴郡陸元朗、朱孟博、一乘寺沙門法才、法雲寺沙門慧拔[三〇]、至真觀道士姚綏，皆傳其業。

譏所撰周易義三十卷，尚書義十五卷，毛詩義二十卷，孝經義八卷，論語義二十卷，老子義十一卷，莊子内篇義十二卷、外篇義二十卷、雜篇義十卷，玄部通義十二卷，游玄桂林二十四卷。後主嘗敕就其家寫入祕閣。

子孝則，官至始安王記室參軍。

顧越字允南〔三一〕，吴郡鹽官人也。所居新坂黄岡〔三二〕，世有鄉校，由是顧氏多儒學焉。祖道望，齊散騎侍郎。父仲成，梁護軍司馬、豫章王府諮議參軍。家傳儒學，並專門教授。

越幼明慧，有口辯，勵精學業，不捨晝夜。弱冠游學都下，通儒碩學，必造門質疑，討論無倦。至於微言玄旨，九章七曜，音律圖緯，咸盡其精微。時太子詹事周捨以儒學見重，名知人，一見越，便相歎異，命與兄子弘正、弘直游，厚爲之談，由是聲譽日重。時又有會稽賀文發，學兼經史，與越名相埒，故都下謂之發、越焉。

初爲南平元襄王偉國右常侍，與文發俱入府，並見禮重。尋轉行參軍。大通中，詔飈勇將軍陳慶之送魏北海王顥還北主魏，慶之請越參其軍事。時慶之所向剋捷，直至洛陽。既而顥遂肆驕縱，又上下離心，越料其必敗，以疾得歸。裁至彭城，慶之果見摧衄，越竟得先反，時稱其見機。及至，除安西湘東王府參軍。及武帝撰制旨新義，選諸儒在所流通，遣越還吴，敷揚講説。

越偏該經藝，深明毛詩，傍通異義。特善莊、老，尤長論難，兼工綴文，閑尺牘。長七尺三寸，美鬚眉。武帝嘗於重雲殿自講老子，僕射徐勉舉越論義，越抗首而請，音響若鍾，容止可觀，帝深贊美之。由是擢爲中軍宣城王記室參軍，尋除五經博士，仍令侍宣城王講。

大同八年，轉安西武陵王府内中録事參軍，尋遷府諮議。及侯景之亂，越與同志沈文阿等逃難東歸，賊黨數授以爵位，越誓不受命。承聖二年，詔授宣惠晉安王府諮議參軍，領國子博士。越以世路未平，無心仕進，因歸鄉，栖隱于武丘山，與吴興沈炯、同郡張種、會稽孔奂等，每爲文會。

紹泰元年，復徵爲國子博士。陳天嘉中，詔侍東宮讀。除東中郎鄱陽王府諮議參軍，甚見優禮。尋領羽林監，遷給事黄門侍郎〔三〕，國子博士、侍讀如故。時朝廷草創，疑議多所取決，咸見施用。每侍講東宮，皇太子常虚己禮接。越以宮僚未盡時彦，且太子仁弱，宣帝有奪宗之兆，内懷憤激，乃上疏曰：「臣梁世薄宦，禄不代耕。季年板蕩，竄身窮谷。幸屬聖期，得奉昌運。朝廷以臣微涉藝學，遠垂徵引，擢臣以貴仕，資臣以厚秩，二宫恩遇，有異凡流。木石知感，犬馬識養，臣獨何人，罔懷報德。伏惟皇太子天下之本，養善春宫，臣陪侍經籍，於今五載。如愚所見，多有曠官，輔弼丞疑，未極時選。至如文宗學府，廉絜正人，當趨奉龍樓，晨游夕論，恒聞前聖格言，往賢政道。如此，則非僻之語，無從而入。臣年事侵迫，非有邀求，政是懷此不言，則爲有負明聖。敢奏狂瞽，願留中不泄。」疏奏，帝深感焉，而竟不能改革。

及廢帝即位，拜散騎常侍，兼中書舍人〔三四〕，黄門侍郎如故。領天保博士，掌儀禮，猶爲帝師，入講授，甚見尊寵。時宣帝輔政，華皎舉兵不從，越因請假東還。或譖之宣帝，言越將扇動蕃鎮，遂免官。太建元年，卒於家，年七十七。

所著喪服、毛詩、老子、孝經、論語等義疏四十餘卷，詩頌碑誌牋表凡二百餘篇。

時有東陽龔孟舒者，亦通毛詩，善談名理。仕梁位尋陽郡丞。元帝在江州，遇之甚重，躬師事焉。天嘉中，位太中大夫。

沈不害字孝和，吴興武康人也。幼孤，而脩立好學。陳天嘉初，除衡陽王府中記室參軍，兼嘉德殿學士。自梁季喪亂，至是國學未立，不害上書請崇建儒宫，帝優詔答之。又表改定樂章，詔使製三朝樂歌詞八首，合二十曲〔三五〕，行之樂府。後爲國子博士，領羽林監。敕脩五禮，掌策文謚議等事。太建中，位光禄卿，通直散騎常侍，兼尚書左丞，卒。

不害通經術，善屬文，雖博綜經典，而家無卷軸。每製文，操筆立成，曾無尋檢。汝南周弘正常稱之曰：「沈生可謂意聖人乎。」著五禮儀一百卷，文集十四卷。

子志道字崇基，少知名，位安東新蔡王記室參軍。陳亡入隋，卒。

王元規字正範，太原晉陽人也。祖道實，齊晉安郡守〔三六〕。父瑋，梁武陵王府中記室參軍。

元規八歲而孤。兄弟三人，隨母依舅氏往臨海郡，時年十二。郡土豪劉瑱者，資財巨萬，欲妻以女。母以其兄弟幼弱，欲結强援，元規泣請曰：「因不失親，古人所重，豈得苟安異壤，輒昏非類。」母感其言而止。

元規性孝，事母甚謹，晨昏未嘗離左右。梁時山陰縣有暴水，流漂居宅，元規唯有一小船，倉卒引其母妹并姑姪入船〔三七〕，元規自執楫棹而去，留其男女三人，閣於樹杪。及水退，俱獲全，時人稱其至行。

少從吳興沈文阿受業，十八，通春秋左氏、孝經、論語、喪服。仕梁位中軍宣城王記室參軍。陳天嘉中，爲鎮東鄱陽王府記室參軍，領國子助教。後主在東宮，引爲學士，就受禮記、左傳、喪服等義。國子祭酒新安王伯固嘗因入宮，適會元規將講，乃啓請執經，時論榮之。俄除尚書祠部郎。自梁代諸儒相傳爲左氏學者，皆以賈逵、服虔之義難駮杜預，凡一百八十條。元規引證通析，無復疑滯。每國家議吉凶大禮，常參預焉。後爲南平王府限内參軍。王爲江州，元規隨府之鎮，四方學徒，不遠千里來請道者，常數十百人。陳亡入隋，卒於秦王府東閤祭酒。

元規著春秋發題辭及義記十一卷，續經典大義十四卷，孝經義記兩卷，左傳音三卷，禮記音兩卷。

子大業，聰敏知名。

時有吳郡陸慶，少好學，偏通五經，尤明春秋左氏傳，節操甚高。仕梁爲婁令。陳天嘉初，徵爲通直散騎侍郎，不就。永陽王爲吳郡太守，聞其名，欲與相見，慶辭以疾。時宗人陸榮爲郡五官掾，慶嘗詣焉，王乃微服往榮宅，穿壁以觀之。王謂榮曰：「觀陸慶風神凝峻，殆不可測，嚴君平、鄭子真何以尚兹。」鄱陽、晉安王俱以記室徵，不就。乃築室屏居，以禪誦爲事，由是傳經受業者蓋鮮焉。

論曰：語云：「上好之，下必有甚焉者。」是以鄒纓齊紫，且以移俗，況禄在其中，可無尚歟。當天監之際，時主方崇儒業，如崔、嚴、何、伏之徒，前後互見升寵，于時四方學者，靡然向風，斯亦曩時之盛也。自梁迄陳，年且數十，雖時經屯詖，郊生戎馬，而風流不替，豈俗化之移人乎。古人稱上德若風，下應猶草，美矣，豈斯之謂也。

校勘記

〔一〕令與河内司馬憲吴郡陸澄共撰喪服　梁書卷四八儒林伏曼容傳「喪服」下有「義」字。

〔二〕名位轉隆　「名」，原作「在」，據梁書卷五三良吏伏暅傳、册府卷五一九改。

〔三〕暅獨滯於參軍事　「獨」，梁書卷五三良吏伏暅傳、册府卷九一五作「猶」。

〔四〕策爲當時第一　「策」，梁書卷五〇文學下伏挺傳、册府卷六五〇、卷七六五作「對策」。

〔五〕爲諸生講喪服　「生」，原作「王」，據通志卷一七三改。按下云「諸生有未曉者，委曲誘誨」，知「王」爲「生」之訛。

〔六〕喪慈母　禮記曾子問作「喪慈母如母」。

〔七〕則此慈亦無服矣　「慈」，册府卷五七九、通志卷一七三作「慈母」。

〔八〕次爲保母　「次」，梁書卷四八儒林司馬筠傳、册府卷五七九作「其次」。按禮記内則有「其」字。

〔九〕言擇諸母　梁書卷四八儒林司馬筠傳、册府卷五七九「言」上有「此」字。

〔一〇〕則知慈加之義　「慈加」，册府卷五七九作「慈母加」，通志卷一七三作「慈母」。

〔一二〕卞華字昭岳　「昭岳」，梁書卷四八儒林卞華傳、册府卷五九八、卷八五七作「昭丘」。
〔一三〕位尚書儀曹郎吴令卒　「卒」字原脱，據北監本、殿本及梁書卷四八儒林卞華傳補。
〔一四〕子淑玄　「淑玄」，梁書卷四八儒林孔僉傳作「俶玄」，册府卷五九七、卷七七一作「叔玄」。
〔一五〕凡聖賢所講之書　「所」，梁書卷四八儒林沈峻傳、御覽卷六一五引梁書、册府卷八二八作「可」。
〔一六〕故江州人士皆傳其學　「江州」，梁書卷四八儒林沈峻傳、册府卷二九二作「江外」。按齊梁後江州僅有尋陽一帶地，叔明隨府至江州、郢州，所至輒講授，則傳其學者非但江州而已。
〔一七〕臺閣故事無有存者　「存」，原作「在」，據宋乙本壹及陳書卷三三儒林沈文阿傳、册府卷四六二、通志卷一七三、吴興志卷一六改。
〔一八〕聖賢因機而立教　「立」，原作「逗」，據北監本、殿本及陳書卷三三儒林沈文阿傳改。
〔一九〕不敗則亂　「敗」，陳書卷三三儒林沈文阿傳作「散」。
〔二〇〕此以玉作瑞也　「以」字原脱，據通志卷一七三補。按周禮春官典瑞鄭注：「人執以見曰瑞。」
〔二一〕所撰儀禮八十餘條　「條」，陳書卷三三儒林沈文阿傳、册府卷五六四作「卷」。
〔二二〕役閑則誦讀　「役」，梁書卷四八儒林孔子袪傳、御覽卷八二二引梁書、通志卷一七三作「投」，疑是。

〔三〕集注尚書三十卷　「三十」，原作「二十」，據宋乙本壹、汲本及梁書卷四八儒林孔子袪傳、册府卷六〇六、通志卷一七三、玉海卷三七改。

〔三〕祖休季　「休季」，陳書卷三三儒林沈洙傳作「休稚」，此避唐諱而改。

〔四〕除喪則已　「則」字原脱，據北監本、汲本、殿本及陳書卷三三儒林沈洙傳、禮記喪服小記補。

〔五〕斟酌今古之閒　「閒」，原作「聞」，據陳書卷三三儒林沈洙傳改。

〔六〕求之鄙意竊謂爲宜依范泉前制　陳書卷三三儒林沈洙傳、册府卷六一五「竊謂」下有「允合衆議以」五字。

〔七〕領答如流　「領答」，陳書卷三三儒林戚衮傳、御覽卷四六四引陳書、册府卷二六〇、卷六〇一、卷八三四作「對答」。

〔八〕陸詡少習崔靈恩三禮義　「三禮義」，陳書卷三三儒林鄭灼傳附陸詡傳作「三禮義宗」。按梁書卷四八儒林崔靈恩傳，靈恩撰有三禮義宗。

〔九〕獨侍哀太子於武德後殿　「獨」，陳書卷三三儒林張譏傳、册府卷七一〇作「猶」。

〔一〇〕法雲寺沙門慧拔　「拔」，陳書卷三三儒林張譏傳、册府卷五九八作「休」。

〔一一〕顧越字允南　「允南」，陳書卷三三儒林顧越傳、册府卷五九七、通志卷一七三作「思南」。

〔一二〕所居新坂黄岡　「新坂」，陳書卷三三儒林顧越傳、册府卷五九七、通志卷一七三作「新坡」。

〔一三〕遷給事黄門侍郎　「給事」下原衍「中」字，據陳書卷三三儒林顧越傳、册府卷五九七删。按南齊書百官志有給事中與給事黄門侍郎。下文有「黄門侍郎如故」，知「中」字衍文。

〔三四〕拜散騎常侍兼中書舍人　「散騎常侍」，陳書卷三三儒林顧越傳作「通直散騎常侍」。

〔三五〕詔使製三朝樂歌詞八首合二十曲　「三朝樂歌詞」，宋乙本壹作「三朝樂服歌詞」，陳書卷三三儒林沈不害傳、册府卷八三九作「三朝樂歌」。「二十」，陳書、册府作「二十八」。

〔三六〕祖道實齊晉安郡守　「道實」，陳書卷三三儒林王元規傳作「道寶」，建康實録卷二〇作「寶」。按南齊書卷五九氐傳載豫章王嶷與沙州刺史楊廣香書，有「今遣參軍行晉壽太守王道寶」，不詳是否即王元規之祖。

〔三七〕倉卒引其母妹并姑姪入船　「姑姪」，陳書卷三三王元規傳作「孤姪」，册府卷七五四作「孤」，卷七五七作「孤妹」。

南史卷七十二

列傳第六十二

文學

易云：「觀乎人文以化成天下。」孔子曰：「焕乎其有文章。」自漢以來，辭人代有，大則憲章典誥，小則申抒性靈。至於經禮樂而緯國家，通古今而述美惡，非斯則莫可也。是以哲王在上，咸所敦悦。故云「言之不文，行之不遠」。自中原沸騰，五馬南度，綴文之士，無乏於時。降及梁朝，其流彌盛。蓋由時主儒雅，篤好文章，故才秀之士，焕乎俱集。于時武帝每所臨幸，輒命羣臣賦詩，其文之善者賜以金帛。是以縉紳之士，咸知自勵。至有陳受命，運接亂離，雖加奬勵，而向時之風流息矣。詩云：「人之云亡，邦國殄悴。」豈金陵之數將終三百年乎？不然，何至是也。宋史不立文學傳，齊、梁皆有其目。今綴而序之，以備此篇云爾。

丘靈鞠，吴興烏程人也。祖系，祕書監。父道真，護軍長史。

靈鞠少好學，善屬文，州辟從事。詣領軍沈演之，演之曰：「身昔爲州職，詣領軍謝晦，賓主坐處，政如今日。卿將來復如此也。」累遷員外郎。

宋孝武殷貴妃亡，靈鞠獻挽歌三首，云：「雲横廣階闇，霜深高殿寒。」帝擿句嗟賞。後爲烏程令，不得志。泰始初，坐事禁錮數年。褚彦回爲吴興太守，謂人曰：「此郡才士唯有丘靈鞠及沈勃耳。」乃啓申之。明帝使著大駕南討記論。久之，除太尉參軍。昇明中，爲正員郎，兼中書郎。時方禪讓，齊高帝使靈鞠參掌詔策。建元元年，轉中書郎，敕知東宫手筆。嘗還東，詣司徒褚彦回别，彦回不起，曰：「比脚疾更增，不復能起。」靈鞠曰：「脚疾亦是大事，公爲一代鼎臣，不可復爲覆餗。」其彊切如此。不持形儀，唯取笑適。尋又掌知國史。

武帝即位，爲通直常侍，尋領東觀祭酒。靈鞠曰：「人居官願數遷，使我終身爲祭酒不恨也。」永明二年，領驍騎將軍。靈鞠不樂武位，謂人曰：「我應還東掘顧榮冢。江南地方數千里，士子風流皆出此中。顧榮忽引諸傖輩度，妨我輩塗轍，死有餘罪。」

靈鞠好飲酒，臧否人物，在沈深坐，見王儉詩〔一〕，深曰：「王令文章大進。」靈鞠曰：「何如我未進時。」此言達儉。靈鞠宋時文名甚盛，入齊頗減，蓬髮弛縱無形儀，不事家業。王儉謂人曰：「丘公仕宦不進，才亦退矣。」位長沙王車騎長史，卒。著江左文章録序，起太興，訖元熙。文集行於時。子遲。

遲字希範，八歲便屬文。靈鞠常謂「氣骨似我」。黄門郎謝超宗、徵士何點並見而異之。在齊，以秀才累遷殿中郎。梁武帝平建鄴，引爲驃騎主簿，甚被禮遇。時勸進梁王及殊禮，皆遲文也。及踐祚，遷中書郎〔二〕，待詔文德殿。時帝著連珠，詔羣臣繼作者數十人，遲文最美。坐事免，乃獻責躬詩，上優辭答之。

後出爲永嘉太守，在郡不稱職，爲有司所糾。帝愛其才，寢其奏。天監四年，中軍將軍臨川王宏北侵魏，以爲諮議參軍，領記室。時陳伯之在北，與魏軍來拒，遲以書喻之，伯之遂降。還拜中書侍郎，遷司空從事中郎〔三〕，卒官。

遲辭采麗逸，時有鍾嶸著詩評云：「范雲婉轉清便，如流風回雪。遲點綴映媚，似落花依草。雖取賤文通，而秀於敬子〔四〕。」其見稱如此。

仲孚字公信，靈鞠從孫也。少好學，讀書常以中宵鐘鳴爲限。靈鞠嘗稱爲千里駒也。齊永明初，爲國子生。王儉曰：「東南之美，復見丘生。」舉高第，未調，還鄉里。家貧，乃結羣盜爲之計，劫掠三吳。仲孚聰明有智略，羣盜畏服，所行皆果，故亦不發。爲于湖令，有能名，太守呂文顯當時倖臣，陵詆屬縣，仲孚獨不爲屈。

明帝即位，爲曲阿令，會稽太守王敬則反，乘朝廷不備，反問至而前鋒已屆曲阿。仲孚鑿長岡埭，瀉瀆水，以阻其路。敬則軍至，遇瀆涸，果頓兵不得進，遂敗。仲孚以拒守功，遷山陰令，居職甚有聲稱。百姓謠曰：「二傅、沈、劉，不如一丘。」前世傅琰父子、沈憲、劉玄明相繼宰山陰，並有政績，言仲孚皆過之。齊末政亂，頗有贓賄，爲有司所舉，將見收，竊逃還都，會赦不問。

梁武帝踐祚，復爲山陰令。仲孚長於撥煩，善適權變，吏人敬服，號稱神明，政爲天下第一。後爲衞尉卿，恩任甚厚。初起雙闕，以仲孚領大匠，累遷豫章内史，在郡更勵清節。頃之卒，贈給事黄門侍郎。喪將還，豫章老幼號哭攀送，車輪不得前。仲孚爲左丞，撰皇典二十卷，南宫故事百卷，又撰尚書具事雜儀行於世。

檀超字悦祖，高平金鄉人也。祖嶷之字弘宗，宋南琅邪太守。父道彪字萬壽，位正員郎。

超少好文學，放誕任氣，解褐州西曹。蕭惠開爲别駕，超便抗禮。惠開自以地位居前，稍相陵辱，而超舉動嘯傲，不以地勢推之，張目謂曰：「我與卿俱是國家微賤時外戚耳，何足以一爵高人！」蕭太后，惠開之祖姑，長沙景王妃，超祖姑也，故超以此議之。惠開欣然，更爲刎頸之交。

後位國子博士，兼左丞。超嗜酒，好談詠，自比晉郗超，言高平有二超，又謂人曰：

「猶覺我爲優也。」齊高帝賞愛之，後爲司徒右長史。

建元二年，初置史官，以超與驃騎記室江淹掌史職，上表立條例：開元紀號，不取宋年；封爵各詳本傳，無假年表。又制著十志，多爲左僕射王儉所不同。既與物多忤，史功未就，徙交州，於路見殺。江淹撰成之，猶不備也。

時有豫章熊襄著齊典，上起十代，其序云：「尚書堯典謂之虞書，則附所述通謂之齊書，名爲河洛金匱。」

又有吳邁遠者，好爲篇章，宋明帝聞而召之。及見曰：「此人連絶之外，無所復有。」邁遠好自誇而蚩鄙他人，每作詩，得稱意語，輒擲地呼曰：「曹子建何足數哉！」超聞而笑曰：「昔劉季緒才不逮於作者，而好抵訶人文章。季緒瑣瑣，焉足道哉，至於邁遠，何爲者乎。」

超叔父道鸞字萬安，位國子博士、永嘉太守，亦有文學，撰續晉陽秋二十卷。

卞彬字士蔚，濟陰冤句人也。祖嗣之，中領軍。父延之，弱冠爲上虞令，有剛氣。會稽太守孟顗以令長裁之，積不能容，脱幘投地曰：「我所以屈卿者，政爲此幘耳。今已投之卿矣。卿以一世勳門，而傲天下國士。」拂衣而去。

彬險拔有才，而與物多忤。齊高帝輔政，袁粲、劉彦節、王藴等皆不同，而沈攸之又稱兵反。粲、藴雖敗，攸之尚存。彬意猶以高帝事無所成，乃謂帝曰：「比聞謡云『可憐可念尸著服，孝子不在日代哭，列管暫鳴死滅族』。公頗聞不？」時藴居父憂，與粲同死，故云「尸著服」也。「服」者，衣也。「孝子不在日代哭」者，褚字也。彬謂沈攸之得志，褚彦回當敗，故言哭也。列管謂簫也。高帝不悦，及彬退，曰：「彬自作此。」後常於東府謁高帝，高帝時爲齊王。彬曰：「殿下即東宫府〔五〕，則以青溪爲鴻溝，鴻溝以東爲齊，以西爲宋。」仍詠詩云：「誰謂宋遠，跂予望之。」遂大忤旨，因此擯廢數年，不得仕進。乃擬趙壹窮鳥爲枯魚賦以喻意。

後爲南康郡丞。彬頗飲酒〔六〕，擯棄形骸，仕既不遂，乃著蚤蝨、蝸蟲、蝦蟇等賦，皆大有指斥。其蚤蝨賦序曰：「余居貧，布衣十年不製，一袍之緼，有生所託，資其寒暑，無與易之。爲人多病，起居甚疎，縈寢敗絮，不能自釋。兼攝性懈墮，嬾事皮膚，澡刷不謹，澣沐失時。四體𣯗𣯗，加以臭穢，故葦席蓬纓之間，蚤蝨猥流。淫癢渭濩，無時恕肉，探揣擭撮，日不替手。蝨有諺言，『朝生暮孫』，若吾之蝨者，無湯沐之慮，絶相弔之憂，晏聚乎久袴爛布之裳，復不勲之討捕，孫孫子子，三十五歲焉。」其略言皆實録也。又爲禽獸決録。目禽獸云：「羊性淫而佷，豬性卑而率，鵝性頑而傲，狗性險而出。」皆指斥貴勢。其羊淫佷，謂呂文顯；豬卑率，謂朱隆之；鵝頑傲，謂潘敞；狗險出，謂呂文度〔七〕。其險詣如此。蝦蟇賦云：「紆青拖紫，名爲蛤魚。」世謂比令僕也。又云：「蝌斗唯唯，羣浮闇水，唯朝繼夕，聿役如鬼。」比令史諮事也。文章傳於閭巷。後歷尚書比部郎，安吉令，車騎記室。彬性飲酒〔八〕，以瓠壺瓢勺杬皮爲肴〔九〕，著帛冠，十二年不改易。以大瓠爲火籠，什物多諸詭異。自稱卞田居，婦爲傅蠶室。或謂曰：「卿都不持操，名器何由得升？」彬曰：「擲五木子，十擲輒鞬，豈復是擲子之拙。吾好擲，政極此耳。」後爲綏建太守，卒官。

永明中，琅邪諸葛勗爲國子生，作雲中賦，指祭酒以下，皆有形似之目。坐事繫東冶，作東冶徒賦。武帝見，赦之。

又有陳郡袁嘏，自重其文，謂人云：「我詩應須大材迮之，不爾飛去。」建武末，爲諸暨令，被王敬則賊所殺。

時有廣陵高爽，博學多材。劉蒨爲晉陵縣，爽經途詣之，了不相接，爽甚銜之。俄而爽代蒨爲縣，蒨遣迎贈甚厚。爽受餉，答書云：「高晉陵自答。」人問其所以，答云：「劉蒨餉晉陵令耳，何關爽事。」又有人送書與爽告躓，云：「比日守羊困苦。」爽答曰：「守羊無食，何不貨羊糴米。」孫抱爲延陵縣，爽又詣之，抱了無故人之懷。爽出從縣閤下過，取筆書鼓云：「徒有八尺圍，腹無一寸腸。面皮如許厚，受打未詎央。」爽機悟多如此。坐事被繫，作鑊魚賦以自況，其文甚工。後遇赦免，卒。抱東莞人。父廉，吳興太守。抱善吏職，形體肥壯，腰帶十圍，爽故以此激之。

丘巨源，蘭陵蘭陵人也〔一〇〕。少舉丹陽郡孝廉，爲宋孝武所知。大明五年，敕助徐爰撰國史。帝崩，江夏王義恭取掌書記。明帝即位，使參詔誥，引在左右。自南臺御史爲王景文鎮軍參軍。寧喪還家。

元徽初，桂陽王休範在尋陽，以巨源有筆翰，遣船迎之，餉以錢物。巨源因齊高帝自啓，敕板起之，使留都下。桂陽事起，使於中書省撰符檄，事平，除奉朝請。巨源望有封賞，既而不獲，乃與尚書令袁粲書自陳，竟不被申。沈攸之事，高帝又使爲尚書符荆州，以此又望賞異，自此意常不滿。

後除武昌太守，拜竟，不樂江外行。武帝問之，巨源曰：「古人云，『寧飲建鄴水，不食武昌魚』。臣年已老，寧死於建鄴。」乃以爲餘杭令。明帝爲吴興，巨源作秋胡詩，有譏刺語，以事見殺。時又有會稽孔廣、孔逭皆才學知名。

廣字淹源，美容止，善吐論。王儉、張緒咸美之。儉常云：「廣來使人廢簿領，匠不須來〔一〕，來則莫聽去。」緒數巾車詣之，每歎云：「孔廣使吾成輕薄祭酒。」仕至揚州中從事。

逭抗直有才藻，製東都賦，于時才士稱之。陳郡謝瀹年少時遊會稽還，父莊問：「入東何見，見孔逭不？」見重如此。著三吴決録，不傳。卒於衞軍武陵王東曹掾〔二〕。又時有虞通之、虞龢、司馬憲、袁仲明、孫詵等〔三〕，皆有學行，與廣埒名。

通之、龢皆會稽餘姚人，通之善言易，至步兵校尉。

龢位中書郎、廷尉，少好學，居貧屋漏，恐濕墳典，乃舒被覆書，書獲全而被大濕。時人以比高鳳。

憲字景思，河内温人，待詔東觀爲學士，至殿中郎，口辯有才地，使魏見稱於北。

仲明，陳郡人，撰晉史，未成而卒。初仲明與劉融、卞鑠俱爲袁粲所賞，恒在坐席。粲爲丹陽尹，取鑠爲主簿。好詩賦，多譏刺世人，坐徙巴州。

詵字休羣，太原中都人，愛文，尤賞泉石。卒於御史中丞。

王智深字雲才，琅邪臨沂人也。少從陳郡謝超宗學屬文。好飲酒，拙澀乏風儀。仕齊爲豫章王大司馬參軍，兼記室。

武帝使太子家令沈約撰宋書，疑立袁粲傳〔一四〕，以審武帝。帝曰：「袁粲自是宋家忠臣。」約又多載孝武、明帝諸褻黷事，上遣左右語約曰：「孝武事迹不容頓爾。我昔經事宋明帝，卿可思諱惡之義。」於是多所省除。又敕智深撰宋紀，召見扶容堂，賜衣服給宅。智深告貧於豫章王，王曰：「須卿書成，當相論以禄。」書成三十卷。武帝後召見智深於璿明殿，令拜表奏上，表未奏而武帝崩。隆昌元年，敕索其書。智深遷爲竟陵王司徒參軍。免官。

家貧無人事，嘗餓五日不得食，掘莧根食之。司空王僧虔及子志分與衣食。卒於家。

崔慰祖字悦宗，清河東武城人也。父慶緒，永明中爲梁州刺史。慰祖解褐奉朝請。父喪不食鹽，母曰：「汝既無兄弟，又未有子胤。毁不滅性，政當不進肴羞耳，如何絶鹽。吾今亦不食矣。」慰祖不得已，從之。父梁州之資，家財千萬，散與宗族。漆器題爲「日」字，「日」字之器流乎遠近。料得父時假貰文疏，謂族子紘曰：「彼有自當見還，彼無吾何言哉。」悉火焚之。

好學，聚書至萬卷。隣里年少好事者來從假借，日數十袠。慰祖親自取與，未嘗爲辭。

爲始安王遥光撫軍刑獄，兼記室。遥光好棊，數召慰祖對戲。慰祖輒辭拙，非朔望不見也。

建武中詔舉士，從兄慧景舉慰祖及平原劉孝標並碩學。帝欲試以百里，慰祖辭不就。國子祭酒沈約、吏部郎謝朓嘗於吏部省中賓友俱集，各問慰祖地理中所不悉十餘事，慰祖口吃無華辭，而酬據精悉，一坐稱服之。朓歎曰：「假使班、馬復生，無以過此。」

慰祖賣宅須四十五萬，買者云：「寧有減不？」答曰：「誠異韓伯休，何容二價。」買者又曰：「君但賣四十六萬，一萬見與。」慰祖曰：「豈是我心乎？」

少與侍中江祀款，及祀貴，常來候之，而慰祖不往也。與丹陽丞劉渢素善，遥光據東府反，慰祖在城内。城未潰一日，渢謂之曰：「卿有老母，宜出。」命門者出之。慰祖詣闕自首，繫尚方，病卒。

慰祖著海岱志，起太公迄西晉人物，爲四十卷，半成。臨卒，與從弟緯書云：「常欲更注遷、固二史，採史、漢所漏二百餘事，在厨簏，可檢寫之，以存大意。海岱志良未周悉，可寫數本，付護軍諸從人一通〔一五〕，及友人任昉、徐寅、劉洋、裴揆，令後世知吾微有素業也。」

又令以棺親土，不須甎，勿設靈坐。

祖沖之字文遠，范陽遒人也。曾祖台之，晉侍中。祖昌，宋大匠卿。父朔之，奉朝請。

沖之稽古，有機思，宋孝武使直華林學省，賜宅宇車服。解褐南徐州從事、公府參軍〔一六〕。

始元嘉中，用何承天所製歷，比古十一家爲密。沖之以爲尚疎，乃更造新法，上表言之。孝武令朝士善歷者難之，不能屈。會帝崩不施行〔一七〕。歷位爲婁縣令，謁者僕射。初，宋武平關中，得姚興指南車，有外形而無機杼，每行，使人於内轉之。昇明中，齊高帝輔政，使沖之追脩古法。沖之改造銅機，圓轉不窮，而司方如一，馬鈞以來未之有也〔一八〕。時有北人索馭驎者亦云能造指南車，高帝使與沖之各造，使於樂游苑對共校試，而頗有差僻，乃毁而焚之。晉時杜預有巧思，造欹器，三改不成。永明中，竟陵王子良好古，沖之造欹器獻之，與周廟不異。文惠太子在東宫，見沖之歷法，啓武帝施行。文惠尋薨又寢。

轉長水校尉，領本職。沖之造安邊論，欲開屯田，廣農殖。建武中，明帝欲使沖之巡行四方，興造大業，可以利百姓者，會連有軍事，事竟不行。

沖之解鍾律博塞，當時獨絶，莫能對者。以諸葛亮有木牛流馬，乃造一器，不因風水，施機自運，不勞人力。又造千里船，於新亭江試之，日行百餘里。於樂游苑造水碓磨，武帝親自臨視。又特善筭。永元二年卒，年七十二。著易老莊義，釋論語、孝經，注九章，造綴述數十篇。子暅之。

暅之字景爍，少傳家業，究極精微，亦有巧思。入神之妙，般、倕無以過也。當其詣微之時，雷霆不能入。嘗行遇僕射徐勉，以頭觸之，勉呼乃悟。父所改何承天歷時尚未行，梁天監初，暅之更脩之，於是始行焉。位至太舟卿。

暅之子皓，志節慷慨，有文武才略。少傳家業，善筭歷。大同中爲江都令，後拜廣陵太守。

侯景陷臺城，皓在城中，將見害，乃逃歸江西。百姓感其遺惠，每相蔽匿。廣陵人來嶷乃説皓曰：「逆豎滔天，王室如燬，正是義夫發憤之秋，志士忘軀之日。府君荷恩重世，又不爲賊所容。今逃竄草間，知者非一，危亡之甚，累棊非喻。董紹先雖景之心腹，輕而無謀，新剋此州，人情不附，襲而殺之，此一壯士之任耳。今若糺率義勇，立可得三二百人。意欲奉戴府君，勦除兇逆，遠近義徒，自當投赴。如其剋捷，可立桓、文之勳；必天未悔禍，事生理外，百代之下，猶爲梁室忠臣。若何？」皓曰：「僕所願也，死且甘心。」爲要勇士耿光等百餘人襲殺景兗州刺史董紹先，推前太子舍人蕭勔爲刺史，結東魏爲援。馳檄遠近，將討景。景大懼，即日率侯子鑒等攻之。城陷，皓見執，被縛射之，箭遍體，然後車裂以徇。城中無少長，皆埋而射之。

來嶷字德山，幼有奇節，兼資文武。既與皓義舉，邵陵王承制除步兵校尉、秦郡太守，封永寧縣侯。及皓敗，并兄弟子姪遇害者十六人。子法敏逃免，仕陳爲海陵令。

賈希鏡，平陽襄陵人也〔一九〕。祖弼之，晉員外郎。父匪之，驃騎參軍。家傳譜學。宋孝武時，青州人發古冢，銘云：「青州世子，東海女郎。」帝問學士鮑照、徐爰、蘇寶生，並不能悉。希鏡對曰：「此是司馬越女嫁苟晞兒。」檢訪果然，由是見遇，敕希鏡注郭子。

昇明中，齊高帝嘉希鏡世學，取爲驃騎參軍、武陵王國郎中令。歷大司馬司徒府參軍。竟陵王子良使希鏡撰見客譜，出爲句容令。

先是，譜學未有名家，希鏡祖弼之廣集百氏譜記，專心習業。晉太元中，朝廷給弼之令史書史〔二〇〕，撰定繕寫，藏秘閣及左户曹。希鏡三世傳學，凡十八州士族譜，合百帙，七百餘卷，該究精悉，皆如貫珠，當時莫比。永明中，衞軍王儉抄次百家譜，與希鏡參懷撰定。

建武初，希鏡遷長水校尉〔二一〕，傖人王泰寶買襲琅邪譜，尚書令王晏以啓明帝，希鏡坐被收，當極法。子棲長謝罪，稽顙流血，朝廷哀之，免希鏡罪。後爲北中郎參軍，卒。撰氏族要狀及人名書，並行於時。

袁峻字孝高，陳郡陽夏人，魏郎中令渙之八世孫也。早孤，篤志好學。家貧無書，每從人假借，必皆抄寫，自課日五十紙，紙數不登則不止。訥言語，工文辭。梁武帝雅好辭賦，時獻文章於南闕者相望焉。天監六年，峻乃擬揚雄官箴奏之〔二二〕。帝嘉焉，賜束帛，除員外散騎侍郎，直文德學士省〔二三〕，抄史記、漢書各爲二十卷。又奉敕與陸倕各製新闕銘云。

劉昭字宣卿，平原高唐人，晉太尉寔九世孫也。祖伯龍，居父憂以孝聞，宋武帝敕皇太子諸王並往弔慰，官至少府卿。父彪，齊征虜晉安王記室。

昭幼清警，通老、莊義。及長，勤學善屬文，外兄江淹早相稱賞。梁天監中，累遷中軍臨川王記室。

初，昭伯父肜集衆家晉書注干寶晉紀爲四十卷，至昭集後漢同異以注范曄後漢，世稱博悉。卒於剡令。集注後漢一百八十卷〔一四〕，幼童傳一卷〔一五〕，文集十卷。

子縚字言明，亦好學，通三禮，位尚書祠部郎，著先聖本記十卷行於世。

縚弟緩字含度，爲湘東王中録事。性虛遠，有氣調，風流迭宕，名高一府。常云：「不須名位，所須衣食。不用身後之譽，唯重目前知見。」

鍾嶸字仲偉，潁川長社人，晉侍中雅七世孫也。父蹈，齊中軍參軍。

嶸與兄岏、弟嶼並好學，有思理。嶸齊永明中爲國子生，明周易。衞將軍王儉領祭酒，頗賞接之。建武初，爲南康王侍郎。時齊明帝躬親細務，綱目亦密，於是郡縣及六署九府常行職事，莫不爭自啓聞，取決詔敕。文武勳舊皆不歸選部，於是憑勢互相通進，人君之務，粗爲繁密。嶸乃上書言：「古者明君揆才頒政，量能授職，三公坐而論道，九卿作而成務，天子可恭己南面而已。」書奏，上不懌，謂太中大夫顧暠曰：「鍾嶸何人，欲斷朕機務，卿識之不？」答曰：「嶸雖位末名卑，而所言或有可採。且繁碎職事，各有司存，今人主總而親之，是人主愈勞而人臣愈逸，所謂代庖人宰而爲大匠斲也。」上不顧而他言。

永元末，除司徒行參軍。梁天監初，制度雖革，而未能盡改前弊，嶸上言曰：「永元肇亂，坐弄天爵，勳非即戎，官以賄就。揮一金而取九列，寄片札以招六校。騎都塞市，郎將塡街。服既纓組，尚爲臧獲之事，職雖黄散，猶躬胥徒之役。名實淆紊，茲焉莫甚。臣愚謂永元諸軍官是素族士人，自有清貫，而因斯受爵，一宜削除，以懲澆競。若吏姓寒人，聽極其門品，不當因軍遂濫清級。若僑雜傖楚，應在綏撫，正宜嚴斷禄力，絶其妨正，直乞虚號而已。」敕付尚書行之。

衡陽王元簡出守會稽，引爲寧朔記室，專掌文翰。時居士何胤築室若邪山〔二六〕，山發洪水，漂拔樹石，此室獨存。元簡令嶸作瑞室頌以旌表之，辭甚典麗。遷西中郎晉安王記室。

嶸嘗求譽於沈約，約拒之。及約卒，嶸品古今詩爲評，言其優劣，云「觀休文衆製，五言最優。齊永明中，相王愛文，王元長等皆宗附約。于時謝朓未遒，江淹才盡，范雲名級又微，故稱獨步。故當辭密於范，意淺於江」。蓋追宿憾，以此報約也。頃之卒官。

岏字長丘〔二七〕，位建康令卒。著良吏傳十卷。

嶼字季望，永嘉郡丞。

周興嗣字思纂，陳郡項人也。世居姑熟，博學善屬文。嘗步自姑熟，投宿逆旅，夜有人謂曰：「子才學邁世，初當見識貴臣，卒被知英主。」言終不測所之。齊隆昌中，侍中謝朏爲吴興太守〔二八〕，唯興嗣初談文史而已〔二九〕。及罷郡，因大相談薦。

梁天監初，奏休平賦，其文甚美，武帝嘉之，拜安成王國侍郎，直華林省。其年，河南獻舞馬，詔興嗣與待詔到沆、張率爲賦，帝以興嗣爲工，擢拜員外散騎侍郎，進直文德、壽光省。時武帝以三橋舊宅爲光宅寺，敕興嗣與陸倕各製寺碑，及成俱奏，帝以興嗣所製。自是銅表銘、栅塘碣、檄魏文、次韻王羲之書千字，並使興嗣爲文〔三〇〕。每奏，帝稱善，賜金帛。後佐撰國史。興嗣兩手先患風疽，十二年，又染癘疾，左目盲。帝撫其手，嗟曰：「斯人而有斯疾。」手疏疽方以賜之。任昉又愛其才，常曰：「興嗣若無此疾，旬日當至御史中丞。」十七年，爲給事中，直西省。周捨奉敕注武帝所製歷代賦，啓興嗣助焉〔三一〕。普通二年卒。所撰皇帝實録、皇德記、起居注、職儀等百餘卷，文集十卷。

吴均字叔庠，吴興故鄣人也。家世寒賤，至均好學有俊才，沈約嘗見均文，頗相稱賞。梁天監初，柳惲爲吴興，召補主簿，日引與賦詩。均文體清拔，有古氣，好事者或斆之，謂爲「吴均體」。均嘗不得意，贈惲詩而去，久之復來，惲遇之如故，弗之憾也。薦之臨川靖惠王，王稱之於武帝，即日召入賦詩，悦焉。待詔著作，累遷奉朝請。

先是，均將著史以自名，欲撰齊書，求借齊起居注及羣臣行狀，武帝不許，遂私撰齊春秋奏之。書稱帝爲齊明帝佐命，帝惡其實録，以其書不實，使中書舍人劉之遴詰問數十條，竟支離無對。敕付省焚之，坐免職。尋有敕召見，使撰通史，起三皇訖齊代。均草本紀、世家已畢，唯列傳未就，卒。

均注范曄後漢書九十卷，著齊春秋三十卷，廟記十卷，十二州記十六卷，錢唐先賢傳五卷，續文釋五卷，文集二十卷。

先是有濟陽江洪，工屬文，爲建陽令，坐事死。

劉勰字彦和，東莞莒人也。父尚，越騎校尉。勰早孤，篤志好學。家貧不婚娶，依沙門僧祐居，遂博通經論，因區別部類，録而序之。定林寺經藏，勰所定也。梁天監中，兼東宫通事舍人，時七廟饗薦已用蔬果，而二郊農社猶有犧牲，勰乃表言二郊宜與七廟同改。詔付尚書議，依勰所陳。遷步兵校尉，兼舍人如故，深被昭明太子愛接。

初，勰撰文心雕龍五十篇，論古今文體，其序略云：「予齒在踰立，嘗夜夢執丹漆之禮器，隨仲尼而南行，寤而喜曰：大哉，聖人之難見也，迺小子之垂夢歟！自生靈以來，未有如夫子者也。敷讚聖旨，莫若注經，而馬、鄭諸儒弘之已精，就有深解，未足立家。唯文章之用，寔經典枝條，五禮資之以成，六典因之致用。於是搦筆和墨，乃始論文。其爲文用四十九篇而已。」既成，未爲時流所稱。勰欲取定於沈約，無由自達，乃負書候約於車前，狀若貨鬻者。約取讀，大重之，謂深得文理，常陳諸几案。

勰爲文長於佛理，都下寺塔及名僧碑誌，必請勰製文。敕與慧震沙門於定林寺撰經證。功畢，遂求出家，先燔鬢髮自誓，敕許之。乃變服改名慧地云。

何思澄字元靜，東海郯人也。父敬叔，齊長城令，有能名。在縣清廉，不受禮遺，夏節至，忽牓門受餉，數日中得米二千餘斛，他物稱是，悉以代貧人輸租。

思澄少勤學工文，爲遊廬山詩，沈約見之，大相稱賞，自以爲弗逮。約郊居宅新構閣齋，因命工書人題此詩於壁。傅昭嘗請思澄製釋奠詩，辭文典麗。

天監十五年，敕太子詹事徐勉舉學士入華林撰遍略，勉舉思澄、顧協、劉杳、王子雲、鍾嶼等五人以應選。八年乃書成，合七百卷。思澄重交結，分書與諸賓朋校定，而終日造謁。每宿昔作名一束，曉便命駕，朝賢無不悉狎，狎處即命食。有人方之婁護，欣然當之。

投晚還家，所齎名必盡。自廷尉正遷書侍御史。宋、齊以來，此職甚輕，天監初始重其選。車前依尚書二丞給三騶，執盛印青囊，舊事糾彈官印綬在前故也。後除安西湘東王録事參軍，兼東宫通事舍人。時徐勉、周捨以才具當朝，並好思澄學，常遞日招致之。後卒於宣惠武陵王中録事參軍。文集十五卷。

初，思澄與宗人遜及子朗俱擅文名，時人語曰：「東海三何，子朗最多。」思澄聞之曰：「此言誤耳。如其不然，故當歸遜。」思澄意謂宜在己也。

子朗字世明，早有才思。周捨每與談，服其精理。嘗爲敗冢賦，擬莊周馬棰，其文甚工。世人語曰：「人中爽爽有子朗。」卒於國山令，年二十四。集行於世。

王子雲，太原人，及江夏費昶，並爲閭里才子。昶善爲樂府，又作鼓吹曲。武帝重之，敕曰：「才意新拔，有足嘉異。昔郎惲博物，卞蘭巧辭。束帛之賜，寔惟勸善。可賜絹十匹。」子雲嘗爲自弔文，甚美。

任孝恭字孝恭，臨淮人也。曾祖農夫，宋南豫州刺史。農夫弟候伯，位輔國將軍、行湘州事，並任將帥。

孝恭幼孤，事母以孝聞。精力勤學，家貧無書，常崎嶇從人假借，每讀一遍，諷誦略無所遺。外祖丘它與武帝有舊，帝聞其有才學，召入西省撰史。初爲奉朝請，進直壽光省，爲司文侍郎，俄兼中書通事舍人。敕遣製建陵寺刹下銘，又啓撰武帝集序文，並富麗。自是專掌公家筆翰。孝恭爲文敏速，若不留思，每奏稱善，累賜金帛。少從蕭寺雲法師讀經論，明佛理，至是蔬食持戒，信受甚篤。而性頗自伐，以才能尚人，於流輩中多有忽略，世以此少之。

太清二年〔三〕，侯景寇逼，孝恭啓募兵，隸蕭正德。正德入賊，孝恭還赴臺，臺門閉，侯景獲之，使作檄。求還私第檢討，景許之，因走入東府。城陷，景斬剉之。文集行於世。

顏協字子和，琅邪臨沂人也，晉侍中含七世孫也。父見遠，博學有志行。初，齊和帝鎮荆州，以爲録事參軍；及即位，兼御史中丞。梁武帝受禪，見遠不食，發憤數日而卒。帝聞之，曰：「我自應天從人，何豫天下士大夫事？而顏見遠乃至於此。」

協幼孤，養於舅氏。少以器局稱。博涉羣書，工於草隸飛白。時吴人范懷約能隸書，協學其書，殆過真也。荆楚碑碣皆協所書。時又有會稽謝善勛能爲八體六文，方寸千言，京兆韋仲善飛白，並在湘東王府。善勛爲録事參軍，仲爲中兵參軍。府中以協優於韋仲而減於善勛。善勛飲酒至數斗，醉後輒張眼大駡，雖復貴賤親疎無所擇也，時謂之謝方眼。而胸衿夷坦，有士君子之操焉。

協家雖貧素，而脩飾邊幅，非車馬未嘗出游。湘東王出鎮荆州，以爲記室。時吴郡顧協亦在蕃邸，與協同名，才學相亞，府中稱爲二協。舅陳郡謝暕卒，協以有鞠養恩，居喪如伯叔禮，議者甚重焉。又感家門事義，不求顯達，恒辭徵辟，游於蕃府而已。卒，元帝甚歎惜之，爲懷舊詩以傷之。

協所撰晉仙傳五篇，日月災異圖兩卷，行於世。其文集二十卷，遇火湮滅。子之儀、之推，並早知名。

紀少瑜字幼瑒，丹陽秣陵人也。本姓吴，養于紀氏，因而命族。早孤，幼有志節，常慕王安期之爲人。年十三，能屬文。初爲京華樂，王僧孺見而賞之，曰：「此子才藻新拔，方有高名。」少瑜嘗夢陸倕以一束青鏤管筆授之，云：「我以此筆猶可用，卿自擇其善者。」其文因此遒進。

年十九，始遊太學，備探六經，博士東海鮑皦雅相欽悅。時皦有疾，請少瑜代講。少瑜既妙玄言，善談吐，辯捷如流。爲晉安國中尉，即梁簡文也，深被恩遇。後侍宣城王讀。當陽公爲郢州，以爲功曹參軍，轉輕車限内記室，坐事免。大同七年，始引爲東宮學士。邵陵王在郢，啓求學士，武帝以少瑜充行。

少瑜美容皃，工稾書，吏部尚書到溉嘗曰：「此人有大才而無貴仕。」將拔之，會溉去職。後除武陵王記室參軍，卒。

杜之偉字子大，吴郡錢唐人也。家世儒學，以三禮專門。父規，梁奉朝請。之偉幼精敏，有逸才。年十五，遍觀文史及儀禮故事〔三三〕，時輩稱其早成。僕射徐勉嘗見其文，重其有筆力。

中大通元年，梁武帝幸同泰寺捨身，敕勉撰儀注〔三四〕。勉以先無此禮，召之偉草具其儀。乃啓補東宮學士，與學士劉陟等抄撰羣書，各爲題目，所撰富教、政道二篇，皆之偉爲序。後兼太學限內博士。大同七年，梁皇太子釋奠於國學，時樂府無孔子、顏子登歌詞，令之偉製文，伶人傳習，以爲故事。再遷安前邵陵王刑獄參軍。之偉年位甚卑，特以强識俊才，頗有名當世。吏部尚書張纘深知之，以爲廊廟之器。陳武帝爲丞相，素聞其名，召補記室參軍。遷中書侍郎，領大著作。及受禪，除鴻臚卿，餘並如故。之偉求解著作，優敕不許。再遷太中大夫，仍敕撰梁史，卒官。文集十七卷。

顏晃字元明，琅邪臨沂人也。少孤貧，好學，有辭采。解褐梁邵陵王兼記室參軍。時東宮學士庾信使府中，王使晃接對，信輕其少，曰：「此府兼記室幾人？」晃曰：「猶當少於宮中學士。」當時以爲善對。

侯景之亂，奔荆州。承聖初，除中書侍郎。陳天嘉初，累遷員外散騎常侍，兼中書舍人，掌詔誥。卒，贈司農卿，謚曰貞子。

晃家世單門，傍無戚援，而介然脩立，爲當世所知。其表奏詔誥，下筆立成，便得事理。有集二十卷。

岑之敬字思禮，南陽棘陽人也。父善紆，梁世以經學聞，官至吴寧令，司義郎。

之敬年五歲，讀孝經，每燒香正坐，親戚咸加歎異。十六，策春秋左氏、制旨孝經義，擢爲高第。御史奏曰：「皇朝多士，例止明經，若顔、閔之流，乃應高第。」梁武帝省其策，曰：「何妨我復有顔、閔邪。」因召入面試。令之敬升講坐，敕中書舍人朱异執孝經，唱士孝章，武帝親自論難。之敬剖釋從横，左右莫不嗟服。仍除童子奉車郎，賞賜優厚。

十八，預重雲殿法會，時武帝親行香，熟視之敬曰：「未幾見兮，突而弁兮。」即日除太學限内博士。尋爲壽光學士、司義郎。太清元年，表試吏〔三五〕，除南沙令。

承聖二年，除晉安王宣惠府中記室參軍。時蕭勃據嶺表，敕之敬宣旨慰喻。會魏剋江陵，仍留廣州。陳太建初還朝，授東宫義省學士。累遷南臺書侍御史，征南府諮議參軍。

之敬始以經業進，而博涉文史，雅有詞筆，不爲醇儒。性謙謹，未嘗以才學矜物，接引後進，恂恂如也。每母忌日營齋〔三六〕，必躬自洒掃，涕泣終日，士君子以篤行稱之。十一年卒。有集十卷行於世。

子德潤，有父風，位中軍吳興王記室。

何之元，廬江灊人也。祖僧達，齊南臺書侍御史。父法勝，以行業聞。之元幼好學，有才思，居喪過禮。梁天監末，司空袁昂表薦之，因得召見。累遷信義令。其宗人敬容，位望隆重，頻相顧訪，之元終不造焉。或問其故，之元曰：「昔楚人得寵於觀起，有馬者皆亡。夫德薄任隆，必近覆敗，吾恐不獲其利而招其禍。」識者以是稱之。侯景之亂，武陵王以太尉承制，授南梁州刺史、北巴西太守〔三七〕。武陵王自成都舉兵東下，之元與蜀中人庶抗表請無行，王以爲沮衆，因之元于艦中。及武陵兵敗，之元從邵陵太守劉棻之郡〔三八〕。俄而魏剋江陵，劉棻卒，王琳召爲記室參軍。及琳立蕭莊，署爲中書侍郎。王琳敗，齊主以爲揚州別駕，所居即壽春也。

及衆軍北伐，湘州刺史始興王叔陵遣功曹史柳咸齎書召之。之元始與陳朝有隙，書至大惶恐。讀書至「孔璋無罪，左車見用」，遂隨咸至湘州。再遷中衛府諮議參軍。

及叔陵誅，之元乃屏絶人事，著梁典，起齊永元元年，迄于王琳遇獲〔三九〕，七十五年行事，爲三十卷。

陳亡，移居常州之晉陵縣。隋開皇十三年，卒于家。

徐伯陽字隱忍，東海人也。父僧權，梁東宮通事舍人，領祕書，以善書知名。伯陽敏而好學，善色養。家有史書，所讀者近三千餘卷。梁大同中，爲候官令，甚得人和。侯景之亂，至廣州依蕭勃。勃平，還都。陳天嘉中，除司空侯安都府記室參軍。太建初，與中記室李爽、記室張正見、左户郎賀徹、學士阮卓、黄門郎蕭詮、三公郎王由禮、處士馬樞、記室祖孫登、比部郎賀循、長史劉删等爲文會友，後有蔡凝、劉助、陳暄、孔範亦預焉，皆一時士也。遊宴賦詩，勒成卷軸〔四〇〕。伯陽爲其集序，盛傳於世。

後除鎮北新安王府中記室參軍，兼南徐州别駕，帶東海郡丞。鄱陽王爲江州刺史，伯陽常奉使造焉。王率府僚與伯陽登匡嶺置宴，酒酣，命筆賦劇韻三十〔四一〕，伯陽與祖孫登前成，王賜以奴婢雜物。後除鎮右新安王府諮議參軍事。聞姊喪，發疾卒。

張正見字見賾，清河東武城人也。祖善之〔四二〕，魏散騎常侍、勃海長樂二郡太守。父脩禮，魏散騎侍郎，歸梁，仍拜本職，遷懷方太守。

正見幼好學，有清才。梁簡文在東宮，正見年十三，獻頌，簡文深贊賞之。梁元帝即位，爲彭澤令。屬喪亂，避地匡俗山。陳武帝受禪，正見還都。累遷尚書度支郎，撰史著士，卒。有集十四卷，其五言尤善。

阮卓，陳留尉氏人也。祖詮，梁散騎侍郎。父問道，梁岳陽王府記室參軍。

卓幼聰敏，篤志經籍，尤工五言。性至孝，父隨岳陽王出鎮江州，卒，卓時年十五，自都奔赴，水漿不入口者累日。載柩還都，度彭蠡湖，中流遇疾風，船幾没者數四，卓仰天悲號，俄而風息，人以爲孝感之至。

陳天康元年，爲新安王府記室參軍〔四三〕，隨府轉翊右記室，帶撰史著士。及平歐陽紇，交阯夷獠往往聚爲寇抄，卓奉使招慰。交阯通日南、象郡，多金翠珠貝珍怪之産，前後使者皆致之，唯卓挺身而還，時論咸伏其廉。

後爲始興王中衛府記室參軍。及叔陵誅，後主謂朝臣曰：「阮卓素不同逆，宜加旌異。」至德元年，入爲德教殿學士。尋兼通直散騎常侍，副王話聘隋。隋文帝夙聞其名，遣河東薛道衡、琅邪顔之推等與卓談宴賦詩，賜遺加禮。還除南海王府諮議參軍，以目疾不之官。退居里舍，改構亭宇，脩山池卉木，招致賓友，以文酒自娛。陳亡入隋，行至江州，追感其父所終，遘疾卒。

論曰：文章者，蓋情性之風標〔四四〕，神明之律吕也。藴思含豪，遊心内運，放言落紙，氣韻天成。莫不禀以生靈，遷乎愛嗜，機見殊門，賞悟紛雜，感召無象，變化不窮。發五聲之音響，而出言異句，寫萬物之情狀，而下筆殊形。暢自心靈，而宣之簡素，輪扁之言，未或能盡。然縱假之天性，終資好習，是以古之賢哲，咸所用心。至若丘靈鞠等，或克荷門業，或夙懷慕尚，雖位有窮通，而名不可滅。然則立身之道，可無務乎。

校勘記

〔一〕在沈深坐見王儉詩　「沈深」，北監本、殿本及南齊書卷五二文學丘靈鞠傳作「沈淵」，此避唐諱而改。「王儉」，原作「王徐」，據宋乙本壹、南監本、北監本、殿本及南齊書、建康實録卷一六、御覽卷四九八引齊書、册府卷九一七、卷九三九、通志卷一七六改。

〔二〕遷中書郎　「中書郎」，梁書卷四九文學上丘遲傳、册府卷八二七、卷八三九作「中書侍郎」。

〔三〕還拜中書侍郎遷司空從事中郎　梁書卷四九文學上丘遲傳「中書侍郎」作「中書郎」，「司空」作「司徒」。

〔四〕雖取賤文通而秀於敬子　「取賤」，御覽卷五八六引梁書作「義淺」。

〔五〕殿下即東宮府　「東宮府」疑誤，景定建康志卷一八作「宮東府」。按此句意指高帝以東府爲齊宮，似當從景定建康志。通志卷一七六作「東宮爲府」，亦不通，疑是「東府爲宮」之倒。

〔六〕彬頗飲酒　「飲」，宋乙本壹作「多」。按「多酒」熟語，指酷嗜飲酒。

〔七〕狗險出謂吕文度　「吕」字原脱，據宋乙本壹及御覽卷八八九引齊卞彬禽獸決録、通志卷一七六補。

〔八〕彬性飲酒　「性」字下，御覽卷九七九引齊書有「好」字，通志卷一七六有「喜」字。

〔九〕以瓠壺瓢勺杬皮爲肴　「肴」，通志卷一七六作「具」。

〔一〇〕丘巨源蘭陵蘭陵人也　宋乙本壹及册府卷六五〇、通志卷一七六不疊「蘭陵」二字。

〔一一〕匠不須來　「匠」，册府卷七七七作「逭」。

〔一二〕卒於衞軍武陵王東曹掾　「卒」，原作「終」，據宋乙本壹、南監本、北監本、汲本、殿本及通志卷一七六改。

〔一三〕又時有虞通之虞龢司馬憲袁仲明孫詵等　張森楷南史校勘記：「按下文言仲明撰晉史未成卒，則即南齊書王智深傳所附之袁炳叔明也。『炳』字避唐諱而去，仲、叔未知誰是。」按江文通集卷一〇袁友人傳：「友人袁炳，字叔明。」卷九又有報袁叔明書。法苑珠林卷二九引冥祥記則云：「宋袁炳，字叔焕。」並謂行「叔」。

〔一四〕疑立袁粲傳　「疑」，南齊書卷五二文學王智深傳作「擬」。

〔一五〕付護軍諸從人一通　北監本、汲本、殿本及南齊書卷五二文學崔慰祖傳「從」下有「事」字。

〔一六〕解褐南徐州從事公府參軍　南齊書卷五二文學祖沖之傳「從事」上有「迎」字。

〔一七〕會帝崩不施行　「不」，原作「而」，據南齊書卷五二文學祖沖之傳改。按汲本「而」下小注：「一作不。」

〔一八〕馬鈞以來未之有也　「馬鈞」，原作「馬均」，據南齊書卷五二文學祖沖之傳、册府卷九〇八、通志卷一七六、愧郯録卷一三、玉海卷七九改。按三國志卷二九魏書方技杜夔傳，裴松之注：「時有扶風馬鈞巧思絶世。」又引傅玄序云：「先生名鈞字德衡。鈞者器之模，而衡者所以定物之輕重。」

〔一九〕賈希鏡平陽襄陵人也　按南齊書卷五二文學賈淵傳：「賈淵字希鏡。」此避唐諱而稱其字。

〔二〇〕朝廷給弼之令史書史　「書史」，南齊書卷五二文學賈淵傳作「書吏」。

〔二一〕建武初希鏡遷長水校尉　「建武」，原作「建元」，據南齊書卷五二文學賈淵傳、通志卷一七六改。按上文有「永明中」，爲齊武帝時，建元爲齊高帝年號，在永明之前，非。

〔二二〕峻乃擬揚雄官箴奏之　「官箴」，原作「言箴」，據宋乙本壹及梁書卷四九文學上袁峻傳、册府卷一九二、卷八三九、通志卷一七六、玉海卷五九改。按後漢書卷四四胡廣傳：「初，楊雄依虞箴作十二州二十五官箴，其九箴亡闕。」

〔二三〕除員外散騎侍郎直文德學士省　「員外」下原衍「郎」字，據宋乙本壹及梁書卷四九文學上袁峻傳、册府卷一九二、卷八三九、通志卷一七六删。

〔二四〕集注後漢一百八十卷　按今本范曄後漢書，本紀十卷，列傳九十卷，益以司馬彪續漢志三十卷，凡一百三十卷。「八」疑當作「三」。

〔二五〕幼童傳一卷　「一卷」，梁書卷四九文學上劉昭傳、册府卷五五五作「十卷」。按隋書卷三三經籍志二、舊唐書卷四六經籍志上、新唐書卷五八藝文志二並云劉昭撰幼童傳十卷，疑是。

〔二六〕時居士何胤築室若邪山　按梁書卷五一處士何點傳附何胤傳：「胤以若邪處勢迫隘，不容生徒，乃遷秦望山。」錢大昕考異卷三七：「據彼傳，則室當在秦望山，非若邪山也。」

〔二七〕岏字長丘　「長丘」，梁書卷四九文學上鍾嶸傳作「長岳」。

〔二八〕侍中謝朏爲吴興太守　「侍中」，原作「侍郎」，據宋乙本壹及梁書卷四九文學上周興嗣傳、通志卷一七六改。按梁書卷一五謝朏傳，其出爲吴興太守前爲侍中。

〔二九〕唯興嗣初談文史而已　南監本、北監本、汲本、殿本及梁書卷四九文學上周興嗣傳、册府卷六八八無「初」字。

〔三〇〕自是銅表銘栅塘碣檄魏文次韻王羲之書千字並使興嗣爲文　「是」，原作「題」，據北監本、殿本及梁書卷四九文學上周興嗣傳、册府卷一九二、卷八三九改。

〔二一〕周捨奉敕注武帝所製歷代賦啓興嗣助焉　「助」，原作「與」，據宋乙本壹、南監本、北監本、殿本及梁書卷四九文學上周興嗣傳、册府卷六〇六、通志卷一七六改。

〔二二〕太清二年　「二年」，原作「三年」，據梁書卷五〇文學下任孝恭傳、册府卷四四六、卷七六三宋本改。按梁書卷三武帝紀下，「侯景寇逼」京師在太清二年。

〔二三〕遍觀文史及儀禮故事　「禮」，原作「體」，據汲本及陳書卷三四文學杜之偉傳、册府卷五九七、卷七七四、通志卷一七六、咸淳臨安志卷六三改。

〔二四〕中大通元年梁武帝幸同泰寺捨身敕勉撰儀注　「中大通」，原作「中大同」，據咸淳臨安志卷六三改。按梁書卷二五徐勉傳，勉卒於大同元年，中大同在大同之後。又據梁書武帝紀，蕭衍於同泰寺捨身凡三次，一在大通元年，一在中大通元年，一在太清元年。無中大同元年事。觀下出「大同七年」，知此處當爲「中大通元年」。

〔二五〕太清元年表試吏　「表」，陳書卷三四文學岑之敬傳作「表請」。

〔二六〕每母忌日營齋　陳書卷三四文學岑之敬傳、册府卷七五四無「母」字。

〔二七〕授南梁州刺史北巴西太守　「刺史」，陳書卷三四文學何之元傳作「長史」。按梁書卷二武帝紀中：天監八年「夏四月，以北巴西郡置南梁州」。知北巴西郡爲南梁州首府所在，時以州長史兼任首府郡太守爲慣例，疑當作「長史」。

〔三八〕之元從邵陵太守劉棻之郡　「劉棻」，通鑑卷一六六梁紀二二紹泰元年同，陳書卷三四文學何之元傳作「劉恭」。

〔三九〕迄于王琳遇獲　「王」字原脱，據宋乙本壹及陳書卷三四文學何之元傳、册府卷五五五、通志卷一七六補。

〔四〇〕勒成卷軸　「勒」，原作「動」，據宋乙本壹及陳書卷三四文學徐伯陽傳、册府卷八三九、卷八六八、通志卷一七六改。

〔四一〕命筆賦劇韻三十　「三十」，陳書卷三四文學徐伯陽傳、册府卷二九二、卷七一一、卷八三九作「二十」。

〔四二〕祖善之　「善之」，陳書卷三四文學張正見傳作「蓋之」。

〔四三〕陳天康元年爲新安王府記室參軍　「天康」，原作「天嘉」，據陳書卷三四文學阮卓傳改。按陳書卷三世祖紀、卷三六新安王伯固傳，伯固於天嘉六年始立爲新安郡王。阮卓爲新安王記室參軍當在其後。

〔四四〕蓋情性之風標　「情性」，宋乙本壹作「性情」。

南史卷七十三

列傳第六十三

孝義上

龔穎　劉瑜 董陽　賈恩　郭世通 子原平　嚴世期　吳逵　潘綜

陳遺 秦綿　張進之 俞僉 張楚　丘傑　師覺授　王彭　蔣恭

徐耕　孫法宗　范叔孫 吳國夫　卜天與 弟天生　許昭先　余齊人

孫棘 妻許 徐元妻許 錢延慶　何子平　崔懷順　王虛之 顧昌衍

江柔之 江軻　吳慶之　蕭叡明 鮮于文宗　蕭矯妻羊 羊緝之女佩任

吳康之妻趙　蔣儁之妻黃　吳翼之母丁　會稽陳氏三女　永興概中里王氏女

諸暨屠氏女　吳興乘公濟妻姚　吳郡范法恂妻褚　公孫僧遠　吳欣之

韓係伯　丘冠先　孫淡　華寶　薛天生　劉懷胤　解叔謙　宗元卿

庾震　朱文濟　匡昕　魯康祚　謝昌寓　韓靈敏　劉渢　弟溓　柳叔夜

封延伯　陳玄子　邵榮興　文獻叔　徐生之　范安祖　李聖伯　范道根

譚弘寶　何弘　陽黑頭　王續祖　郝道福　吴達之　蔡曇智　何伯璵

王文殊　樂頣之　弟預　沈昇之　江泌　庾道愍　族孫沙彌　沙彌子持

易曰：「立人之道，曰仁與義。」夫仁義者，合君親之至理，實忠孝之所資。雖義發因心，情非外感，然企及之旨，聖哲貽言。至於風漓化薄〔一〕，禮違道喪，忠不樹國，孝亦愆家，而一代之甿，權利相引，仕以勢招，榮非行立。乏翺翔之感〔二〕，棄捨生之分，霜露未改，大痛已忘於心，名節不變，戎車遽爲其首〔三〕，斯並軌訓之理未弘，汲引之塗多闕。若夫情發於天，行成乎己，捐軀捨命，濟主安親，雖乘理闇至，匪由勸賞，而宰世之人，曾微誘激。乃至事隱閭閻，無聞視聽，考于載籍，何代無之。故宜被之圖篆，用存旌勸。今搜綴湮落，以備闕文云爾。

龔穎，遂寧人也。少好學，益州刺史毛璩辟爲勸學從事。璩爲譙縱所殺，故佐吏並逃亡，穎號哭奔赴，殯送以禮。縱後設宴延穎，不獲已而至。樂奏，穎流涕起曰：「北面事人，亡不能死，何忍舉觴聞樂，蹈跡逆亂乎。」縱大將譙道福引出將斬之，道福母即穎姑也，跣出救之得免。及縱僭號，備禮徵又不至，乃脅以兵刃，執志終無回改，至于蜀平，遂不屈節。其後刺史至，輒加辟引。歷府參軍，州別駕從事史。宋文帝元嘉二十四年，刺史陸徽表穎節義，遂不被朝命，終於家。

劉瑜，歷陽歷陽人也。七歲喪父，事母至孝。年五十二，又喪母，三年不進鹽酪，號泣晝夜不絕聲，勤身力以營葬事。服除，二十餘年，布衣蔬食，言輒流涕，常居墓側，未嘗暫違。宋文帝元嘉初卒。

又元嘉七年，南豫州舉所統西陽縣人董陽三世同居，外無異門，内無異煙。詔榜門曰「篤行董氏之閭」，蠲一門租布。

賈恩，會稽諸暨人也。少有志行。元嘉三年母亡，居喪過禮。未葬，爲隣火所逼，恩及妻桓氏號哭奔救，隣近赴助，棺櫬得免，恩及桓俱燒死。有司奏改其里爲孝義里，蠲租布三世。追贈恩天水郡顯親左尉。

郭世通〔四〕，會稽永興人也。年十四喪父，居喪殆不勝哀。家貧，傭力以養繼母。婦生一男，夫妻恐廢侍養，乃垂泣瘞之。母亡，負土成墳。親戚或共賻助〔五〕，微有所受，葬畢，傭賃還先直〔六〕。服除後，思慕終身如喪者，未嘗釋衣幍。仁孝之風，行於鄉黨。隣村小大莫有呼其名者。嘗與人共於山陰市貨物，誤得一千錢，當時不覺，分背方悟，追還本主。錢主驚歎，以半直與之，世通委之而去。元嘉四年，大使巡行天下，散騎常侍袁愉表其淳行，文帝嘉之，敕榜表門閭，蠲其租調，改所居獨楓里爲孝行焉。太守孟顗察孝廉，不就。

子原平字長恭〔七〕，又禀至行，養親必以己力，傭賃以給供養。性甚巧，每爲人作正，取散夫價〔八〕。主人設食，原平自以家貧，父母不辦有肴味，唯飧鹽飯而已。若家或無食，則虛中竟日，義不獨飽。須日暮作畢，受直歸家，於里糴買，然後舉爨。

父篤疾彌年，原平衣不解帶，口不嘗鹽菜者，跨積寒暑，又未嘗睡臥。父亡，哭踊慟絕，數日方蘇。以爲奉終之義，情禮自畢，塋壙凶功〔九〕，不欲假人。本雖巧而不解作墓，乃訪邑中有營墓者，助人運力，經時展勤，久乃閑練。又自賣十夫以供衆費，窀穸之事，儉而當禮。性無術學，因心自然。葬畢，詣所買主執役無懈，與諸奴分務，讓逸取勞。主人不忍使，每遣之。原平服勤未嘗暫替，傭賃養母，有餘聚以自贖。既學構冢，尤善其事，每至吉歲，求者盈門。原平所起必自貧始〔一〇〕，既取賤價，又以夫日助之〔一一〕。及父喪終，自起兩間小屋以爲祠堂，每至節歲，常於此數日中哀思，絕飲粥〔一二〕。父服除後，不復食肉。高陽許瑤之罷建安郡丞還家，以緜一斤遺之，不受。瑤之乃自往，曰：「今歲過寒，而建安緜好，以此奉尊上下耳。」原平乃拜而受之。

及母終，毀瘠彌甚，僅乃免喪。墓前有數十畝田，不屬原平，每至農月，耕者恒裸袒。原平不欲使人慢其墳墓，乃貿家資，貴買此田，三農之月，輒束帶垂泣，躬自耕墾。

每出賣物，裁求半價，邑人皆共識悉，輒加本價與之，彼此相讓，要使微賤，然後取直。宅上種竹，夜有盜其筍者，原平遇見之，盜者奔走墜溝。原平乃於所植竹處溝上立小橋令通，又採筍置籬外，隣里慚愧，無復取者。

宋文帝崩，原平號慟，日食麥𩟗一枚，如此五日。人曰：「誰非王臣，何獨如此？」原平泣而答曰：「吾家見異先朝，蒙襃贊之賞，不能報恩，私心感動耳。」

又以種瓜爲業，大明七年大旱，瓜瀆不復通船。縣令劉僧秀愍其窮老，下瀆水與之。原平曰：「普天大旱，百姓俱困，豈可減溉田之水，以通運瓜之船。」乃步從他道往錢唐貨賣。每行來見人牽埭未過，輒迅檝助之。己自引船，不假旁人。若自船已度，後人未及，常停住須待，以此爲常。嘗於縣南郭鳳埭助人引船，遇有鬭者爲吏所録，鬭者逃散，唯原平獨住，吏執以送縣。縣令新到，未相諳悉，將加嚴罰，原平解衣就罪，義無一言。左右大小咸稽顙請救，然後得免。由來不謁官長，自此乃始脩敬。太守蔡興宗臨郡，深加貴異，以私米饋原平及山陰朱百年妻各百斛。原平誓死不受，百年妻亦固辭。

會稽郡貴重望計及望孝，盛族出身，不減祕、著。明帝泰始七年，興宗欲舉山陰孔仲智子爲望計，原平次息爲望孝。仲智會土高門，原平一邦至行，欲以相敵。會明帝別敕用人，故二選並寢。興宗徵還都，表其殊行，舉爲太學博士。會興宗薨，事不行。卒於家。三子一弟，並有門行。

嚴世期，會稽山陰人也。性好施，同里張邁等三人妻各產子，歲飢，欲棄而不舉。世期分食解衣以贍其乏，三子並得成長。同縣俞陽妻莊年九十，莊女蘭七十，並老病無所依，世期飴之二十年，死並殯葬。宗親嚴弘、鄉人潘伯等十五人，荒年並餓死，露骸不收。世期買棺殯埋，存育孩幼。宋元嘉四年，有司奏榜門曰「義行嚴氏之門」。復其身徭役，蠲租稅十年。

吳逵，吳興烏程人也。經荒飢饉，係以疾疫，父母兄嫂及羣從小功之親男女死者十三人，逵時病困，隣里以葦席裹之，埋于村側。既而親屬皆盡，唯逵夫妻獲全。家徒四壁立，冬無被袴，晝則傭賃，夜則伐木燒塼，妻亦同逵此誠，無有懈倦。逵夜行遇猛獸，猛獸輒下道避之。朞年中成七墓，葬十三棺，隣里嘉之。葬日，悉出赴助，送終之事，亦儉而周禮。逵時逆取隣人夫直，葬畢，衆悉以放之〔一三〕，逵一無所受，皆傭力報答焉。太守張崇之三加禮命，太守王韶之擢補功曹史。逵以門寒，固辭不就。舉爲孝廉。

潘綜，吳興烏程人也。孫恩之亂，祅黨攻破村邑，綜與父驃共走避賊。驃年老行遲，賊轉逼驃。驃語綜：「我不能去，汝走可脱，幸勿俱死。」驃困乏坐地，綜迎賊叩頭曰：「父年老，乞賜生命。」賊至，驃亦請賊曰：「兒年少自能走，今爲老子不去。老子不惜死，乞活此兒。」賊因斫驃，綜抱父於腹下，賊斫綜頭面凡四創，綜當時悶絶。有一賊從傍來相謂曰：「卿欲舉大事，此兒以死救父，云何可殺？殺孝子不祥。」賊乃止，父子並得免。鄉人祕書監丘系祖、廷尉沈赤黔以綜異行，薦補左户令史，除遂昌長。歲滿還家，太守王韶之臨郡，發教列上州臺，陳其行跡。及將行，設祖道，贈以四言詩。元嘉四年，有司奏改其里爲純孝里，蠲租布三世。

又宋初吳郡人陳遺，少爲郡吏，母好食鎗底飯。遺在役，恒帶一囊，每煮食輒録其焦以貽母。後孫恩亂，聚得數升，恒帶自隨。及敗逃竄，多有餓死，遺以此得活。母晝夜泣涕，目爲失明，耳無所聞。遺還入户，再拜號咽，母豁然即明。

後又有河南孝廉秦綿，遭母喪，送葬不忍復還，鄉人爲作茅菴，仍止其中。若遇有米則食粥，無米食菜而已。哀號之聲，行者爲之潸淚。服訖猶不還家，遇疾不療，卒。臨亡，告人曰：「若死者無知，固不宜獨存，有知則大獲吾志。」

張進之，永嘉安固人也。爲郡大族，少有志行，歷五官主簿，永寧、安固二縣領校尉。家世富足，經荒年，散財救贍鄉里，遂以貧罄，全濟者甚多。太守王味之有罪，當見收，逃避進之家，供奉經時，盡其誠力。味之嘗避地墮水沈没，進之投水拯救，相與沈淪，久而得免〔一四〕。

時劫掠充斥，每入村抄暴，至進之門，輒相約勒，不得侵犯，其信義所感如此。元嘉初，詔在所蠲其徭役。

又孫恩之亂，永嘉太守司馬逸之被害〔一五〕，妻子並死。兵寇之際，莫敢收藏，郡吏俞僉以家財冒難棺斂逸之等六喪送致都。葬畢，乃歸鄉里。元嘉中老病卒。

時又益州梓潼人張楚，母疾，命在屬纊，楚祈禱苦至，燒指自誓，精誠感悟，疾時得愈。見榜門曰「孝行張氏之閭」，易其里爲孝行里。蠲租布三世，身加旌命。

丘傑字偉跱，吴興烏程人也。十四遭喪〔一六〕，以熟菜有味，不嘗於口。歲餘忽夢見母曰：「死止是分别耳，何事乃爾荼苦。汝噉生菜，遇蝦蟇毒，靈牀前有三丸藥可取服之。」傑驚起，果得甌，甌中有藥，服之下科斗子數升。丘氏世保此甌。大明七年，災火焚失之。

師覺授字覺授，南陽涅陽人也。與外兄宗少文並有素業，以琴書自娱。於路忽見一人持書一函，題曰「至孝師君苦前」。俄而不見。捨車奔歸，聞家哭聲，一叫而絶，良久乃蘇。後撰孝子傳八卷。宋臨川王義慶辟爲州祭酒、主簿，並不就。乃表薦之，會卒。

王彭，盱台直瀆人也。少喪母，元嘉初，父又喪亡。家貧力弱，無以營葬。兄弟二人，晝則傭力，夜則號感，鄉里並哀之，乃各出夫力助作塼。塼須水而天旱，穿井數十丈，泉不出。墓處去淮五里，荷擔遠汲，困而不周。彭號天自訴，如此積日。一旦大霧，霧歇，塼竈前忽生泉水，鄉隣助之者並嗟神異，縣邑近遠悉往觀之。葬竟，水便自竭。元嘉九年，太守劉伯龍依事表言，改其里爲通靈里，蠲租布三世。

蔣恭，義興臨津人也。元嘉中，晉陵蔣崇平爲劫見禽，云與恭妻弟吴晞張爲侶。晞張先行不在，本村遇水，妻息避水，移寄恭家。時録晞張不獲，禽收恭及兄協付獄科罪〔一七〕。恭、協並款舍住晞張家口，而不知劫情。恭列晞張妻息是婦之親，親今有罪，恭身甘分，求免兄協。協列是户主，求免弟恭。兄弟二人爭求受罪，郡縣不能制，依事上詳。州議以爲並不合罪。後除恭義成令，協義招令。

徐耕，晉陵延陵人也。元嘉二十一年，大旱人飢，耕詣縣陳辭，以米千斛助官振貸。縣爲言上，當時議以耕比漢卜式。詔書褒美，酬以縣令。

大明八年，東土飢旱，東海嚴成、東莞王道蓋各以私穀五百餘斛助官振卹。

孫法宗一名宗之，吳興人也。父隨孫恩入海澨被害，屍骸不收，母兄並餓死。法宗年小流迸，至十六方得還。單身勤苦，霜行草宿，營辦棺槨，造立冢墓，葬送母兄，儉而有禮。以父屍不測，入海尋求。聞世間論是至親以血瀝骨，當悉漬浸〔一八〕，乃操刀沿海，見枯骸則刻肉灌血，如此十餘年，臂脛無完皮，血脉枯竭，終不能逢。遂衰絰終身，常居墓所，山禽野獸，皆悉馴附。每麕鹿觸網，必解放之，償以錢物。後忽苦頭創，夜有女人至曰：「我是天使來相謝，行創本不關善人，使者遠相及。取牛糞煮傅之即驗。」一傅便差，一境賴之。終身不娶，饋遺無所受。宋孝武初，揚州辟爲文學從事，不就，卒。

范叔孫，吳郡錢唐人也。少而仁厚，周窮濟急。同里范法先父母兄弟七人同時疫死，唯餘法先，病又危篤，喪屍經日不收〔一九〕。叔孫悉備棺器，親爲殯埋。又同里施夫疾病〔二〇〕，父死不殯〔二一〕。范苗父子並亡。范敬宗家口六人俱得病，二人喪没，親隣畏遠，莫敢營視。叔孫並爲殯瘞，躬卹病者，並皆得全〔二二〕。鄉曲貴其義行，莫有呼其名者。宋孝武孝建初，除竟陵王國中軍，不就。

義興吳國夫亦有義讓之美，人有竊其稻者，乃引還，爲設酒食，以米送之。

卜天與，吳興餘杭人也。父名祖，宋武帝聞其有幹力，召補隊主。從征伐，封關中侯，歷二縣令。

天與善射，弓力兼倍，容貌嚴毅，笑不解顏。文帝以其舊將子〔一三〕，使教皇子射。元嘉二十九年，爲廣威將軍，領左細仗。元凶入弑，事變倉卒，舊將羅訓、徐罕皆望風屈謝〔一四〕。天與不暇被甲，執刀持弓，疾呼左右出戰。徐罕曰：「殿下入，汝欲何爲？」天與罵曰：「殿下常來去，云何即時方作此語，只汝是賊手。」射劭於東堂，幾中。逆徒擊之，臂斷，乃見殺。其隊將張弘之、朱道欽、陳滿與天與同出拒戰〔一五〕，並死。孝武即位，贈天與龍驤將軍、益州刺史，謚曰壯侯，車駕臨哭。弘之等各贈郡守。給天與家長稟。

子伯宗殿中將軍。明帝泰始初領幢，擊南賊於赭圻，戰没。伯宗弟伯興官至南平昌太守、直閤，領細仗隊主。昇明元年，與袁粲同謀伏誅。

天與弟天生，少爲隊將，十人同火。屋後有一坑廣二丈餘，十人共跳之皆度，唯天生墜。天生乃取實中苦竹，剡其端使利，交横布坑内，更呼等類共跳，並懼不敢。天生乃復跳之，往反十餘，曾無留礙，衆並歎服。以兄死節，爲孝武所留心。大明末，爲弋陽太守。明帝泰始初，與殷琰同逆被斬。

許昭先，義興人也。叔父肇之坐事繫獄，七年不判。子姪二十許人，昭先家最貧薄，專獨料訴〔二六〕，無日在家，餉饋肇之，莫非珍新。資産既盡，賣宅以充之。肇之諸子倦怠，唯昭先無有懈息，如是七載。尚書沈演之嘉其操行，肇之事由此得釋。

昭先舅夫妻並疫病死亡，家貧無以殯送，昭先賣衣物以營殯葬。舅子三人並幼，贍護皆得成長。昭先父母皆老病，家無僮役，竭力致養，甘旨必從。宗黨嘉其孝行。雍州刺史劉真道板爲征虜參軍，昭先以親老不就；補迎主簿，昭先以叔未仕，又固辭。

余齊人〔二七〕，晉陵晉陵人也。少有孝行，爲邑書吏。宋大明二年，父殖在家病亡，信未至。齊人謂人曰：「比肉痛心煩，有如割截。居常惶駭，必有異故。」信尋至，以父病報之。四百餘里，一日而至。至門，方知父死，號踊慟絕，良久乃蘇。問父所遺言，母曰：「汝父臨終，恨不見汝。」齊人即曰：「相見何難。」於是號叫殯所，須臾便絕。州縣上言，有司奏改其里爲孝義里，蠲租布，賜其母穀百斛。

孫棘，彭城人也。宋大明五年，發三五丁，弟薩應充行，坐違期不至。棘詣郡辭列：「棘爲家長，令弟不行，罪應百死，乞以身代薩。」薩又辭列自引。太守張岱疑其不實，以棘、薩各置一處，報云「聽其相代」。顏色並悅，甘心赴死。棘妻許又寄語屬棘：「君當門户，豈可委罪小郎？且大家臨亡，以小郎屬君。竟未妻娶，家道不立。君已有二兒，死復何恨。」岱依事表上，孝武詔特原罪。州加辟命，并賜帛二十疋。

先是，新蔡徐元妻許二十一喪夫，子甄年三歲，父攬愍其年少，以更適同縣張買。許自誓不行，父逼載送買。許自經氣絕，家人奔赴，良久乃蘇。買夜送還攬。許歸徐氏，養元父季。元嘉中，八十餘卒。

又明帝泰始二年，長城吳慶恩殺同郡錢仲期〔二八〕。子延慶屬役在都，聞父死馳還，於庾浦埭逢慶恩〔二九〕，手刃殺之，自繫烏程獄。吳興太守郗顒表不加罪，許之。

何子平，廬江灊人也。曾祖楷，晉侍中。祖友，會稽王道子驃騎諮議參軍。父子先，建安太守。

子平世居會稽，少有志行，事母至孝。揚州辟從事史，月奉得白米，輒貨市粟麥。人曰：「所利無幾，何足爲煩。」子平曰：「尊老在東，不辦得米，何心獨饗白粲。」每有贈鮮肴者，若不可寄致至家，則不肯受。母本側庶，籍注失實，實未及養，而籍年已滿，便去職歸家。時鎮軍將軍顧覬之爲州上綱，謂曰：「尊上年實未八十，親故所知，州中差有微禄，當啓相留。」子平曰：「公家正取信黃籍，籍年既至，便應扶侍，何容苟冒榮利。」乃歸家竭力供養。

元嘉三十年，元凶弒逆，隨王誕入討，以爲行參軍。子平以凶逆滅理，故廢已受職，事寧自解。末除吳郡海虞令，縣禄唯供養母一身，不以及妻子。人疑其儉薄，子平曰：「希禄本在養親，不在爲己。」問者慙而退。母喪去官，哀毁踰禮，每至哭踊，頓絶方蘇。屬大明末東土飢荒，繼以師旅，八年不得營葬。晝夜號哭，常如袒括之日。冬不衣絮，暑避清涼〔三〇〕，一日以數合米爲粥，不進鹽菜。所居屋敗，不蔽風日，兄子伯興欲爲葺理，子平不肯，曰：「我情事未申，天地一罪人耳，屋何宜覆。」蔡興宗爲會稽太守，甚加矜賞，爲營冢壙。

子平居喪毁甚，及免喪，殆至不立。幼持操檢，敦厲名行，雖處闇室，如接大賓。學義堅明，處之以默，安貧守善，不求榮進。好退之士彌以此貴之。卒年六十。

崔懷順，清河東武城人也。父邪利，魯郡太守，宋元嘉中爲魏所獲。懷順與妻房氏篤愛，聞父見虜，即日遣妻，布衣蔬食如居喪禮，歲時北向流涕。邪利後仕魏，書戒懷順不許如此。懷順得書更號泣。懷順從叔模爲滎陽太守，亦入魏，模子雖居處改節，不廢婚宦。宋大明中，懷順宗人冀州刺史元孫北使魏，魏人問之曰：「崔邪利、模並力屈歸命，二家子姪出處不同，義將安在？」元孫曰：「王尊驅驥，王陽回車，欲令忠孝並弘，臣子兩遂。」

泰始初，淮北入魏，懷順因此歸北，至代都而邪利已卒，懷順絶而後蘇，載喪還青州。徒跣冰雪，土氣寒酷，而手足不傷，時人以爲孝感。喪畢，以弟在南，齊建元初又逃歸，而弟已亡。懷順孤貧，宗黨哀之，日斂給其斗米〔三一〕。永明中卒。

王虛之字文靜，廬江石陽人也。十三喪母，三十三喪父，二十五年鹽酢不入口。疾病著牀，忽有一人來問疾，謂之曰：「君病尋差。」俄而不見，病果尋差。庭中楊梅樹隆冬三實〔三二〕，又每夜所居有光如燭，墓上橘樹一冬再實，時人咸以爲孝感所致。齊永明中，詔榜門，蠲其三世。

時又有顧昌衍、江柔之、江軻並以篤行知名。昌衍吳人，居喪幾致滅性。王儉言之天子曰：「昌衍既有至行，且張永之甥，宜居禮闈，以光郎署。」乃以爲尚書庫部郎。柔之、軻並濟陽人。柔之字叔遠，孝悌通亮，亦至臺郎。軻字伯倫，貞嚴有行。宗人江斅位至侍中，性豪侈，唯見軻則敬挹焉。

吳慶之字文悦，濮陽人也，寓居吳興〔三三〕。宋江夏王義恭爲揚州，召爲西曹書佐。及義恭誅，慶之自傷爲吏無狀，不復肯仕，終身蔬食。後王琨爲吳興太守，欲召爲功曹。答曰：「走素無人世情，直以明府見接有禮，所以奔走歲時。若欲見吏，則是蓄魚於樹，棲鳥於泉耳。」不辭而退。琨追謝之，望塵不及矣。

蕭叡明字景濟，南蘭陵人也。母病風，積年沈卧。叡明晝夜祈禱，時寒，叡明下淚爲之冰如筯〔三四〕，額上叩頭血亦冰不溜〔三五〕。忽有一人以小石函授之，曰：「此療夫人病。」叡明跪受之，忽不見。以函奉母，函中唯有三寸絹，丹書爲「日月」字，母服之即平復。于時秣陵朱緒無行，母病積年，忽思菰羹，緒妻到市買菰爲羹欲奉母，緒曰：「病復安能食。」先嘗之，遂併食盡。母怒曰：「我病欲此羹，汝何心併啖盡。天若有知，當令汝哽死。」緒聞便心中介介然〔三六〕，即利血，明日而死。叡明聞之，大悲慟，不食積日。問緒尸在何處，欲手自戮之。既而曰：「洿吾刀。」乃止。永明五年，居母喪，不勝哀，卒，詔贈中書郎。

時又有鮮于文宗，漁陽人，年七歲喪父。父以種芋時亡，至明年芋時，對芋嗚咽，如此終身。姊文英適荀氏，七日而夫亡，執節不嫁。及母卒，晝夜哭泣，遂喪明。

蕭矯妻羊字淑禕，性至孝，居父喪，哭輒吐血。母嘗有疾，淑禕於中夜祈禱，忽見一人在樹下，自稱枯桑君，曰：「若人無患，今泄氣在亥〔三七〕，西南求白石鎮之。」言訖不見。明日如言而疾愈。

又時有羊緝之女佩任者，烏程人。隨母還舅氏，母亡，晝夜號哭，不飲食三日而亡，鄉里號曰「女表」。

又有晉陵吴康之妻趙氏，父亡弟幼，遇歲飢，母老病篤，趙詣鄉里告乞，言辭哀苦，鄉里憐之，各分升米，遂得免。及嫁康之，少時夫亡，家欲更嫁，誓死不貳焉〔三八〕。

又義興蔣儁之妻黄氏，夫亡不重嫁，家逼之，欲自殺，乃止。建元三年，詔蠲表門閭。

又會稽永興吳翼之母丁氏〔三九〕，少喪夫。性仁愛，遭年荒，分衣食以飴里中飢餓者，鄰里求借未嘗違。同里陳攘父母死〔四〇〕，孤單無親戚，丁收養之。及長爲營婚娶。又同里王禮妻徐，荒年客死丁陰爲買棺器〔四一〕，自往斂葬。元徽末，大雪，商旅斷行，村里比室飢餓，丁自出鹽米，計口分賦。同里左僑家露四喪無以葬，丁爲辦冢槨。有三調不登者，代爲送〔四二〕。丁長子婦王氏守寡，執志不再醮。州郡上言，詔表門閭，蠲租税。

又會稽寒人陳氏，有三女，無男，祖父母年八九十，老無所知，父篤癃病，母不安其室。遇歲飢，三女相率於西湖採菱蓴，更日至市貨賣，未嘗虧怠，鄉里稱爲義門，多欲娶爲婦。長女自傷煢獨，誓不肯行。祖父母尋相繼卒，三女自營殯葬，爲菴舍居墓側。

又永興概中里王氏女年五歲，得毒病，兩目皆盲。性至孝，年二十父死，臨尸一叫，眼皆血出。小妹娥舐其血，左目即開，時人稱爲孝感。

又諸暨東洿里屠氏女，父失明，母痼疾，親戚相棄，鄉里不容。女移父母遠住紵羅〔四三〕，晝採樵，夜紡績，以供養。父母俱卒，親營殯葬，負土成墳。忽空中有聲云：「汝至性可重，山神欲相驅使，汝可爲人療病，必得大富〔四四〕。」女謂是魅魅，弗敢從。遂得病積時。隣舍人有溪蜮毒者，女試療之，自覺病便差，遂以巫道爲人療疾，無不愈。家産日益，鄉里多欲娶之。女以無兄弟，誓守墳墓不嫁，爲山劫所殺。

又吴興乘公濟妻姚氏，生二男，而公濟及兄公願、乾伯並卒，各有一子，姚養育之，賣田宅爲取婦，自與二男寄止隣家。明帝詔爲其二子婚，表閭復徭役。

又吴郡范法恂妻褚氏，亦勤苦執婦業。宋昇明中，孫曇瓘謀反亡命，褚謂其子僧簡曰：「孫越州先姑之姊子，與汝父親則從母兄弟，交則義重古人，逃竄脱不免，汝宜收之。」曇瓘尋伏法，褚氏令僧簡往斂葬。年七十餘，永明中卒。僧簡在都聞病馳歸，未至，褚已卒，將殯舉尸不起，尋而僧簡至焉。

公孫僧遠，會稽剡人也。居父喪至孝，事母及伯父甚謹。年饑，僧遠省飱減食以養母及伯父。弟亡，貧無以葬〔四五〕，身自販貼與隣里，供斂送終之費，躬負土，手種松柏。兄姊未婚嫁，乃自賣爲之成禮。名聞郡縣。齊高帝即位，遣兼散騎常侍虞炎等十二部使〔四六〕，表列僧遠等二十三人，詔並表門閭，蠲租稅。

吴欣之，晉陵利城人也〔四七〕。宋元嘉末，弟尉之爲武進縣吏〔四八〕。隨王誕起義，元凶遣軍主華欽討之，吏人皆散，尉之獨留見執。將死，欣之詣欽乞代弟命，辭淚哀切，兄弟皆見原。齊建元三年，有詔蠲表之。

永明初，廣陵人童超之二息犯罪爭死〔四九〕，太守劉悛表以聞。

韓係伯，襄陽人也，事父母謹孝。襄陽人隣居種桑樹於界上爲誌，係伯以桑枝蔭妨他地，遷界上開數尺，隣畔隨復侵之，係伯輒更改種。久之，隣人慙愧，還所侵地，躬往謝之。齊建元三年，蠲表門閭，以壽終。

時有吴興人聞人夐，年十七，結客報父仇，爲高帝所賞，位至長水校尉。

丘冠先字道玄，吳興烏程人也，少有節義。齊永明中，位給事中。時求使蠕蠕國〔五〇〕，尚書令王儉言：「冠先雖名位未升，而義行甚重。若爲行人，則蘇武、鄭衆之流也。」於是使蠕蠕。蠕蠕逼令拜，冠先執節不從。以刃臨之，冠先曰：「能殺我者蠕蠕也，不能以天子使拜戎狄者，我也。」遂見殺。武帝以冠先不辱命，賜其子雄錢一萬、布三十疋。雄不受，詣闕上書曰：「臣父執節如蘇武，守死如谷吉，遂不書之良史，甄之褒策，萬代之後，誰死社稷。建元四年，車僧朗銜使不異，抗節是同，詔贈正員外郎，此天朝舊準，臣父成例也。今僧朗反葬冢塋，臣父湮棄絶域，語忠烈則亦不謝車，論荼苦則彼優而此劇，名位不殊，禮數宜等，乞申哀贈。」書奏不省。

孫淡，太原人也，世居長沙。事母至孝，母疾，不眠食，以差爲期。母哀之，後有疾不使知也。齊建元三年，蠲表門閭。卒於家。

華寶，晉陵無錫人也。父豪，晉義熙末戍長安，寶年八歲〔五一〕，臨別謂寶曰：「須我還當爲汝上頭。」長安陷，寶年至七十不婚冠〔五二〕。或問之，寶輒號慟彌日，不忍答也。

同郡薛天生，母遭艱菜食，天生亦菜食。母未免喪而死，天生終身不食魚肉。

又同郡劉懷胤與弟懷則，年十歲遭父喪，不衣絮帛，不食鹽菜。齊建元三年，並表門閭。

解叔謙字楚梁，鴈門人也。母有疾，叔謙夜於庭中稽顙祈福，聞空中語云：「此病得丁公藤爲酒便差。」即訪醫及本草注，皆無識者。乃求訪至宜都郡，遥見山中一老公伐木，問其所用，答曰：「此丁公藤，療風尤驗。」叔謙便拜伏流涕，具言來意。此公愴然，以四段與之，并示以漬酒法。叔謙受之，顧視此人，不復知處。依法爲酒，母病即差。齊建武初，以奉朝請徵，不至。

時又有宗元卿、庾震、朱文濟、匡昕、魯康祚、謝昌寓皆有素履，而叔謙尤高。元卿字希蔣，南陽人，有至行。早孤，爲祖母所養。祖母病，元卿在遠輒心痛，大病則大痛，小病則小痛，以此爲常。鄉里宗事之，號曰宗曾子。

震字彥文，新野人。喪父母，居貧無以葬，賃書以營事，至手掌穿然後葬事獲濟。南陽劉虬因此爲撰孝子傳。

文濟字敬達，吳興人。自賣以葬母，太守謝瀹命爲儒林，不就。

昕字令先，廬陵人，有至性，隱金華山，服食不與俗人交。母病亡已經日，昕奔還號叫，母即蘇。皆以爲孝感所致。

康祚，扶風人，亦有至行。母患乳癰，諸醫療不愈，康祚乃跪，兩手捧癰大悲泣，母即覺小寬，因此漸差。時人以其有冥應。康祚位至屯騎校尉。

昌寓，陳郡人也，爲劉悛廣州參軍。孝性甚至。嘗養一鵠，昌寓病二旬，而鵠二旬不食。昌寓亡而鵠遂飛去。

韓靈敏，會稽剡人也。早孤，與兄靈珍並有孝性。母尋又亡，家貧無以營凶，兄弟共種瓜，朝採瓜子，暮生已復，遂辦葬事。靈珍亡無子，妻朝氏守節不嫁〔五三〕，慮家人奪其志，未嘗告歸。靈敏事之如母。

劉渢字處和，南陽人也。父紹，仕宋位中書郎。渢母早亡，紹被敕納路太后兄女爲繼室。渢年數歲，路氏不以爲子，奴婢輩捶打之無期度。渢母亡日，輒悲啼不食，彌爲婢輩所苦。路氏生溓，兄渢憐愛之不忍捨，恒在牀帳側，輒被驅捶，終不肯去。路氏病經年，渢晝夜不離左右，每有增加，輒流涕不食。路氏病差，感其意，慈愛遂隆。路氏富盛，一旦爲渢立齋宇，筵席不減侯王。溓有識，事渢過於同産，事無大小，必諮兄而後行。

渢妹適江祏弟禧，與祏兄弟異常。自尚書比部郎，後爲遥光諮議，專知腹心任。時遥光任當顧託，朝野向渢如雲。渢忌之，求出爲丹陽丞，雖外遷而意任無改。及遥光舉事，旦方召渢，渢以爲宜悉呼佐史。渢之徙丹陽丞也，遥光以蕭懿第四弟晉安王之文學暢爲諮議，領録事。及召入，遥光謂曰：「劉暄欲有異志，今夕當取之。」遥光去歲暴風，性理乖錯，多時方愈。暢曰：「公去歲違和，今欲發動。」顧左右急呼師視脉。遥光厲聲曰：「諮議欲作異邪！」因訶令出。須臾渢入，暢謂曰：「公昔年風疾，今復發〔五四〕。」渢曰：「卿視今夕處分，云何而作此語。」及迎垣歷生至，與渢俱勸夜攻臺。既不見納，渢、歷生並撫膺曰：「今欲作賊而坐守此城，今年坐公滅族矣。」及遥光敗，渢靜坐圜舍。渢爲度支郎亦奔亡，遇渢仍不復肯去。渢曰：「吾爲人作吏，自不避死，汝可去，無相守同盡。」答曰：「向若不逢兄，亦草間苟免，今既相逢，何忍獨生。」因以衣帶結兄衣，俱見殺。何胤聞之歎曰：「兄死君難，弟死兄禍，美哉。」

又柳叔夜，河東人。父宗，宋黄門郎。叔夜年十六爲新野太守，甚有名績，補遥光諮議參軍。及事敗，左右扶上馬，欲與俱亡，答曰：「吾已許始安以死，豈可負之邪。」遂自殺。

封延伯字仲連〔五五〕，勃海人也。世爲州郡著姓，寓居東海，三世同財，爲北州所宗附。

延伯好學退讓，事寡嫂甚謹。垣崇祖爲兗州，請爲長史，不就。崇祖軾其門，不肯相見。後爲豫州，上表薦之，詔書優禮。起家爲平西長史、梁郡太守。爲政清靜，有高士風。俄以疾免，還東海。于時四州入魏，士子皆依海曲，爭往宗之，如遼東之仰邴原也。

建元三年，大使巡行天下，義興陳玄子四世同居，一百七口〔五六〕。武陵邵榮興、文獻叔並八世同居。東海徐生之、武陵范安祖、李聖伯、范道根，並五世同居。零陵譚弘寳、衡陽何弘、華陽陽黑頭，疎從四世同居。詔俱表門閭，蠲租稅。又蜀郡王續祖、華陽郝道福並累世同爨，建武三年，明帝詔表門，蠲調役〔五七〕。

吴達之，義興人也。嫂亡無以葬，自賣爲十夫客，以營冢椁。從祖弟敬伯，夫妻荒年被略賣江北，達之有田十畝，貨以贖之，與同財共宅〔五八〕。郡命爲主簿，固以讓兄。又讓世舊田與族弟〔五九〕，弟亦不受，田遂閑廢。齊建元三年，詔表門閭。

先是有蔡曇智，鄉里號蔡曾子，廬江何伯璵兄弟，鄉里號爲何展禽，並爲高士沈顗所重。常云「聞蔡曇智之風，怯夫勇，鄙夫有立志。聞何伯璵之風，僞夫正，薄夫厚」云。伯璵與弟幼璵俱厲節操，養孤兄子，及長爲婚，推家業盡與之。安貧枯槁，誨人不倦，郡守下車莫不脩謁。伯璵卒，幼璵末好佛法〔六〇〕，翦落長齋，持行精苦，梁初卒。兄弟年八十餘。

王文殊字令章，吳興故鄣人也。父没魏，文殊思慕泣血，終身蔬食，不衣帛，服麻緼而已。不婚，不交人物。吳興太守謝瀹聘爲功曹，不就。立小屋於縣西，端拱其中，歲時伏臘，月朝十五，未嘗不北望長悲，如此三十餘年。太守孔琇之表其行，鬱林詔榜門，改所居爲孝行里。

樂頤之字文德，南陽涅陽人也，世居南郡，少而言行和謹。仕爲京府參軍，父在郢病亡。頤之忽悲戀涕泣，因請假還，中路果得父凶問，便徒跣號咷，出陶後渚〔六一〕，遇商人附載西上，水漿不入口數日。嘗遇病，與母隔壁，忍病不言，嚙被至碎，恐母之哀己也。湘州刺史王僧虔引爲主簿，以同僚非人，棄官去。吏部郎庾杲之嘗往候，頤之爲設食，唯枯魚菜葅。杲之曰：「我不能食此。」母聞之，自出常膳魚羹數種。杲之曰：「卿過於茅季偉，我非郭林宗。」仕至郢州中從事。

弟預字文介，亦至孝。父臨亡，執手以託郢州行事王奂〔六二〕。預悲感悶絶，吐血數升，遂發病。官至驃騎録事參軍。

隆昌末，預謂丹陽尹徐孝嗣曰：「外傳藉藉，似有伊、周之事。君蒙武帝殊常之恩，荷託付之重，恐不得同人此事。人笑褚公，至今齒冷，無爲效尤。」孝嗣故吏吴興沈昇之亦説之曰：「昇之與君俱有項領之功，今一言而二功俱解，豈願聞之乎。君受恩二祖，而更參惟新之政，以君爲反覆人，事成則無處逃咎矣。昇之草萊百姓，言出禍已隨之，孰與超然謝病，高枕家園，則與松柏比操，風霜等烈，豈不美邪。」孝嗣並改容謝之。

預建武中爲永世令，人懷其德，卒官。時有一媪年可六七十，擔檞蔌葉造市貨之〔六三〕，聞預亡大泣，棄溪中，曰：「失樂令，我輩孤獨老姥政應就死耳。」市人亦皆泣，其惠化如此。

江泌字士清，濟陽考城人也。父亮之，員外郎。泌少貧，晝日斫屧爲業，夜讀書隨月光，光斜則握卷升屋，睡極墮地則更登。性行仁義，衣弊蝨多，綿裹置壁上，恐蝨飢死，乃復置衣中。數日間，終身無復蝨。母亡後，以生闕供養，遇鮭不忍食。菜不食心，以其有生意，唯食老葉而已。母墓爲野火所燒，依「新宮災，三日哭」。淚盡係之以血。歷仕南中郎行參軍，所給募吏去役，得時病，莫有舍之者。吏扶杖投泌，泌自隱卹。吏死，泌爲買棺。無僮役，兄弟共輿埋之。後領國子助教，乘牽車至染烏頭，見一老公步行，下車載之，躬自步去染。武帝以爲南康王子琳侍讀。

建武中，明帝害諸王，後泌憂念子琳，訪誌公道人，問其禍福。誌公覆香鑪灰示之曰：「都盡無餘。」及子琳被害，泌往哭之，淚盡續以血，親視殯葬畢乃去。泌尋卒。族人兗州中從事泌，黃門郎悆子也，與泌同名，世謂泌爲「孝泌」以別之。

庾道愍，潁川鄢陵人，晉司空冰之玄孫也。有孝行，頗能屬文。少出孤悴，時人莫知。其所生母流漂交州，道愍尚在襁褓。及長知之，求爲廣州綏寧府佐。至南而去交州尚遠，乃自負擔冒嶮，僅得自達。及至交州，尋求母雖經年，日夜悲泣。嘗入村，日暮雨驟，乃寄止一家。旦有一嫗負薪外還，而道愍心動，因訪之，乃其母也。於是行伏號泣，遠近赴之，莫不揮淚。

道愍尤精相板，宋明帝時，山陽王休祐屢以言語忤顔，見道愍，託以己板爲他物，令道愍占之。道愍曰：「此乃甚貴，然使人多愆忤。」休祐以褚彦回詳密，求换其板。他日，彦回侍明帝，自稱下官。帝多忌，甚不悦。休祐具以狀言，帝乃意解。

道愍仕齊，位射聲校尉。族孫沙彌亦以孝行著。

沙彌，晉司空冰之六世孫也。父佩玉，仕宋位長沙内史，昇明中，坐沈攸之事誅。時沙彌始生。及年五歲，所生母爲製采衣，輒不肯服。母問其故，流涕對曰：「家門禍酷，用是何爲？」及長，終身布衣蔬食。爲中軍田曹行參軍。嫡母劉氏寢疾，沙彌晨昏侍側，衣不解帶。或應針灸，輒以身先試。及母亡，水漿不入口累日。初進大麥薄飲，經十旬方爲薄粥。終喪不食鹽酢，冬日不衣綿纊，夏日不解衰絰。不出廬户，晝夜號慟，隣人不忍聞。所坐薦，淚霑爲爛。墓在新林，忽生旅松百許株，枝葉鬱茂，有異常松。劉好噉甘蔗，沙彌遂不食焉。宗人都官尚書詠表言其狀，應純孝之舉，梁武帝召見嘉之，以補歙令。還除輕車邵陵王參軍事，隨府會稽，復丁所生憂，喪還都，濟浙江，中流遇風，舫將覆没。沙彌抱柩號哭，俄而風靜，咸以爲孝感所致。後卒於長城令。子持。

持字元德〔六四〕，少孤，性至孝，父憂，居喪過禮。篤志好學，仕梁爲尚書左户郎，後兼建康監。陳文帝爲吴興太守，以爲郡丞，兼掌書翰。天嘉初，爲尚書左丞，封崇德縣子。拜封之日，請令史爲客，受其餉遺，文帝怒之，因坐免。後爲臨安令，坐杖殺人免〔六五〕。還爲給事黄門侍郎〔六六〕，歷鹽官令，祕書監，知國史事。又爲少府卿，遷太中大夫，領步兵校尉，卒。持善字書，每屬辭，好爲奇字，文士亦以此譏之。有集十卷。

校勘記

〔一〕至於風漓化薄　「漓」，原作「離」，據宋書卷九一孝義傳序改。

〔二〕乏翱翔之感　「翱」，原作「嗥」，據宋書卷九一孝義傳序改。

〔三〕戎車遽爲其首　「車」，原作「軍」，據宋乙本壹、南監本、北監本、汲本、殿本及宋書卷九一孝義傳序改。

〔四〕郭世通　宋書卷九一孝義郭世道傳、御覽卷四一三引蕭廣濟孝子傳、册府卷七五二、通志卷一六七、會稽志卷一四作「郭世道」。

〔五〕親戚或共賻助　「或」，通志卷一六七作「咸」。

〔六〕傭賃還先直　「還」，宋書卷九一孝義郭世道傳、册府卷七五二作「倍還」。

〔七〕子原平字長恭　「長恭」，宋書卷九一孝義郭世道傳附郭原平傳、册府卷七五二、會稽志卷一四作「長泰」。

〔八〕每爲人作正取散夫價　「正」，殿本作「止」，宋書卷九一孝義郭世道傳附郭原平傳、册府卷七五二作「匠」，通志卷一六七作「工」。

〔九〕塋壙凶功　「塋」，宋書卷九一孝義郭世道傳附郭原平傳作「營」。

〔一〇〕原平所起必自貧始　「起」，宋書卷九一孝義郭世道傳附郭原平傳、册府卷七五二、通志卷一六七作「赴」，疑是。

〔一一〕又以夫日助之　「日」，南監本、北監本、殿本及宋書卷九一孝義郭世道傳附郭原平傳作「力」。

〔一二〕每至節歲常於此數日中哀思絶飲粥　「常」，宋書卷九一孝義郭世道傳附郭原平傳、册府卷七五二作「烝嘗」，屬上讀。

〔一三〕衆悉以放之　「放」，宋書卷九一孝義吴逵傳、册府卷七五二作「施」。

〔一四〕久而得免　「久」，宋書卷九一孝義張進之傳、御覽卷四二一引宋書、册府卷八〇三作「危」。

〔一五〕又孫恩之亂永嘉太守司馬逸之被害　「司馬逸之」，晉書卷一〇安帝紀作「司馬逸」，晉書卷一〇〇孫恩傳作「謝逸」。

〔一六〕十四遭喪　御覽卷四一一引宋躬孝子傳、卷九四九引南史孝義傳「喪」上有「母」字。

〔一七〕時録晞張不獲禽收恭及兄協付獄科罪　宋書卷九一孝義蔣恭傳、册府卷八五一「時」作「討」，無「禽」字。

〔一八〕當悉漬浸　「漬」，宋乙本壹、南監本、北監本、殿本及御覽卷四一二引宋書、册府卷七五二、通志卷一六七作「凝」。

〔一九〕喪屍經日不收　「日」，宋書卷九一孝義范叔孫傳、册府卷八〇三作「月」。

〔二〇〕又同里施夫疾病　「施夫」，宋書卷九一孝義范叔孫傳作「施淵夫」，此避唐諱而省。

〔二一〕父死不殯　「父」，宋書卷九一孝義范叔孫傳、册府卷八〇三作「父母」。

〔二二〕並皆得全　宋乙本壹、通志卷一六七無「並」字。

〔二三〕文帝以其舊將子　「子」字原脱，據宋乙本壹及宋書卷九一孝義卜天與傳、册府卷八四六、通志卷一六六補。

〔二四〕舊將羅訓徐牢皆望風屈謝　宋書卷九一孝義卜天與傳、册府卷二一〇、卷六二七、通鑑卷一二七宋紀九元嘉三十年「徐牢」作「徐罕」，「謝」作「附」，疑是。

〔二五〕其隊將張弘之朱道欽陳滿與天與同出拒戰　「張弘之」，宋書卷九一孝義卜天與傳、册府卷二一〇、卷六二七、通鑑卷一二七宋紀九元嘉三十年作「張泓之」。

〔二六〕昭先家最貧薄專獨料訴　「料訴」，宋書卷九一孝義許昭先傳同，宋乙本壹作「科訴」，御覽卷五一二引孫巖宋書作「斷訴」，通志卷一六七作「申訴」。

〔二七〕余齊人　宋書卷九一孝義余齊民傳作「余齊民」，此避唐諱而改。

〔二八〕長城吴慶恩殺同郡錢仲期　「吴慶恩」，宋書卷九一孝義孫棘傳作「奚慶思」。

〔二九〕於庾浦埭逢慶恩　「庾浦埭」，宋書卷九一孝義孫棘傳作「庚浦埭」。

〔三〇〕暑避清凉　「避」上原衍「不」字，據宋書卷九一孝義何子平傳、類聚卷二〇、御覽卷二二、卷二六引宗躬孝子傳及御覽卷八五七引宋書删。

〔三一〕日斂給其斗米　「斗」，南齊書卷五五孝義崔懷慎傳、册府卷九〇二作「升」。

〔三二〕庭中楊梅樹隆冬三實　「三」，宋乙本壹及通志卷一六七作「生」。

〔三三〕寓居吴興　「吴興」，原作「江興」，據通志卷一六七改。按「江興」無考，吴興爲揚州轄郡，又下文云「後王琨爲吴興太守，欲召爲功曹」，疑當作「吴興」。

〔三四〕叡明下淚爲之冰如筯　御覽卷三七六引南史、卷四一一引齊春秋、册府卷七五七無「之」字。

〔三五〕額上叩頭血亦冰不溜　御覽卷三七五引南史、册府卷七五七「亦」下有「爲」字。

〔三六〕緒聞便心中介介然　「聞便」二字原互倒，據册府卷九二三、墨客揮犀卷八乙正。

〔三七〕今泄氣在亥　「今」，原作「令」，據通志卷一六七改。

〔三八〕家欲更嫁誓死不貳焉　「誓死」，原作「誓言」，據宋乙本壹及南齊書卷五五孝義韓靈敏傳附傳、通志卷一六七改。

〔三九〕又會稽永興吳翼之母丁氏　「吳翼之」，南齊書卷五五孝義韓靈敏傳附傳作「倪翼之」。

〔四〇〕同里陳攘父母死　「陳攘」，南齊書卷五五孝義韓靈敏傳附傳作「陳穰」，册府卷二一〇作「陳禳」。

〔四一〕荒年客死丁陰爲買棺器　汲本「丁」下小注：「一作山。」南齊書卷五五孝義韓靈敏傳附傳、册府卷二一〇作「荒年客死山陰，丁爲買棺器」，疑南史有脱倒。

〔四二〕有三調不登者代爲送　「送」，南齊書卷五五孝義韓靈敏傳附傳、册府卷二一〇作「輸送」。

〔四三〕女移父母遠住紵羅　「紵羅」，原作「紵舍」，據南齊書卷五五孝義韓靈敏傳附傳改。紵羅即苧蘿山，在諸暨縣。

〔四四〕必得大富　「富」下原有「貴」字，據宋乙本壹及南齊書卷五五孝義韓靈敏傳附傳、御覽卷七三四、卷九五〇引齊書、通志卷一六七删。

〔四五〕弟亡貧無以葬　「弟」上原有「兄」字，據南齊書卷五五孝義公孫僧遠傳、册府卷二一〇、卷八五一删。按下云「兄姊未婚嫁」，是時兄並未亡。

〔四六〕遣兼散騎常侍虞炎等十二部使　南齊書卷五五孝義公孫僧遠傳、册府卷二一〇、通志卷一六七下有「行天下」三字，意完。

〔四七〕吳欣之晉陵利城人也　按南齊書州郡志，南徐州晉陵郡無利城縣，而南東海郡有之。錢大昕考異卷二五：「利城縣本屬東海，晉南渡僑立江南，宋、齊州郡志俱屬南東海郡。」

〔四八〕弟慰之爲武進縣吏　「慰之」，南齊書卷五五孝義吴欣之傳、册府卷二一〇作「尉之」。「吏」，南齊書、册府卷二一〇、卷八五一作「戍」。

〔四九〕廣陵人童超之二息犯罪爭死　「童超之」，南齊書卷五五孝義吴欣之傳作「章起之」。

〔五〇〕時求使蠕蠕國　按南齊書卷五九河南傳謂冠先兩次使河南，與此異。

〔五一〕寶年八歲　「寶」字原脱，據南齊書卷五五孝義華寶傳、册府卷二一〇、卷七五三、通志卷一六七補。

〔五二〕寶年至七十不婚冠　按南齊書卷五五孝義華寶傳上有「豪歿」二字，無則義晦。

〔五三〕妻朝氏守節不嫁　「朝氏」，南齊書卷五五孝義韓靈敏傳、通志卷一六七作「卓氏」，册府卷八〇三作「韓氏」。

〔五四〕今復發　「今」，原作「令」，據宋乙本壹、南監本、北監本、汲本、殿本及通志卷一六七改。

〔五五〕封延伯字仲連　「仲連」，南齊書卷五五孝義封延伯傳、册府卷七二七、卷七七九作「仲璉」。

〔五六〕一百七口　南齊書卷五五孝義封延伯傳作「一百七十口」。

〔五七〕明帝詔表門蠲調役　「門」，南齊書卷五五孝義封延伯傳、通志卷一六七作「門閭」。

〔五八〕與同財共宅　「宅」，宋乙本壹作「處之」。

〔五九〕又讓世舊田與族弟　「世」，南齊書卷五五孝義吴達之傳、册府卷二一〇、卷八五一作「世業」，通志卷一六七作「先世」。

〔六〇〕幼璵末好佛法　「末好」，南齊書卷五五孝義吳達之傳附傳作「少好」，御覽卷六五四引梁書作「好」，册府卷八二一作「殊好」。

〔六一〕出陶後渚　「陶後渚」，南齊書卷五五孝義樂頤傳、通志卷一六七作「陶家後渚」。

〔六二〕執手以託郢州行事王奂　「王奂」，原作「王英」，據南齊書卷五五孝義樂頤傳附傳、册府卷七五三改。按南齊書卷四九王奂傳，奂宋末爲晉熙王鎮西長史，加冠軍將軍、江夏武昌太守。又宋書卷七二文九王晉熙王昶傳載，嗣子燮，元徽元年爲郢州刺史，「以黄門郎王奂爲長史，總府州之任」。即此所謂「郢州行事」。

〔六三〕擔槲蔌葉造市貨之　「槲」，南齊書卷五五孝義樂頤傳附傳作「斛」；御覽卷九六一引齊書、通志卷一六七作「槲」，疑是。

〔六四〕持字元德　「元德」，陳書卷三四文學庾持傳、册府卷七五四作「允德」。

〔六五〕坐杖殺人免　「免」，陳書卷三四文學庾持傳作「免封」，指免封爵。

〔六六〕還爲給事黄門侍郎　「還」，陳書卷三四文學庾持傳作「遷」。

南史卷七十四

列傳第六十四

孝義下

滕曇恭，豫章南昌人也。年五歲，母楊氏患熱，思食寒瓜，土俗所不產。曇恭歷訪不能得，銜悲哀切。俄遇一桑門問其故，曇恭具以告。桑門曰：「我有兩瓜，分一相遺。」還以與母，舉室驚異，尋訪桑門，莫知所在。及父母卒〔一〕，曇恭並水漿不入口者旬日，感慟嘔血，絕而復蘇。隆冬不著繭絮，蔬食終身。每至忌日，思慕不自堪，晝夜哀慟。其門外有冬生樹二株，時忽有神光自樹而起，俄見佛像及夾侍之儀，容光顯著，自門而入。曇恭家人大小咸共禮拜，久之乃滅。遠近道俗咸傳之。太守王僧虔引曇恭爲功曹，固辭不就。王儉時隨僧虔在郡，號爲滕曾子。梁天監元年，陸璉奉使巡行風俗，表言其狀。曇恭有子三人，皆有行業。

時有徐普濟者，長沙臨湘人。居喪未葬，而隣家火起，延及其舍。普濟號慟伏棺上，以身蔽火。隣人往救之，焚炙已悶絕，累日方蘇。

又有建康人張悌，家貧無以供養，以情告隣富人。富人不與，不勝忿，遂結四人作劫，所得衣物，三劫持去，實無一錢入己。縣抵悌死罪。悌兄松訴稱：「與弟景是前母子，後母唯生悌，松長不能教誨，乞代悌死。」景又曰：「松是嫡長，後母唯生悌。若從法，母亦不全。」亦請死〔二〕。母又云：「悌應死，豈以弟罪，枉及諸兄。」悌亦引分，全兩兄供養〔三〕。縣以上讞，帝以爲孝義，特降死，後不得爲例。

陶季直，丹陽秣陵人也。祖愍祖，宋廣州刺史。父景仁，中散大夫。

季直早慧，愍祖甚愛異之，嘗以四函銀列置於前，令諸孫各取其一。季直時年四歲，獨不取，曰：「若有賜，當先父伯，不應度及諸孫，故不取。」愍祖益奇之。五歲喪母，哀若成人。初母未病，令於外染衣，卒後，家人始贖。季直抱之號慟，聞者莫不酸感。及長好學，澹於榮利，徵召不起，時人號曰聘君。後爲望蔡令，以病免。時劉彥節、袁粲以齊高帝權盛，將圖之。彥節素重季直，欲與謀。季直以袁、劉儒者，必致顛殞，固辭不赴。俄而彥節等敗。

齊初爲尚書比部郎，時褚彥回爲尚書令，素與季直善，頻以爲司空司徒主簿，委以府事。彥回卒，尚書令王儉以彥回有至行，欲謚「文孝公」。季直曰：「文孝是司馬道子謚，恐其人非具美，不如『文簡』。」儉從之。季直又請爲彥回立碑，始終營護，甚有吏節。再遷東莞太守，在郡號爲清和。後爲鎮西諮議參軍。

齊武帝崩，明帝作相，誅鋤異己。季直不能阿意取容，明帝頗忌之，出爲輔國長史、北海太守。邊職上佐，素士罕爲之者，或勸季直造門致謝，明帝留以爲驃騎諮議參軍，兼尚書左丞，遷建安太守。爲政清靜，百姓便之。

梁臺建，爲給事黄門侍郎，常稱：「仕至二千石，始願畢矣，無爲久預人間事。」乃辭疾還鄉里。梁天監初，就拜太中大夫。武帝曰：「梁有天下，遂不見此人。」十年，卒于家。季直素清苦絶倫，又屏居十餘載，及死，家徒四壁，子孫無以殯斂，聞者莫不傷其志事云。

沈崇傃字思整，吴興武康人也。父懷明，宋兗州刺史。崇傃六歲丁父憂，哭踊過禮。及長，事所生母至孝，家貧，常傭書以養。天監二年，太守柳惲辟爲主簿〔四〕。崇傃從惲到郡，還迎其母，未至而母卒。崇傃以不及侍疾，將欲致死，水漿不入口，晝夜號哭，旬日殆將絶氣。兄弟謂曰：「殯葬未申，遽自毁滅，非全孝道也。」崇傃心悟，乃稍進食。母權瘞，去家數里，哀至輒之瘞所，不避雨雪。每倚墳哀慟，飛鳥翔集。夜恒有猛獸來望之〔五〕，有聲狀如歎息者。家貧無以遷厝，乃行乞經年，始獲葬焉。既而廬于墓側，自以初行喪禮不備，復以葬後更行服三年。久食麥屑，不噉鹽酢，坐卧於單薦，因虚腫不能起。郡縣舉至孝。梁武聞，即遣中書舍人慰勉之，乃詔令釋服，擢補太子洗馬，旌其門閭。崇傃奉詔釋服，而涕泣如居喪。固辭不受官，乃除永寧令。自以禄不及養，哀思不自堪，未至縣〔六〕，卒。

荀匠字文師，潁陰人，晉太保勗九世孫也。祖瓊，年十五復父仇於成都市，以孝聞。宋元嘉末度淮，逢武陵王舉義，爲元凶追兵所殺，贈員外散騎侍郎。父法超，仕齊爲安復令，卒官。匠號慟氣絶，身體皆冷，至夜乃蘇。既而奔喪，每宿江渚，商侣不忍聞其哭聲。梁天監元年，其兄斐爲鬱林太守，征俚賊，爲流矢所中，死於陣。喪還，匠迎于豫章，望舟投水，傍人赴救，僅而得全。及至，家貧不時葬，居父憂并兄服，歷四年不出廬户。自括髮不復櫛沐，髮皆禿落。哭無時。聲盡則係之以泣，目眥皆爛，形骸枯顇，皮骨裁連，雖家人不復識。郡縣以狀言，武帝詔遣中書舍人爲其除服，擢爲豫章王國左常侍。匠雖即吉而毁顇逾甚，外祖孫謙誡之曰：「主上以孝臨天下，汝行過古人，故擢汝此職。非唯君父之命難拒，故亦揚名後世，所顯豈獨汝身哉。」匠乃拜，竟以毁卒。

吉翂字彥霄，馮翊蓮勺人也。家居襄陽。翂幼有孝性，年十一遭所生母憂，水漿不入口，殆將滅性，親黨異之。

梁天監初，父爲吴興原鄉令，爲吏所誣，逮詣廷尉。玢年十五，號泣衢路，祈請公卿，行人見者皆爲隕涕。其父理雖清白，而恥爲吏訊，乃虚自引咎，罪當大辟。玢乃撾登聞鼓，乞代父命。武帝異之，尚以其童幼，疑受教於人，敕廷尉蔡法度嚴加脅誘，取其款實。法度乃還寺，盛陳徽纆，厲色問曰：「爾求代父死，敕已相許，便應伏法；然刀鋸至劇，審能死不？且爾童孺，志不及此，必爲人所教，姓名是誰？若有悔異，亦相聽許。」對曰：「囚雖蒙弱，豈不知死可畏憚；顧諸弟幼藐，唯囚爲長，不忍見父極刑，自延視息，所以内斷胸臆，上干萬乘。今欲殉身不測，委骨泉壤，此非細故，奈何受人教邪。」法度知不可屈撓，乃更和顏誘語之，曰：「主上知尊侯無罪，行當釋亮。觀君神儀明秀，足稱佳童，今若轉辭，幸父子同濟，奚以此妙年苦求湯鑊。」玢曰：「凡鯤鮞螻蟻尚惜其生，况在人斯，豈願齏粉。但父挂深劾，必正刑書，故思殞仆，冀延父命。」玢初見囚，獄掾依法備加桎梏，法度矜之，命脱其二械，更令著一小者。玢弗聽，曰：「玢求代父死，死囚豈可減乎。」竟不脱械。法度以聞，帝乃宥其父。

丹陽尹王志求其在廷尉故事，并請鄉居〔七〕，欲於歲首舉充純孝。玢曰：「異哉王尹，何量玢之薄〔八〕，夫父辱子死，斯道固然，若玢有靦面目，當其此舉，則是因父買名，一何甚辱。」拒之而止。

年十七，應辟爲本州主簿，出監萬年縣。攝官朞月，風化大行。自雍還郢，湘州刺史柳忱復召爲主簿。後秣陵鄉人裴儉、丹陽郡守臧盾〔九〕、揚州中正張仄連名薦翂，以爲孝行純至，明通易、老。敕付太常旌舉。初，翂以父陷罪，因成悸疾，後因發而卒。

甄恬字彦約，中山無極人也，世居江陵。數歲喪父，哀感有若成人。家人矜其小，以肉汁和飯飼之，恬不肯食。年八歲，嘗問其母，恨生不識父，遂悲泣累日。忽若有見，言形貌則其父也，時以爲孝感。家貧養母，常得珍羞。及居喪，廬於墓側，恒有鳥玄黄雜色集於廬樹，恬哭則鳴，哭止則止。又有白鳩白雀栖宿其廬。州將始興王憺表其行狀，詔旌表門閭，加以爵位。恬官至安南行參軍。

趙拔扈，新城人也。兄震動富於財，太守樊文茂求之不已，震動怒曰：「無厭將及我。」文茂聞其語，聚其族誅之。拔扈走免，亡命聚黨，至社樹呪曰：「文茂殺拔扈兄，今欲報之，若事克，斫樹處更生，不克即死。」三宿三枿生十丈餘，人間傳以爲神，附者十餘萬。

既殺文茂，轉攻傍邑。將至成都，十餘日戰敗，退保新城求降。文茂，黎州刺史文熾弟，襄陽人也。

韓懷明，上黨人也。客居荆州。十歲，母患尸疰，每發輒危殆。懷明夜於星下稽顙祈禱，時寒甚切，忽聞香氣，空中有人曰：「童子母須臾永差，無勞自苦。」未曉而母平復，鄉里以此異之。十五喪父，幾至滅性，負土成墳，賻助無所受。免喪，與鄉人郭麻俱師南陽劉虬〔一〇〕。虬嘗一日廢講，獨居涕泣，懷明竊問虬家人，答云是外祖亡日。時虬母亦已亡矣，懷明聞之，即日罷學，還家就養。虬歎曰：「韓生無丘吾之恨矣。」家貧，肆力以供甘脆，嬉怡膝下，朝夕不離母側。母年九十，以壽終〔一一〕。懷明水漿不入口一旬，號哭不絕聲。有雙白鳩巢其廬上，字乳馴狎，若家禽焉，服釋乃去。及除喪，蔬食終身，衣衾無所改。梁天監初，刺史始興王憺表言之。州累辟不就，卒于家。

褚脩，吳郡錢唐人也。父仲都，善周易，爲當時之冠。梁天監中，歷位五經博士。脩少傳父業，武陵王紀爲揚州，引爲宣惠參軍，兼限内記室。脩性至孝，父喪毀瘠過禮，因患冷氣。及丁母憂，水漿不入口二十三日，每號慟輒嘔血，遂以毀卒。

張景仁，廣平人也。父梁天監初爲同縣韋法所殺，景仁時年八歲。及長，志在復讎。普通七年，遇法於公田渚，手斬其首以祭父墓。事竟，詣郡自縛，乞依刑法。太守蔡天起上言於州，時簡文在鎮，乃下教褒美之，原其罪，下屬長蠲其一户租調，以旌孝行。

又天監中，宣城宛陵女子與母同床眠，母爲猛獸所取，女啼號隨挐猛獸，行數十里，獸毛盡落，獸乃置其母而去。女抱母猶有氣息，經時乃絶。鄉里言於郡縣，太守蕭琮表上〔二〕，詔榜其門閭。

又霸城王整之姊嫁爲衛敬瑜妻，年十六而敬瑜亡，父母舅姑咸欲嫁之，誓而不許，乃截耳置盤中爲誓乃止。遂手爲亡壻種樹數百株，墓前柏樹忽成連理，一年許還復分散。女乃爲詩曰：「墓前一株柏，根連復並枝。妾心能感木，頹城何足奇。」所住户有鷰巢，常雙飛來去，後忽孤飛。女感其偏栖，乃以縷繫脚爲誌。後歲此鷰果復更來，猶帶前縷。女復爲詩曰：「昔年無偶去，今春猶獨歸。故人恩既重，不忍復雙飛。」雍州刺史西昌侯藻嘉其美節，乃起樓於門，題曰「貞義衞婦之閭」。又表於臺。

後有河東劉景昕事母孝謹，母常病癖三十餘年，一朝而瘳，鄉里以爲景昕誠感。荆州刺史湘東王繹辟爲主簿。

陶子鏘字海育，丹陽秣陵人也。父延，尚書比部郎。兄尚，宋末爲倖臣所怨，被繫。子鏘公私緣訴，流血稽顙，行路嗟傷。逢謝超宗下車相訪，回入縣詣建康令勞彦遠曰：「豈忍見人昆季如此而不留心。」勞感之，兄得釋。母終，居喪盡禮。與范雲隣，雲每聞其哭聲，必動容改色，欲相申薦。會雲卒。初，子鏘母嗜蓴，母没後，恒以供奠。梁武義師初至，此年冬營蓴不得，子鏘痛恨，慟哭而絶，久之乃蘇。遂長斷蓴味。

成景儁字超，范陽人也。祖興，仕魏爲五兵尚書。父安樂，淮陽太守。梁天監六年，常邕和殺安樂，以城内附。景儁謀復讎，因殺魏宿預城主，以地南入。普通六年，邕和爲鄱陽内史，景儁購人刺殺之。未久，重購邕和家人鴆殺其子弟，噍類俱盡。武帝義之，每爲屈法。景儁家讎既雪，每思報効，後除北豫州刺史，侵魏，所向必摧〔三〕。其智勇時以比馬仙琕。兼有政績見懷，北豫州吏人樹碑紀德。卒，謚曰忠烈云。

李慶緒字孝緒，廣漢郪人也。父爲人所害，慶緒九歲而孤，爲兄所養，日夜號泣，志在復讎。投州將陳顯達，仍於部伍白日手刃其仇，自縛歸罪，州將義而釋之。梁天監中，爲東莞太守。丁母憂去職，廬于墓側，每慟嘔血數升。後爲巴郡太守，號良吏。累遷衞尉，封安陸縣侯。益州三百年無復貴仕，慶緒承恩至此，便欲西歸。尋徙太子右衞率，未拜而卒。

謝藺字希如，陳郡陽夏人，晉太傅安之八世孫也。父經，北中郎諮議參軍。藺五歲時，父未食，乳媪欲令先飯，藺終不進。舅阮孝緒聞之，歎曰：「此兒在家則曾子之流，事君則藺生之匹。」因名曰藺。稍授以經史，過目便能諷誦，孝緒每曰：「吾家陽元也。」及丁父憂，晝夜號慟，毁瘠骨立。母阮氏常自守視譬抑之。服闋，吏部尚書蕭子顯嘉其至行，擢爲王府法曹行參軍。累遷外兵、記室參軍。

時甘露降士林館，藺獻頌，武帝嘉之。有詔使製北兖州刺史蕭楷德政碑。又奉詔令製宣城王奉述中庸頌。後爲兼散騎常侍，使魏。會侯景入附，境上交兵，藺母既慮不得還，感氣而卒。及藺還，入境夜夢不祥，旦便投列馳歸〔一四〕。及至，號慟嘔血，氣絶久之，水漿不入口。每哭，眼耳口鼻皆血流，經月餘日，因夜臨而卒。所製詩賦碑頌數十篇。子貞。

貞字元正，幼聰敏，有至性。祖母阮氏先苦風眩，每發，便一二日不能飲食。貞時年七歲，祖母不食，貞亦不食，往往如此。母王氏授以論語、孝經，讀訖便誦。八歲，嘗爲春日閑居詩，從舅王筠奇之，謂所親曰：「至如『風定花猶落』，乃追步惠連矣。」年十三，尤善左氏春秋，工草隸蟲篆。

十四，丁父艱，號頓於地，絶而復蘇者數矣。初貞父藺以憂毁卒，家人賓客復憂貞，從父洽、族兄暠乃共請華嚴寺長爪禪師爲貞説法。仍譬以母須侍養，不宜毁滅，乃少進饘粥。及魏剋江陵，入長安。暠逃難番禺，貞母出家于宣明寺。及陳武帝受禪，暠還鄉里，供養貞母，將二十年。

初貞在周，嘗侍周武帝愛弟趙王招讀，招厚禮之。聞其獨處，必晝夜涕泣，私問知母在鄉，乃謂曰：「寡人若出居藩，當遣侍讀還家。」後數年，招果出，因辭，面奏請放貞還。帝奇招仁愛，遣隨聘使杜子暉歸國。是歲陳太建五年也。

始自周還時，始興王叔陵爲揚州刺史，引祠部侍郎阮卓爲記室，辟貞爲主簿。尋遷府録事參軍，領丹陽丞。貞知叔陵有異志，因與卓自疎〔一五〕。每有宴遊，輒以疾辭，未嘗參預，叔陵雅重之，弗之罪也。及叔陵肆逆，唯貞與卓不坐。

再遷南平王友，掌記室事。府長史汝南周確新除都官尚書，請貞爲讓表，後主覽而奇之。及問知貞所作，因敕舍人施文慶曰：「謝貞在王家未有禄秩，可賜米百石。」以母憂去職。頃之，敕起還府，累啓固辭，敕不許。貞哀毀羸瘠，終不能之官舍。

吏部尚書姚察與貞友善，及貞病篤，問以後事。貞曰：「孤子釁禍所集，將隨灰壤，族子凱等粗自成立，己有疏付之，此固不足仰塵厚德。弱兒年甫六歲，名靖，字依仁，情累所不能忘，敢以爲託。」是夜卒。後主問察曰：「謝貞有何親屬？」察以靖答，即敕長給衣糧。初貞之病，有遺疏告族子凱：「氣絶之後，若依僧家尸陁林法，是吾所願，正恐過爲獨異。

可用薄板周身，載以露車，覆以草席，坎山次而埋之。又靖年尚小，未閲人事，但可三月施小床，設香水，盡卿兄弟相厚之情。即除之，無益之事，勿爲也。」

殷不害字長卿，陳郡長平人也。祖汪，齊豫章王行參軍〔一六〕。父高明，梁尚書兵部郎〔一七〕。不害性至孝，居父憂過禮，由是少知名。家世儉約，居甚貧窶。有弟五人，皆幼弱。不害事老母，養小弟，勤劇無所不至，士大夫以篤行稱之。

年十七，仕梁爲廷尉平，長於政事，兼飾以儒術，名法有輕重不便者，輒上書言之，多見納用。大同五年，兼東宫通事舍人。時朝政多委東宫，不害與舍人庾肩吾直日奏事，梁武帝嘗謂肩吾曰：「卿是文學之士，吏事非卿所長，何不使殷不害來邪？」其見知如此。簡文以不害善事親，賜其母蔡氏錦裙襦氈席被褥，單複畢備。

侯景之亂，不害從簡文入臺。及臺城陷，簡文在中書省，景帶甲將兵，入朝陛見，過謁簡文，左右，甚不遜〔一八〕，侍衛者莫不驚恐辟易，唯不害與中庶子徐摛侍側不動。簡文爲景所幽，遣人請不害與居處，景許之，不害供侍益謹。

梁元帝立，以不害爲中書郎，兼廷尉卿。魏平江陵，失母所在。時甚寒雪，凍死者填滿溝壑。不害行哭尋求，聲不暫輟。遇見死人溝中〔一九〕，即投身捧視，舉體凍僵，水漿不入口者七日，始得母屍。憑屍而哭，每輒氣絶，行路皆爲流涕。即江陵權殯，與王襃、庾信俱入長安。自是蔬食布衣，枯槁骨立，見者莫不哀之。

太建七年，自周還陳，除司農卿。遷晉陵太守。在郡感疾，詔以光禄大夫徵還養疾。後主即位，加給事中。初，不害之還也，周留其長子僧首，因居關中。禎明三年，陳亡，僧首來迎，不害道卒，年八十五。不害弟不佞。

不佞字季卿，少立名節，居父喪以至孝稱。好讀書，尤長吏術。梁承聖初，爲武康令。時兵荒飢饉，百姓流移，不佞循撫招集，繦負至者以千數。會魏剋江陵，而母卒，道路隔絶，久不得奔赴。四載之中，晝夜號泣，居處飲食，常爲居喪之禮。陳武帝受禪，除婁令。至是第四兄不齊始於江陵迎母喪柩歸葬。不佞居處之節，如始聞問，若此者又三年。身自負土，手植松柏，每歲時伏臘，必三日不食。

文帝時，兼尚書右丞，遷東宫通事舍人。及廢帝嗣立，宣帝爲太傅、録尚書輔政，甚爲朝望所歸。不佞素以名節自立，又受委東宫，乃與僕射到仲舉、中書舍人劉師知、尚書左丞王暹等謀，矯詔出宣帝。衆人猶豫未敢先發，不佞乃馳詣相府，面宣詔旨，令相王還第。

及事發，仲舉等皆伏誅，宣帝雅重不佞，特赦之，免其官而已。及即位，以爲軍師始興王諮議參軍。後兼尚書左丞〔二〇〕，加通直散騎常侍，卒官。不佞兄不疑、不占、不齊並早亡，事第二寡嫂張氏甚謹，所得禄奉，不入私室。長子梵童，位尚書金部郎。

司馬暠字文昇，河内温人也。高祖柔之，晉侍中，以南頓王孫紹齊文獻王攸後。父子產，即梁武帝之外兄也，位岳陽太守。

暠幼聰警，有至性。年十二，丁内艱，哀慕過禮，水漿不入口，殆經一旬。每號慟，必至悶絶，父每喻之，令進粥，然猶毁瘠骨立。服闋，以姻戚子弟入問訊，梁武帝見其羸疾，歎息久之。字其小字謂其父曰：「昨見羅兒面顔顦顇，使人惻然，便是不墜家風，爲有子矣。」後累遷正員郎。丁父艱，哀毁愈甚，廬于墓側，日進薄麥粥一升。墓在新林，連接山阜，舊多猛獸，暠結廬數載，豺狼絶迹。常有兩鳩栖宿廬所，馴狎異常。

承聖中，除太子庶子。魏剋江陵，隨例入長安。而梁宗屠戮，太子殯瘞失所，及周受禪，暠以宫臣，乃抗表求還江陵改葬，辭甚酸切。周朝優詔答之，即敕荆州以禮安厝。陳太建八年，自周還，宣帝特降殊禮。歷位通直散騎常侍、太中大夫，卒。有集十卷。

子延義字希忠，少沈敏好學。初隨父入關，丁母憂，喪過于禮。及暠還都，延義乃躬負靈櫬，晝伏宵行，冒履冰霜，手足皸瘃。至都，遂致攣廢，數年乃愈。位司徒從事中郎。

張昭字德明，吴郡吴人也。幼有孝性，父熯常患消渴，嗜鮮魚，昭乃身自結網捕魚，以供朝夕。弟乾字玄明，聰敏好學，亦有至性。及父卒，兄弟並不衣綿帛，不食鹽酢，日唯食一升麥屑粥。每一感慟，必致歐血，隣里聞之，皆爲涕泣。父服未終，母陸氏又卒，兄弟遂六年哀毁，形容骨立。家貧，未得大葬，遂布衣蔬食，十有餘年，杜門不出，屏絶人事。時衡陽王伯信臨郡，舉乾孝廉，固辭不就。兄弟並因毁成疾，昭一眼失明，乾亦中冷苦癖，年並未五十，終于家，子胤俱絶。

宣帝時，有太原王知玄者，僑居會稽剡縣，居家以孝聞。及丁憂〔二二〕，哀毁而卒。帝嘉之，詔改所居青苦里爲孝家里〔二三〕。

論曰：自澆風一起，人倫毁薄，蓋抑引之教，導俗所先，變里旌閭，義存勸奬。是以漢世士務脩身，故忠孝成俗，至于乘軒服冕，非此莫由。晉、宋以來，風衰義缺，刻身厲行，事薄膏腴。若使孝立閨庭，忠被史策，多發溝畎之中，非出衣簪之下。以此而言聲教，不亦卿大夫之恥乎。

校勘記

〔一〕及父母卒　「父母」，御覽卷六五四引齊書、册府卷二一〇、卷七五三作「母」。

〔二〕亦請死　「死」，通志卷一六七作「代死」。

〔三〕悌亦引分全兩兄供養　通志卷一六七「全」上有「乞」字。

〔四〕天監二年太守柳惲辟爲主簿　「二年」，南監本及梁書卷四七孝行沈崇傃傳、册府卷七五三作「三年」。

〔五〕夜恒有猛獸來望之　「猛獸」二字原闕，據宋乙本壹、南監本、北監本、汲本、殿本及梁書卷四七孝行沈崇傃傳補。

〔六〕未至縣　梁書卷四七孝行沈崇傃傳、册府卷七五三無「未」字。

〔七〕并請鄉居　「請」，原作「諸」，據梁書卷四七孝行吉翂傳改。

〔八〕何量翂之薄　「薄」，原作「莫」，據宋乙本壹、南監本、北監本、殿本及梁書卷四七孝行吉翂傳、册府卷七八一、通鑑卷一四五梁紀一天監二年、通志卷一六七改。

〔九〕丹陽郡守臧盾　「郡守」，梁書卷四七孝行吉翂傳作「尹丞」。按梁書卷四二臧盾傳，梁武帝時盾爲丹陽尹丞，南史疑非。

〔一〇〕與鄉人郭麻俱師南陽劉虯　「郭麻」，梁書卷二二太祖五王安成康王秀傳同，卷四七孝行韓懷明傳作「郭麔」。

〔一一〕母年九十以壽終　「九十」，梁書卷四七孝行韓懷明傳作「九十一」。

〔一二〕太守蕭琮表上　按梁書卷二六蕭琛傳：「天監元年，遷庶子，出爲宣城太守。」蕭琮爲陳隋之際人，疑當作「蕭琛」。

〔一三〕所向必摧　「摧」，原作「推」，據宋乙本壹及册府卷八九六、通志卷一六七改。

〔一四〕旦便投列馳歸　「投列」，梁書卷四七孝行謝藺傳、册府卷七五三作「投劾」。按殿本考證：「『列』一本作『劾』。」

〔一五〕因與卓自疎　陳書卷三二孝行謝貞傳下有「於王」二字，似不可省。

〔一六〕祖汪齊豫章王行參軍　「汪」，陳書卷三二孝行殷不害傳作「任」。

〔一七〕父高明梁尚書兵部郎　「兵部郎」，陳書卷三二孝行殷不害傳作「中兵郎」。按隋書卷二六百官志上，梁尚書省有中兵、外兵、騎兵郎，而無兵部郎。

〔一八〕過謁簡文左右甚不遜　陳書卷三二孝行殷不害傳、册府卷四六六「左右」上有「景兵士皆羌胡雜種衝突」十字，通志卷一六七「兵士」作「兵」。南史疑有脱文。

〔元〕遇見死人溝中　「遇」，原作「過」，據陳書卷三二孝行殷不害傳、册府卷七五四、通志卷一六七改。

〔二〇〕後兼尚書左丞　「左丞」，陳書卷三二孝行殷不害傳附殷不佞傳作「右丞」。按御覽卷二四六引三國典略、册府卷七五四、卷七八七、卷八〇三皆云不佞爲「右丞」。

〔二一〕及丁憂　陳書卷三二孝行張昭傳、册府卷二一〇作「及丁父憂」。

〔二二〕詔改所居青苦里爲孝家里　「青苦里」，陳書卷三二孝行張昭傳、册府卷二一〇、通志卷一六七、會稽志卷一八作「清苦里」。

南史卷七十五

列傳第六十五

隱逸上

陶潛 宗少文 孫測 從弟彧之 沈道虔 孔淳之 周續之
戴顒 翟法賜 雷次宗 郭希林 劉凝之 龔祈 朱百年
關康之 辛普明 樓惠明 漁父 褚伯玉 顧歡 盧度 杜京產
孔道徽 京產子栖 剡縣小兒

易有君子之道四焉，語默之謂也。故有入廟堂而不出，徇江湖而永歸。隱避紛紜，情迹萬品。若道義內足，希微兩亡，藏景窮巖，蔽名愚谷，解桎梏於仁義，示形神於天壤，則名教之外別有風猷。故堯封有非聖之人，孔門謬鷄黍之客。次則揚獨往之高節，重去就之虚名。或慮全後悔，事歸知殆，或道有不申，行吟山澤，皆用宇宙而成心，借風雲以爲氣。求志達道，未或非然，故須含貞養素，文以藝業。不爾，則與夫蘊者在山，何殊異也。若夫陶潛之徒，或仕不求聞，退不譏俗；或全身幽履，服道儒門；或遁迹江湖之上，或藏名巖石之下，斯並向時隱淪之徒歟。今並綴緝，以備隱逸篇焉。又齊、梁之際，有釋寶誌者，雖處非顯晦，而道合希夷，求其行事，蓋亦俗外之徒也。故附之云。

陶潛字淵明，或云字深明，名元亮〔一〕。尋陽柴桑人，晉大司馬侃之曾孫也。少有高趣，宅邊有五柳樹，故常著五柳先生傳云：

先生不知何許人，不詳姓字。閑靜少言，不慕榮利。好讀書，不求甚解，每有會意，欣然忘食。性嗜酒，而家貧不能恒得。親舊知其如此，或置酒招之，造飲輒盡，期在必醉。既醉而退，曾不吝情去留。環堵蕭然，不蔽風日，短褐穿結〔二〕，簞瓢屢空，晏如也。常著文章自娱，頗示己志，忘懷得失，以此自終。

其自序如此。蓋以自況，時人謂之實録。親老家貧，起爲州祭酒，不堪吏職，少日自解而歸。州召主簿，不就，躬耕自資，遂抱羸疾。江州刺史檀道濟往候之，偃卧瘠餒有日矣，道濟謂曰：「夫賢者處世，天下無道則隱，有道則至。今子生文明之世，柰何自苦如此。」對曰：「潛也何敢望賢，志不及也。」道濟饋以粱肉，麾而去之。

後爲鎮軍、建威參軍，謂親朋曰：「聊欲絃歌，以爲三徑之資，可乎？」執事者聞之，以爲彭澤令。不以家累自隨，送一力給其子，書曰：「汝旦夕之費，自給爲難，今遣此力，助汝薪水之勞。此亦人子也，可善遇之。」公田悉令吏種秫稻，妻子固請種秔，乃使二頃五十畝種秫，五十畝種秔。

郡遣督郵至縣，吏白應束帶見之。潛歎曰：「我不能爲五斗米折腰向鄉里小人。」即日解印綬去職，賦歸去來以遂其志，曰：

歸去來兮，田園將蕪胡不歸？既以自心爲形役兮〔三〕，奚惆悵而獨悲。悟已往之不諫，知來者之可追。實迷塗其未遠，覺今是而昨非。舟遥遥以輕颺，風飄飄而吹衣，問征夫以前路，恨晨光之熹微。乃瞻衡宇，載欣載奔，僮僕歡迎，弱子候門。三徑就荒，松菊猶存，攜幼入室，有酒盈罇。引壺觴而自酌，眄庭柯以怡顔，倚南牕而寄傲，審容膝之易安。園日涉而成趣，門雖設而常關。策扶老以流憩，時矯首而遐觀。雲無心以出岫，鳥勌飛而知還。景翳翳其將入，撫孤松而盤桓。

歸去來兮，請息交而絶遊，世與我而相違〔四〕，復駕言兮焉求。悦親戚之情話，樂琴書以消憂，農人告余以春及，將有事兮西疇〔五〕。或命巾車，或棹扁舟，既窈窕以窮壑，亦崎嶇而經丘。木欣欣以向榮，泉涓涓而始流，善萬物之得時，感吾生之行休。已矣乎，寓形宇内復幾時，曷不委心任去留，胡爲遑遑欲何之。富貴非吾願，帝鄉不可期。懷良辰以孤往，或植杖而芸耔。登東皋以舒嘯，臨清流而賦詩，聊乘化以歸盡，樂夫天命復奚疑。

義熙末，徵爲著作佐郎，不就。江州刺史王弘欲識之，不能致也。潛嘗往廬山，弘令潛故人龐通之齎酒具於半道栗里要之。潛有脚疾，使一門生二兒舉籃轝〔六〕。及至，欣然便共飲酌，俄頃弘至，亦無忤也。

先是，顔延之爲劉柳後軍功曹，在尋陽與潛情欵。後爲始安郡，經過潛，每往必酣飲致醉。弘欲要延之一坐，彌日不得。延之臨去，留二萬錢與潛，潛悉送酒家稍就取酒。嘗九月九日無酒，出宅邊菊叢中坐久之。逢弘送酒至，即便就酌，醉而後歸。

潛不解音聲，而畜素琴一張。每有酒適，輒撫弄以寄其意。貴賤造之者，有酒輒設。潛若先醉，便語客：「我醉欲眠，卿可去。」其真率如此。郡將候潛，逢其酒熟，取頭上葛巾漉酒，畢，還復著之。潛弱年薄宦，不潔去就之迹。自以曾祖晉世宰輔，恥復屈身後代，自宋武帝王業漸隆，不復肯仕。所著文章，皆題其年月。義熙以前，明書晉氏年號，自永初以來，唯云甲子而已。與子書以言其志，并爲訓戒曰：

吾年過五十，而窮苦荼毒。性剛才拙，與物多忤。自量爲己，必貽俗患。僶俛辭事，使汝幼而飢寒耳。常感孺仲賢妻之言，敗絮自擁，何慙兒子。此既一事矣。但恨鄰靡二仲，室無萊婦，抱茲苦心，良獨罔罔。少來好書，偶愛閑靖，開卷有得，便欣然忘食。見樹木交蔭，時鳥變聲，亦復歡爾有喜。嘗言五六月北窗下卧，遇涼風暫至，自謂是羲皇上人。意淺識陋，日月遂往，疾患以來，漸就衰損。親舊不遺，每有藥石見救，自恐大分將有限也。汝輩幼小，家貧無役，柴水之勞，何時可免。念之在心，若何可言。然雖不同生，當思四海皆兄弟之義。鮑叔、敬仲，分財無猜，歸生、伍舉，班荆道舊，遂能以敗爲成，因喪立功。佗人尚爾，況共父之人哉。潁川韓元長，漢末名士，身處卿佐，八十而終，兄弟同居，至於没齒。濟北氾幼春〔七〕，晉時操行人也。七世同財，家人無怨色。詩云「高山景行」，汝其慎哉。

又爲命子詩以貽之。

元嘉四年，將復徵命，會卒。世號靖節先生。其妻翟氏，志趣亦同，能安苦節，夫耕於前，妻鋤於後云。

宗少文，南陽涅陽人也。祖承，宜都太守。父繇之，湘鄉令。母同郡師氏，聰辯有學義，教授諸子。

少文善居喪，爲鄉閭所稱。宋武帝既誅劉毅，領荆州，問毅府諮議參軍申永曰：「今日何施而可？」永曰：「除其宿釁，倍其惠澤，貫敍門次，顯擢才能，如此而已。」武帝納之，乃辟少文爲主簿，不起，問其故。答曰：「栖丘飲谷，三十餘年。」武帝善其對而止。

少文妙善琴書圖畫，精於言理，每游山水，往輒忘歸。征西長史王敬弘每從之，未嘗不彌日也。乃下入廬山，就釋慧遠考尋文義。兄臧爲南平太守，逼與俱還，乃於江陵三湖立宅，閑居無事。武帝召爲太尉行參軍，驃騎道憐命爲記室參軍，並不就。

二兄早卒，孤累甚多，家貧無以相贍，頗營稼穡。人有餉遺，並受之。武帝敕南郡長給吏役，又數致餼賚。後子弟從禄，乃悉不復受。武帝開府辟召，下書召少文與鴈門周續之並爲太尉掾，皆不起。宋受禪及元嘉中頻徵，並不應。

妻羅氏亦有高情，與少文協趣。羅氏没，少文哀之過甚，既乃悲情頓釋，謂沙門釋慧堅曰：「死生之分，未易可達，三復至教，方能遣哀。」

衡陽王義季爲荆州，親至其室，與之歡宴，命爲諮議參軍，不起。好山水，愛遠遊，西陟荆、巫，南登衡岳，因結宇衡山，欲懷尚平之志。有疾還江陵，歎曰：「老疾俱至，名山恐難徧覩，唯澄懷觀道，卧以游之。」凡所游履，皆圖之於室，謂之「撫琴動操，欲令衆山皆響」。古有金石弄，爲諸桓所重，桓氏亡，其聲遂絶，唯少文傳焉。文帝遣樂師楊觀就受之。少文孫測，亦有祖風。

測字敬微，一字茂深，家居江陵。少静退，不樂人間。歎曰：「家貧親老，不擇官而仕，先哲以爲美談，余竊有惑。誠不能潛感地金，冥致江鯉，但當用天之道，分地之利。孰能食人厚禄，憂人重事乎？」

齊驃騎豫章王嶷徵爲參軍，不起，測答府云：「何爲謬傷海鳥，横斤山木。」母喪，身負土，植松柏。嶷復遣書請之，辟爲參軍。測答曰：「性同鱗羽，愛止山壑，眷戀松雲，輕迷人路。縱宕巖流，有若狂者，忽不知老至。而今鬢已白，豈容課虚責有，限魚鳥慕哉〔八〕。」

永明三年，詔徵太子舍人，不就。欲游名山，乃寫祖少文所作尚子平圖於壁上。測長子賓宦在都，知父此旨，便求禄還爲南郡丞，付以家事。刺史安陸王子敬、長史劉寅以下皆贈送之，測無所受，齎老子、莊子二書自隨。子孫拜辭悲泣，測長嘯不視，遂往廬山，止祖少文舊宅。

魚復侯子響爲江州，厚遺贈遺。測曰：「少有狂疾，尋山採藥，遠來至此，量腹而進松术，度形而衣薜蘿，淡然已足〔九〕，豈容當此横施。」子響命駕造之，測不見。後子響不告而來，奄至所住，測不得已，巾褐對之，竟不交言。子響不悦而退。侍中王秀之彌所欽慕，乃令陸探微畫其形與己相對，又貽書曰：「昔人有圖畫僑、札，輕以自方耳。」王儉亦雅重之，贈以蒲褥筍席。

頃之，測送弟喪還西，仍留舊宅永業寺，絶賓友，唯與同志庾易、劉虬、宗人尚之等往來講説。荆州刺史隨王子隆至〔一〇〕，遣别駕宗忻口致勞問〔一一〕。測笑曰：「貴賤理隔，何以及此。」竟不答。建武二年，徵爲司徒主簿，不就，卒。

測善畫，自圖阮籍遇蘇門於行鄣上，坐卧對之。又畫永業佛影臺，皆爲妙作。好音律，善易、老，續皇甫謐高士傳三卷。嘗游衡山七嶺，著衡山、廬山記。

尚之字敬之〔一二〕，亦好山澤，徵辟一無所就，以壽終。

彧之字叔粲，少文從父弟也。早孤，事兄恭謹。家貧好學，雖文義不逮少文，而真澹過之。徵辟一無所就。宋元嘉初，大使陸子真觀採風俗，三詣彧之。每辭疾不見，告人曰：

「我布衣草萊之人，少長壟畝，何宜枉軒冕之客。」子真還，表薦之，又不就徵。卒於家。

沈道虔，吴興武康人也。少仁愛，好老、易，居縣北石山下。孫恩亂後飢荒，縣令庾肅之迎出縣南廢頭里，爲立宅臨溪，有山水之玩。時復還石山精廬，與諸孤兄子共釜庾之資，困不改節。受琴於戴逵，王敬弘深貴重之。郡州府凡十二命，皆不就。

有人竊其園菜者，外還見之，乃自逃隱，待竊者去後乃出。人又拔其屋後大筍，令人止之，曰：「惜此筍，欲令成林，更有佳者相與。」乃令人買大筍送與之，盜者慙不取，道虔使置其門内而還。常以捃拾自資，同捃者或爭穟，道虔諫之不止，悉以其所得與之。爭者愧恧，後每事輒云「勿令居士知」〔一三〕。冬月無複衣，戴顒聞而迎之，爲作衣服，并與錢一萬。及還，分身上衣及錢悉供諸兄弟子無衣者。

鄉里少年相率受學，道虔常無食以立學徒。武康令孔欣之厚相資給，受業者咸得有成。宋文帝聞之，遣使存問，賜錢三萬，米二百斛，悉供孤兄子嫁娶。徵員外散騎侍郎，不就。

累世事佛，推父祖舊宅爲寺。至四月八日每請像，請像之日，輒舉家感慟焉。

道虔年老菜食，恒無經日之資，而琴書爲樂，孜孜不倦。文帝敕郡縣使隨時資給。卒。子慧鋒，脩父業，不就州辟。

孔淳之字彦深，魯人也。祖惔，尚書祠部郎。父粲，祕書監徵，不就。淳之少有高尚，愛好墳籍，爲太原王恭所稱。居會稽剡縣。性好山水，每有所游，必窮其幽峻，或旬日忘歸。嘗游山，遇沙門釋法崇，因留共止，遂停三載。法崇歎曰：「緬想人外三十年矣，今乃傾蓋于兹，不覺老之將至也。」及淳之還，乃不告以姓〔一四〕。除著作佐郎、太尉參軍，並不就。

居喪至孝，廬于墓側。服闋，與徵士戴顒、王弘之及王敬弘等共爲人外之游，又申以婚姻。敬弘以女適淳之子尚，遂以烏羊繫所乘車轅，提壺爲禮。至則盡歡共飲，迄暮而歸。或怪其如此，答曰：「固亦農夫田父之禮也。」

會稽太守謝方明苦要之不能致，使謂曰：「苟不入吾郡，何爲入吾郭？」淳之笑曰：「潛游者不識其水，巢栖者非辯其林，飛沈所至，何問其主。」終不肯往。茅室蓬户，庭草蕪徑，唯牀上有數帙書。元嘉初，復徵爲散騎侍郎，乃逃于上虞縣界，家人莫知所在。弟默之爲廣州刺史，出都與別，司徒王弘要淳之集冶城，即日命駕東歸，遂不顧也。元嘉七年卒。默之儒學，注穀梁春秋。默之子熙先，事在范曄傳。

周續之字道祖，鴈門廣武人也。其先過江，居豫章建昌縣。續之八歲喪母，哀戚過於成人，奉兄如事父。豫章太守范甯於郡立學，招集生徒，遠方至者甚衆。續之年十二，詣甯受業。居學數年，通五經、五緯，號曰十經，名冠同門，稱爲顔子〔一五〕。既而閑居讀老、易，入廬山事沙門釋慧遠。時彭城劉遺人遁迹廬山〔一六〕，陶深明亦不應徵命，謂之尋陽三隱。劉毅鎮姑熟，命爲撫軍參軍，徵太學博士，並不就。江州刺史每相招請，續之不尚峻節，頗從之游。常以嵇康高士傳得出處之美，因爲之注。

武帝北討，世子居守，迎續之館于安樂寺，延入講禮，月餘復還山。江州刺史劉柳薦之武帝，俄辟太尉掾，不就。武帝北伐，還鎮彭城，遣使迎之，禮賜甚厚，每曰「真高士也」。尋復南還。武帝踐祚，復召之。上爲開館東郭外，招集生徒，乘輿降幸，并見諸生，問續之禮記「慠不可長」、「與我九齡」、「射於矍圃」之義，辯析精奥，稱爲名通。

續之素患風痺，不復堪講，乃移病鍾山。景平元年卒。通毛詩六義及禮論，注公羊傳於世〔一七〕。無子。兄子景遠有續之風。

戴顒字仲若，譙郡銍人也。父逵，兄勃，並隱遯有高名。顒十六遭父憂，幾於毀滅，因此長抱羸患。以父不仕，復脩其業。父善琴書，顒並傳之。凡諸音律，皆能揮手。會稽剡縣多名山，故世居剡下。顒及兄勃並受琴於父，父没，所傳之聲不忍復奏，各造新弄。勃制五部，顒制十五部，顒又制長弄一部，並傳於世。中書令王綏嘗攜客造之，勃等方進豆粥，綏曰：「聞卿善琴，試欲一聽。」不答，綏恨而去。

桐廬縣又多名山，兄弟復共游之，因留居止。勃疾，患醫藥不給。顒謂勃曰：「顒隨兄得閑，非有心於語默，兄今疾篤，無可營療，顒當干禄以自濟耳。」乃求海虞令，事垂行而勃卒，乃止。桐廬僻遠，難以養疾，乃出居吴下。吴下士人共爲築室〔一八〕，聚石引水，植林開澗，少時繁密，有若自然。乃述莊周大旨，著逍遥論，禮記中庸篇〔一九〕。三吴將守及郡内衣冠，要其同游野澤，堪行便去，不爲矯介，衆論以此多之。

宋國初建、元嘉中徵，並不就。衡陽王義季鎮京口，長史張邵與顒姻通，迎來止黄鵠山，山北有竹林精舍，林澗甚美，顒憩于此澗。義季亟從之游，顒服其野服，不改常度。爲義季鼓琴，並新聲變曲，其三調游弦、廣陵、止息之流，皆與世異。文帝每欲見之，嘗謂黄門侍郎張敷曰：「吾東巡之日，當宴戴公山下也。」以其好音，長給正聲伎一部。顒合何嘗、白鵠二聲以爲一調，號爲清曠。

自漢世始有佛像，形制未工，逵特善其事，顒亦參焉。宋世子鑄丈六銅像於瓦官寺，既成，面恨瘦，工人不能改，乃迎顒看之。顒曰：「非面瘦，乃臂胛肥耳。」及減臂胛，瘦患即除，無不歎服。十八年卒，無子。景陽山成，顒已亡矣。上歎曰：「恨不得使戴顒觀之。」

翟法賜，尋陽柴桑人也。曾祖湯，祖莊，父矯，並高尚不仕，逃避徵辟。法賜少守家業，立室廬山頂。喪親後，便不復還家，不食五穀，以獸皮及結草爲衣，雖鄉親中表莫得見焉。徵辟一無所就。後家人至石室尋求，因復遠徙，違避徵聘，遁跡幽深，卒於巖石間。

雷次宗字仲倫，豫章南昌人也。少入廬山，事沙門釋慧遠，篤志好學，尤明三禮、毛詩。隱退不受徵辟。

宋元嘉十五年，徵至都，開館於鷄籠山，聚徒教授，置生百餘人。會稽朱膺之、潁川庾蔚之並以儒學總監諸生。時國子學未立，上留意藝文，使丹陽尹何尚之立玄學，太子率更令何承天立史學，司徒參軍謝元立文學，凡四學並建。車駕數至次宗館，資給甚厚。久之，還廬山，公卿以下並設祖道。後又徵詣都，爲築室於鍾山西巖下，謂之招隱館，使爲皇太子、諸王講喪服經。次宗不入公門，乃使自華林東門入延賢堂就業。二十五年，卒于鍾山。子肅之頗傳其業。

郭希林，武昌人也。曾祖翻，晉世高尚不仕。希林少守家業，徵召一無所就，卒。子蒙亦隱居不仕。

劉凝之字隱安，小名長生〔二〇〕，南郡枝江人也。父期公，衡陽太守。兄盛公，高尚不仕。

凝之慕老萊、嚴子陵爲人，推家財與弟及兄子，立屋於野外，非其力不食。州里重其行，辟召一無所就。妻梁州刺史郭銓女也，遣送豐麗，凝之悉散之屬親。妻亦能不慕榮華，與凝之共居儉苦。夫妻共乘蒲笨車〔二一〕，出市買易，周用之外，輒以施人。爲村里所誣，一年三輸公調，求輒與之。又嘗認其所著屐〔二二〕，笑曰：「僕著已敗，令家中覓新者備君〔二三〕。」此人後田中得所失屐，送還不肯復取。

臨川王義慶、衡陽王義季鎮江陵，並遣使存問。凝之答書曰頓首稱僕〔二四〕，不爲百姓禮，人或譏焉。凝之曰：「昔老萊向楚王稱僕，嚴陵亦抗禮光武，未聞巢、許稱臣堯、舜。」時戴顒與衡陽王義季書亦稱僕。荆州年飢，義季慮凝之餒斃，餉錢十萬。凝之大喜，將錢至市門，觀有飢色者悉分與之，俄頃立盡。

性好山水，一旦攜妻子泛江湖，隱居衡山之陽，登高嶺，絶人迹，爲小屋居之。採藥服食，妻子皆從其志。卒年五十九。

龔祈字蓋道〔二五〕，武陵漢壽人也。從祖玄之，父黎人〔二六〕，並不應徵辟。祈風姿端雅，容止可觀。中書郎范述見之歎曰：「此荆楚之僊人也。」自少及長，徵辟一無所就。時或賦詩，而言不及世事。卒年四十二。

朱百年，會稽山陰人也。祖凱之，晉左衞將軍〔二七〕。父濤，揚州主簿。百年少有高情，親亡服闋，攜妻孔氏入會稽南山，伐樵採若爲業，以樵若置道頭，輒爲行人所取，明旦已復如此，人稍怪之，積久方知是朱隱士所賣，須者隨其所堪多少，留錢取樵若而去。或遇寒雪，樵若不售，無以自資，輒自榜船送妻還孔氏，天晴迎之。有時出山陰爲妻買繒采五三尺，好飲酒，遇醉或失之。頗言玄理，時爲詩詠，往往有高勝之言。隱迹避人，唯與同縣孔覬友善〔二八〕。覬亦嗜酒，相得輒酣對盡歡。

百年室家素貧，母以冬月亡，衣並無絮，自此不衣緜帛。嘗寒時就覬宿，衣悉裌布，飲酒醉眠，覬以卧具覆之，百年不覺也。既覺，引卧具去體，謂覬曰：「緜定奇温。」因流涕悲慟，覬亦爲之傷感。除太子舍人，不就。顏竣爲東揚州，發教餉百年穀五百斛，不受。

時山陰又有寒人姚吟亦有高趣，爲衣冠所重。竣餉吟米二百斛，吟亦辭之。

百年卒山中。蔡興宗爲會稽太守，餉百年妻米百斛。百年妻遣婢詣郡門奉辭固讓，時人美之，以比梁鴻妻。

關康之字伯愉，河東楊人也。世居京口，寓居南平昌〔二九〕。少而篤學，姿狀豐偉。下邳趙繹以文義見稱，康之與友善。特進顔延之等當時名士十許人入山候之，見其散髮被黄布帊，席松葉，枕一塊白石而卧，了不相眄。延之等咨嗟而退，不敢干也。晉陵顧悦之難王弼易義四十餘條，康之申王難顧，遠有情理。又爲毛詩義，經籍疑滯，多所論釋。嘗就沙門支僧納學筭，妙盡其能。徵辟一無所就，棄絶人事，守志閑居。弟雙之爲臧質車騎參軍，與質俱下至赭圻，病卒，瘞於水濱。康之時得病小差，牽以迎喪，因得虚勞病，寢頓二十餘年。時有閒日，輒卧論文義。

宋孝武即位，遣大使巡行天下。使反，薦康之宜加徵聘，不見省。康之性清約，獨處一室，希與妻子相見，不通賓客。弟子以業傳受，尤善左氏春秋。齊高帝爲領軍時，素好此學，送本與康之，康之手自點定。又造禮論十卷，高帝絶賞愛之，及崩，遺詔以入玄宫。康之以宋明帝泰始初與平原明僧紹俱徵，辭以疾。時又有河南辛普明、東陽樓惠明皆以篤行聞。

普明字文達，少就康之受業，至性過人。居貧，與兄共處一帳，兄亡，仍帳施靈〔三〇〕。蚊甚多，通夕不得寢，而終不道侵螫。僑居會稽，會稽士子高其行，當葬兄，皆送金爲贈，後至者不復受。人問其故，答曰：「本以兄墓不周，故不逆親友之意。今塞已足，豈可利亡者餘贈邪。」齊豫章王嶷爲揚州，徵爲議曹從事，不就。

惠明字智遠，立性貞固，有道術。居金華山，舊多毒害，自惠明居之，無復辛螫之苦。藏名匿迹，人莫之知。宋明帝召不至，齊高帝徵又不至。文惠太子在東宮，苦延方至，仍又辭歸。俄自金華輕棹西下，及就路，回之豐安。旬日之間，唐寓之祅賊入城塗地，唯豐安獨全，時人以爲有先覺。齊武帝敕爲立館。

漁父者，不知姓名，亦不知何許人也。太康孫緬爲尋陽太守，落日逍遥渚際，見一輕舟陵波隱顯。俄而漁父至，神韻蕭灑，垂綸長嘯，緬甚異之。乃問：「有魚賣乎？」漁父笑而答曰：「其釣非釣，寧賣魚者邪？」緬益怪焉。遂褰裳涉水，謂曰：「竊觀先生有道者也，終朝鼓枻，良亦勞止。吾聞黄金白璧，重利也，駟馬高蓋，榮勢也。今方王道文明，守在海外，隱鱗之士，靡然向風。子胡不贊緝熙之美，何晦用其若是也？」漁父曰：「僕山海狂人，不達世務，未辯賤貧，無論榮貴。」乃歌曰：「竹竿籊籊，河水浟浟。相忘爲樂，貪餌吞鉤。非夷非惠，聊以忘憂。」於是攸然鼓棹而去。

緬字伯緒，太子僕興曾之子也。有學義，宋明帝甚知之。位尚書左丞，東中郎司馬。

褚伯玉字元璩，吴郡錢唐人也。高祖含，始平太守。父邉〔三一〕，征虜參軍。伯玉少有隱操，寡慾。年十八，父爲之昏。婦入前門，伯玉從後門出。遂往剡，居瀑布山。性耐寒暑，時人比之王仲都。在山三十餘年，隔絶人物。王僧達爲吴郡，苦禮致之，伯玉不得已，停郡信宿，纔交數言而退。寧朔將軍丘珍孫與僧達書曰：「聞褚先生出居貴館，此子滅景雲棲，不事王侯，抗高木食，有年載矣。自非折節好賢，何以致之。昔文舉棲冶城，安道入昌門，於兹而三焉。却粒之士，飡霞之人，乃可暫致，不宜久羈。君當思遂其高步，成其羽化。望其還策之日，暫紆清塵，亦願助爲譬説。」僧達答曰：「褚先生從白雲游舊矣。古之逸人，或留慮兒女，或使華陰成市，而此子索然，唯朋松石，介於孤峰絶嶺者，積數十載。近故要其來此，冀慰日夜。比談討芝桂，借訪荔蘿，若已窺煙液，臨滄洲矣。知君欲見之，輒當申譬。」

宋孝建二年，散騎常侍樂詢行風俗，表薦伯玉，加徵聘本州議曹從事，不就。齊高帝即位，手詔吳、會二郡以禮迎遣，又辭疾。上不欲違其志，敕於剡白石山立太平館居之。建元元年卒，年八十六。伯玉常居一樓上，仍葬樓所。孔珪從其受道法，爲於館側立碑。

顧歡字景怡，一字玄平，吳郡鹽官人也〔三〕。家世寒賤，父祖並爲農夫，歡獨好學。年六七歲，知推六甲。家貧，父使田中驅雀，歡作黃雀賦而歸，雀食稻過半。父怒欲撻之，見賦乃止。鄉中有學舍，歡貧無以受業，於舍壁後倚聽，無遺忘者。夕則然松節讀書，或然糠自照。及長，篤志不倦。聞吳興東遷邵玄之能傳五經文句，假爲書師，從之受業。同郡顧顗之臨縣，見而異之，遣諸子與游，及孫憲之並受經焉。年二十餘，更從豫章雷次宗諮玄儒諸義。

母亡，水漿不入口六七日，廬于墓次，遂隱不仕。於剡天台山開館聚徒，受業者常近百人。歡早孤，讀詩至「哀哀父母」，輒執書慟泣，由是受學者廢蓼莪篇，不復講焉。

晚節服食，不與人通。每旦出戶，山鳥集其掌取食。好黃、老，通解陰陽書，爲數術多効驗〔三〕。初以元嘉中出都，寄住東府。忽題柱云「三十年二月二十一日」，因東歸。後元凶弑逆，是其年月日也。

弟子鮑靈綬門前有一株樹，大十餘圍，上有精魅，數見影。歡印樹，樹即枯死。山陰白石村多邪病，村人告訴求哀，歡往村中爲講老子，規地作獄。有頃，見狐狸黿鼉自入獄中者甚多，即命殺之。病者皆愈。又有病邪者問歡，歡曰：「家有何書？」答曰：「唯有孝經而已。」歡曰：「可取仲尼居置病人枕邊恭敬之，自差也。」而後病者果愈。後人問其故，答曰：「善禳惡，正勝邪，此病者所以差也。」

齊高帝輔政，徵爲揚州主簿。及踐阼乃至，稱「山谷臣顧歡上表」，進政綱一卷。時員外郎劉思効表陳讜言，優詔並稱美之。歡東歸，上賜麈尾、素琴。

永明元年，詔徵爲太學博士，同郡顧黯爲散騎侍郎。黯字長孺，有隱操，與歡不就徵。會稽孔珪嘗登嶺尋歡，共談四本。歡曰：「蘭石危而密，宣國安而疏，士季似而非，公深謬而是。總而言之，其失則同；曲而辯之，其塗則異。何者？同昧其本而競談其末，猶未識辰緯而意斷南北。羣迷暗爭，失得無準，情長則申，意短則屈。所以四本並通，莫能相塞。夫中理唯一，豈容有二？四本無正，失中故也。」於是著三名論以正之。尚書劉澄、臨川王常侍朱廣之，並立論難，與之往復，而廣之才理尤精詣也。廣之字處深，吴郡錢唐人也，善清言。

初，歡以佛道二家教異，學者互相非毁，乃著夷夏論曰：

夫辯是與非，宜據聖典。道經云：「老子入關之天竺維衞國，國王夫人名曰淨妙，老子因其晝寢，乘日精入淨妙口中，後年四月八日夜半時，剖右腋而生〔三四〕。墜地即行七步，於是佛道興焉。」此出玄妙内篇。佛經云「釋迦成佛，有塵劫之數」，出法華無量壽。或「爲國師道士，儒林之宗」，出瑞應本起。

歡論之曰：五帝三皇，不聞有佛；國師道士，無過老、莊；儒林之宗，孰出周、孔。若孔、老非聖〔三五〕，誰則當之？然二經所説，如合符契。道則佛也，佛則道也，其聖則符，其跡則反。或和光以明近，或曜靈以示遠。道濟天下，故無方而不入；智周萬物，故無物而不爲。其入不同，其爲必異，各成其性，不易其事。是以端委搢紳，諸華之容；剪髮曠衣，羣夷之服。擎跽罄折，侯甸之恭；狐蹲狗踞，荒流之肅。棺殯槨葬，中夏之風；火焚水沈，西戎之俗。全形守禮，繼善之教；毁貌易性，絶惡之學。豈伊同人，爰及異物，鳥王獸長，往往是佛。無窮世界，聖人代興，或昭五典，或布三乘。在鳥而鳥鳴，在獸而獸吼，教華而華言，化夷而夷語耳。雖舟車均於致遠，而有川陸之節；佛道齊乎達化，而有夷夏之别。若謂其致既均，其法可换者，而車可涉川，舟可行陸乎？今以中夏之性，效西戎之法，既不全同，又不全異。下棄妻孥〔三六〕，上絶宗祀。嗜欲之物，皆以禮伸，孝敬之典，獨以法屈。悖禮犯順，曾莫之覺，弱喪忘歸，孰識其舊。且理之可貴者道也，事之可賤者俗也，捨華效夷，義將安取？若以道邪？道固符合矣。若以俗邪？俗則大乖矣。屢見刻舷沙門，守株道士，交諍小大，互相彈射。或域道以爲兩，或混俗以爲一，是牽異以爲同，破同以爲異，則乖爭之由，淆亂之本也。

尋聖道雖同，而法有左右，始乎無端，終乎無末，泥洹仙化，各是一術。佛號正真，道稱正一，一歸無死，真會無生。在名則反，在實則合。但無生之教賒，無死之化切，切法可以進謙弱，賒法可以退夸强。佛教文而博，道教質而精，精非麤人所信，博非精人所能。佛言華而引，道言實而抑，抑則明者獨進，引則昧者競前。佛經繁而顯，道經簡而幽，幽則妙門難見，顯則正路易遵。此二法之辯也。

聖匠無心，方圓有體，器既殊用，教亦易施。佛是破惡之方，道是興善之術，興善則自然爲高，破惡則勇猛爲貴。佛跡光大，宜以化物。道跡密微，利用爲己。優劣之分，大略在茲。

夫蹲夷之儀，婁羅之辯，各出彼俗，自相聆解。猶蟲讙鳥聒〔三七〕，何足述効。

歡雖同二法，而意黨道教。宋司徒袁粲託爲道人通公駮之。其略曰：

白日停光，恒星隱照，誕降之應，事在老先，似非入關，方昭斯瑞。又西域之記，佛經之説，俗以膝行爲禮，不慕蹲坐爲恭。道以三遶爲虔，不尚踞傲爲肅。豈專戎土，爰亦茲方。襄童謁帝，膝行而進，趙王見周，三環而止。今佛法垂化，或因或革。清信之士，容衣不改，息心之人，服貌必變。變本從道，不遵彼俗，俗風自殊〔三八〕，無患其亂。

孔、老、釋迦，其人或同，觀方設教，其道必異。孔、老教俗爲本，釋氏出世爲宗，發軫既殊，其歸亦異。又仙化以變形爲上，泥洹以陶神爲先。變形者白首還緇，而未能無死；陶神者使塵惑日損，湛然常存。泥洹之道，無死之地，乖詭若此，何謂其同？

歡答曰：

案道經之作，著自西周，佛經之來，始乎東漢。年踰八百，代懸數十。若謂黄、老雖久而濫在釋前，是吕尚盜陳恒之齊，劉季竊王莽之漢也。又夷俗長跽，法與華異，翹左跂右，全是蹲踞。故周公禁之於前，仲尼誡之於後。又佛起於戎，豈非戎俗素惡邪？道出於華，豈非華風本善邪？今華風既變，惡同戎狄，佛來破之，良有以矣。

佛道實貴，故戒業可遵；戎俗實賤，故言貌可棄。今諸華士女，氏族弗革，而露首偏踞，濫用夷禮。

又若觀風流教，其道必異。佛非東華之道，道非西夷之法，魚鳥異川，永不相關。安得老、釋二教，交行八表。今佛既東流，道亦西邁，故知俗有精麤，教有文質。然則道教執本以領末，佛教救末以存本。請問所歸，異在何許？若以翦落爲異，則胥靡翦落矣；若以立像爲異，則俗巫立像矣。此非所歸，歸在常住，常住之象，常道孰異。

神仙有死，權便之説。神仙是大化之總稱，非窮妙之至名。至名無名，其有名者二十七品〔三九〕。仙變成真，真變成神，或謂之聖，各有九品。品極則入空寂，無爲無名。若服食茹芝，延壽萬億，壽盡則死，藥極則枯，此脩考之士，非神仙之流也。

明僧紹正二教論，以爲「佛明其宗，老全其生。守生者蔽，明宗者通。今道家稱長生不死，名補天曹，大乖老、莊立言本理」。文惠太子、竟陵王子良並好釋法，吴興孟景翼爲道士，太子召入玄圃，衆僧大會。子良使景翼禮佛，景翼不肯。子良送十地經與之，景翼造正一論，大略曰：「寶積云，『佛以一音廣説法』。老子云，『聖人抱一以爲天下式』。一之爲妙，空玄絶於有境，神化贍於無窮。爲萬物而無爲，處一數而無數。莫之能名，强號爲一。在佛曰『實相』，在道曰『玄牝』。道之大象，即佛之法身。以不守之守守法身，以不執之執執大象。但物有八萬四千行，説有八萬四千法。法乃至於無數，行亦達於無央，等級隨緣，須導歸一。歸一曰回向，向正即無邪。邪觀既遣，億善日新。三五四六，隨用而施，獨立不改，絶學無憂。曠劫諸聖，共遵斯一。老、釋未始於嘗分，迷者分之而未合。億善徧脩，脩徧成聖，雖十號千稱，終不能盡。終不能盡，豈可思議。」司徒從事中郎張融作門律云：「道之與佛，逗極無二〔四〇〕。吾見道士與道人戰儒墨，道人與道士辨是非。昔有鴻飛天首，積遠難亮，越人以爲鳧，楚人以爲乙。人自楚、越，鴻常一耳。」以示太子僕周顒。顒難之曰：「虛無法性，其寂雖同，位寂之方，其旨則別。論所謂『逗極無二』者，爲逗極於虛無，當無二於法性邪。足下所宗之本一物爲鴻乙耳，驅馳佛道，無免二末，未知高鑒，緣何識本？輕而宗之，其有旨乎。」往復文多不載。

歡口不辯，善於著論。又注王弼易二繫，學者傳之。知將終，賦詩言志曰：「五塗無恒宅，三清有常舍。精氣因天行，游魂隨物化。鵬鵾適大海，蜩鳩之桑柘。達生任去留，善死均日夜。委命安所乘，何方不可駕。翹心企前覺，融然從此謝。」自剋死日，自擇葬時，卒於剡山，時年六十四。身體香軟，道家謂之屍解仙化焉。還葬舊墓，木連理生墓側。縣令江山圖表狀，武帝詔歡諸子撰歡文議三十卷。

又始興人盧度字孝章，亦有道術。少隨張永北侵魏。永敗，魏人追急，阻淮水不得過。度心誓曰：「若得免死，從今不復殺生。」須臾見兩楯流來，接之得過。後隱居廬陵西昌三顧山〔四一〕，鳥獸隨之。夜有鹿觸其壁，度曰：「汝壞我壁〔四二〕。」鹿應聲去。屋前有池養魚，皆名呼之，次第來取食乃去。逆知死年月，與親友別。永明末，以壽終。

杜京産字景齊，吴郡錢唐人也。祖運，劉毅衛軍參軍。父道鞠，州從事，善彈棊。京産少恬静，閉意榮宦，頗涉文義，專脩黄、老。會稽孔覬，清剛有峻節，一見而爲款交。郡命主簿，州辟從事，稱疾去。與同郡顧歡同契。始寧東山開舍授學〔四三〕。齊建元中，武陵王曄爲會稽，齊高帝遣儒士劉瓛入東爲曄講，瓛故往與之游，曰：「杜生，當今之臺、尚也。」京産請瓛至山舍講書，傾資供待。子栖躬自屣履，爲瓛生徒下食。孔珪、周顒、謝瀹並致書以通殷勤。

永明十年，珪及光禄大夫陸澄、祠部尚書虞悰、太子右率沈約、司徒右長史張融表薦京産，徵爲奉朝請，不至。於會稽日門山聚徒教授。建武初，徵員外散騎侍郎。京産曰：

「莊生持釣，豈爲白璧所回。」辭疾不就，卒。

會稽山陰人孔道徽〔四四〕，守志業不仕，與京產友善。道徽父祐至行通神，隱於四明山，嘗見山谷中有數百斛錢，視之如瓦石不異。采樵者競取，入手即成沙礫。曾有鹿中箭來投祐，祐爲之養創，愈然後去。太守王僧虔與張緒書曰：「孔祐，敬康曾孫也。行動幽祇，德標松桂，引爲主簿，遂不可屈。此古之遺德也。」道徽少厲高行，能世其家風。隱居南山，終身不窺都邑。豫章王嶷爲揚州，辟西曹書佐，不至。鄉里宗慕之。道徽兄子總，有操行，遇飢寒不可得衣食，縣令吴興丘仲孚薦之，除竟陵王侍郎，竟不至。

永明中，會稽鍾山有人姓蔡，不知名，隱山中，養鼠數千頭，呼來即來，遣去即去。言語狂易，時謂之謫仙，不知所終。

京產高祖子恭以來及子栖世傳五斗米道不替。栖字孟山，善清言，能彈琴。刺史齊豫章王嶷聞其名，辟議曹從事，仍轉西曹書佐。竟陵王子良數致禮接。國子祭酒何胤掌禮，又重栖，以爲學士，掌昏冠儀。以父老歸養。栖肥白長壯，及京產病，旬日間便皮骨自支。京產亡，水漿不入口七日，晨夜不罷哭，不食鹽菜。每營買祭奠，身自看視，號泣不自持。朔望節歲，絶而復續，嘔血數升。時何胤、謝朏並隱東山，遺書敦譬，誡以毁滅。至祥禫，暮夢見其父，慟哭而絶。初，胤兄點見栖歎曰：「卿風韻如此，雖獲嘉譽，不永年矣。」卒時年三十六，當時咸嗟惜焉。

建武二年，剡縣有小兒年八歲，與母俱得赤班病，母死，家人以小兒猶惡，不令其知。小兒疑之，問云：「母嘗數問我病，昨來覺聲羸，今不復問，何也？」因自投下牀，扶匐至母尸側，頓絶而死。鄉隣告之縣令宗善才，求表廬，事竟不行。

校勘記

〔一〕陶潛字淵明或云字深明名元亮　按宋書卷九三隱逸陶潛傳本作「陶潛字淵明，或云淵明字元亮」，與此異。又「或云字深明」，乃南史避唐諱，改「淵」作「深」。傳文首句「字淵明」，據例亦當作「字深明」，今作「淵明」，蓋經後人追改。

〔二〕短褐穿結　「短」，宋書卷九三隱逸陶潛傳、通志卷一七七作「裋」。按漢書卷七二貢禹傳顔師古注：「裋者，謂僮豎所著布長襦也。」

〔三〕既以自心爲形役兮　「心」字原脱，據南監本、北監本、汲本、殿本及宋書卷九三、晉書卷九四隱逸陶潛傳、文選卷四五陶淵明歸去來、通志卷一七七補。

〔四〕世與我而相違　「違」，南監本、北監本、殿本及宋書卷九三、晉書卷九四隱逸陶潛傳、文選卷四五陶淵明歸去來、通志卷一七七作「遺」。

〔五〕將有事兮西疇　「將」上原衍「棹」字，據南監本、北監本、汲本、殿本刪。

〔六〕使一門生二兒舉籃轝　「舉」，宋書卷九三隱逸陶潛傳、册府卷九一四作「轝」。

〔七〕濟北氾幼春　「氾幼春」，宋書卷九三隱逸陶潛傳作「氾稚春」，傳見晉書卷九一儒林傳，此避唐諱而改。

〔八〕限魚鳥慕哉　「鳥慕」，南齊書卷五四高逸宗測傳、册府卷二九二、卷八一〇作「慕鳥」。

〔九〕淡然已足　「足」，原作「定」，據南監本、北監本、汲本、殿本及南齊書卷五四高逸宗測傳、册府卷八一〇、通志卷一七八改。

〔一〇〕荆州刺史隨王子隆至　南齊書卷五四高逸宗測傳、册府卷八一〇「至」下有「鎮」字。

〔一一〕遣別駕宗忻口致勞問　「忻」，汲本作「昕」，册府卷七九二作「沂」。「宗忻口」，南齊書卷五四高逸宗測傳、册府卷八一〇作「宗哲」。

〔一二〕尚之字敬之　「敬之」，南齊書卷五四高逸宗測傳、册府卷七七九作「敬文」。

〔一三〕後每事輒云勿令居士知　「事」，宋書卷九三隱逸沈道虔傳、册府卷七九三作「爭」。

〔一四〕及淳之還乃不告以姓　「乃」，宋書卷九三隱逸孔淳之傳、册府卷八〇九作「反」，屬上讀。

〔一五〕名冠同門稱爲顔子　建康實録卷一四作「名冠當時，同門稱爲顔子」。

〔一六〕時彭城劉遺人遁迹廬山　「劉遺人」，宋書卷九三隱逸周續之傳作「劉遺民」，此避唐諱而改。

〔一七〕注公羊傳於世　宋書卷九三隱逸周續之傳「傳」下有「皆傳」二字，疑此脱去。

〔一八〕吴下士人共爲築室　「士人」，南監本、北監本、殿本及宋書卷九三隱逸戴顒傳作「士人」，建康實録卷一四作「居人」。

〔一九〕著逍遥論禮記中庸篇　「禮記」上，宋書卷九三隱逸戴顒傳、建康實録卷一四、册府卷八〇九、通志卷一七八有「注」字，疑此脱去。

〔二〇〕劉凝之字隱安小名長生　宋書卷九三隱逸劉凝之傳「隱安」作「志安」，「長生」作「長年」。

〔二一〕夫妻共乘蒲笨車　「蒲」，宋書卷九三隱逸劉凝之傳、建康實録卷一四、通志卷一七八作「薄」。

〔二二〕又嘗認其所著屐　「又嘗」，宋書卷九三隱逸劉凝之傳作「有人嘗」，通志卷一七八作「又嘗有」，册府卷七九三作「有」。此疑有脱誤。

〔二三〕令家中覓新者備君　「令」，原作「今」，據册府卷七九三、通志卷一七八改。

〔二四〕凝之荅書曰頓首稱僕　宋書卷九三隱逸劉凝之傳、册府卷八〇九無「曰」字。

〔二五〕龔祈字蓋道　「蓋道」，宋書卷九三隱逸龔祈傳、册府卷七七九、卷八二三作「孟道」；御覽卷五〇四引沈約宋書作「道孟」，當爲「孟道」誤倒。按御覽該條出南史，亦作「孟」不作「蓋」，疑宋書是。

〔二六〕父黎人 「黎人」，宋書卷九三隱逸龔祈傳作「黎民」，此避唐諱而改。

〔二七〕祖凱之晉左衞將軍 「左衞」，宋書卷九三隱逸朱百年傳作「右衞」。

〔二八〕唯與同縣孔覬友善 「孔覬」，原作「孔顗」，據宋書卷八四、本書卷二七孔琳之傳附其本傳改。下徑改不再出校。

〔二九〕世居京口寓居南平昌 「寓居」，宋書卷九三隱逸關康之傳作「寓屬」。按錢大昕考異卷三七：「按宋書，孟懷玉平昌安丘人，而世居京口。蓋南平昌即僑立京口，非有兩地。」

〔三〇〕兄亡仍帳施靈 南齊書卷五五孝義吴達之傳、册府卷八五一、通志卷一七八「帳」上有「以」字。

〔三一〕父逿 南齊書卷五四高逸褚伯玉傳作「父逷」。

〔三二〕吴郡鹽官人也 「吴郡」，原作「吴興」，據宋乙本壹及南齊書卷五四高逸顧歡傳、御覽卷六一一引蕭子顯齊書、册府卷八二二、卷八三〇、卷八三六、卷八九五、通志卷一七八改。按錢大昕考異卷三七：「鹽官縣屬吴郡，不屬吴興郡。陸氏釋文亦云吴郡人。」

〔三三〕好黄老通解陰陽書爲數術多劾驗 「通」，南齊書卷五四高逸顧歡傳、册府卷一五、卷八七六作「道」，屬上讀。

〔三四〕剖右腋而生 「右」，弘明集卷六南齊明僧紹正二教論同，南齊書卷五四高逸顧歡傳、老子道德經河上公章句葛玄老子道德經序訣、廣弘明集卷九甄鸞笑道論引玄妙篇、御覽卷六五三引宋書、册府卷八三〇作「左」。

〔三五〕若孔老非聖　「聖」，南齊書卷五四高逸顧歡傳、册府卷八三〇、弘明集卷七宋慧通駁顧道士夷夏論引作「佛」。

〔三六〕下棄妻孥　「棄」，原作「育」，據弘明集卷六南齊明僧紹正二教論、卷七宋朱昭之難顧道士夷夏論、朱廣之諮顧道士夷夏論、慧通駁顧道士夷夏論改。

〔三七〕猶蟲讙鳥聒　「讙」，原作「躍」，據宋乙本壹及南齊書卷五四高逸顧歡傳改。

〔三八〕俗風自殊　「俗」，南齊書卷五四高逸顧歡傳作「教」。

〔三九〕其有名者二十七品　「名」字原脱，據南齊書卷五四高逸顧歡傳、册府卷八三〇補。

〔四〇〕道之與佛逗極無二　「逗」，原作「遥」，據南齊書卷五四高逸顧歡傳、弘明集卷六南齊張融門論、册府卷八三〇、佛祖歷代通載卷八引南史改。按「逗極」謂投合無間，下文「論所謂『逗極無二』者，爲逗極於虚無，當無二於法性邪」尚不誤。

〔四一〕後隱居廬陵西昌三顧山　「後」上原有「然」字，據南齊書卷五四高逸顧歡傳、册府卷八一五、蘇軾文集卷六六書南史盧度傳、通志卷一七八删。

〔四二〕汝壞我壁　御覽卷九〇六引蕭子顯齊書、通志卷一七八「汝」下有「勿」字。

〔四三〕始寧東山開舍授學　「始寧」上，通志卷一七八、天中記卷四〇引南史有「於」字，會稽志卷一〇有「在」字。

〔四〕會稽山陰人孔道徽　「徽」，南齊書卷五四高逸杜京産傳、册府卷八八二宋本作「徵」，御覽卷四〇九引道學傳作「微」。

南史卷七十六

列傳第六十六

隱逸下

臧榮緒　吴苞 趙僧巖　蔡薈　孔嗣之　徐伯珍 婁幼瑜　沈驎士

阮孝緒　鄧郁　陶弘景 釋寶誌　諸葛璩　劉慧斐 兄慧鏡

慧鏡子曇淨　范元琰　庾詵　張孝秀　庾承先　馬樞

臧榮緒，東莞莒人也。祖奉先，建陵令。父庸人〔一〕，國子助教。

榮緒幼孤，躬自灌園，以供祭祀。母喪後，乃著嫡寢論，掃洒堂宇，置筵席，朔望輒拜薦焉，甘珍未嘗先食。純篤好學，括東、西晉爲一書，紀録志傳百一十卷。隱居京口教授。

齊高帝爲揚州刺史，徵榮緒爲主簿，不到。建元中，司徒褚彥回啓高帝稱述其美，以置秘閣。榮緒惇愛五經，謂人曰：「昔吕尚奉丹書，武王致齋降位，李、釋教誡，並有禮敬之儀，因甄明至道。」乃著拜五經序論。常以宣尼庚子日生，其日陳五經拜之。自號披褐先生。又以飲酒亂德，言常爲誡。永明六年卒。

初，榮緒與關康之俱隱在京口，時號爲二隱。

吴苞字天蓋，一字懷德，濮陽鄄城人也。儒學，善三禮及老、莊。宋泰始中過江，聚徒教學。冠黄葛巾，竹麈尾，蔬食二十餘年。與劉瓛俱於褚彥回宅講授。瓛講禮，苞講論語、孝經，諸生朝聽瓛，晚聽苞也。

齊隆昌元年，徵爲太學博士，不就。始安王遥光及江祏、徐孝嗣共爲立館於鍾山下教授，朝士多到門焉，當時稱其儒者。自劉瓛以後，聚徒講授，唯苞一人而已。以壽終。時有趙僧巖、蔡薈，皆有景行，慕苞爲人。

僧巖，北海人。寥廓無常，人不能測。與劉善明友。善明爲青州，欲舉爲秀才，大驚，拂衣而去。後忽爲沙門，栖遲山谷，常以一壺自隨。一旦謂弟子曰：「吾今夕當死。壺中大錢一千，以通九泉之路，臘燭一挺，以照七尺之尸。」至夜而亡。時人以爲知命。

蔡薈字休明，陳留人。清抗不與俗人交。李撝謂江斆曰：「古人稱安貧清白曰夷，涅而不緇曰白，至如蔡休明者，可不謂之夷白乎。」

又有魯國孔嗣之字敬伯，宋時與齊高帝俱爲中書舍人，並非所好。自廬江郡守去官，隱居鍾山〔二〕。朝廷以爲太中大夫，卒。

徐伯珍字文楚，東陽太末人也。祖、父並郡掾史。伯珍少孤貧，學書無紙，常以竹箭、若葉、甘蕉及地上學書〔三〕。山水暴出，漂溺宅舍，村鄰皆奔走，伯珍累牀而坐，誦書不輟。叔父璠之與顏延之友善，還祛蒙山立精舍講授，伯珍往從學。積十年，究尋經史，游學者多依之。太守琅邪王曇生、吳郡張淹並加禮辟，伯珍應召便退，如此者凡十二焉。徵士沈儼造膝談論，申以素交。吳郡顧歡擿出尚書滯義，伯珍訓答，甚有條理〔四〕，儒者宗之。好釋氏、老、莊，兼明道術。歲嘗旱，伯珍筮之，如期而雨。舉動有禮，過曲木之下，趨而避之。早喪妻，晚不復重娶，自比曾參。

宅南九里有高山，班固謂之九巖山，後漢龍丘萇隱處也。山多龍鬚檉柏，望之五采，世呼爲婦人巖。二年〔五〕，伯珍移居之，階戶之間，木生皆連理。門前生梓樹，一年便合抱。館東石壁，夜忽有赤光洞照，俄爾而滅。白雀一雙棲其戶牖，論者以爲隱德之感焉。刺史豫章王辟議曹從事，不就。家甚貧窶，兄弟四人皆白首相對，時人呼爲「四皓」。建武四年卒，年八十四。受業生凡千餘人。

伯珍同郡婁幼瑜字季玉〔六〕，亦聚徒教授，不應徵辟，彌爲臨川王映所賞異，著禮捃拾三十卷。

沈麟士字雲禎，吳興武康人也。祖膺期，晉太中大夫。父虔之，宋樂安令。

麟士幼而俊敏，年七歲，聽叔父岳言玄。賓散，言無所遺失。岳撫其肩曰：「若斯文不絕，其在爾乎。」及長，博通經史，有高尚之心。親亡，居喪盡禮。服闋，忌日輒流淚彌旬。居貧，織簾誦書，口手不息，鄉里號爲織簾先生。嘗爲人作竹誤傷手，便流淚而還。同作者謂曰：「此不足損，何至涕零。」答曰：「此本不痛，但遺體毁傷，感而悲耳。」嘗行路，隣人認其所著屐，麟士曰：「是卿屐邪？」即跣而反。隣人得屐，送前者還之，麟士曰：「非卿屐邪？」笑而受之。

宋元嘉末，文帝令僕射何尚之抄撰五經，訪舉學士，縣以麟士應選。不得已至都，尚之深相接。及至，尚之謂子偃曰：「山藪故多奇士〔七〕，沈麟士，黄叔度之流也，豈可澄清淆濁邪。汝師之。」

麟士嘗苦無書，因游都下，歷觀四部畢，乃歎曰：「古人亦何人哉。」少時稱疾歸鄉，不與人物通。養孤兄子，義著鄉曲。或勸之仕，答曰：「魚縣獸檻，天下一契。聖人玄悟，所以每履吉先。吾誠未能景行坐忘，何爲不希企日損。」乃作玄散賦以絶世。太守孔山士辟不應，宗人徐州刺史曇慶、侍中懷文、左率勃來候之，麟士未嘗答也。

隱居餘不吴差山，講經教授，從學士數十百人，各營屋宇，依止其側，時爲之語曰：「吴差山中有賢士〔八〕，開門教授居成市。」麟士重陸機連珠，每爲諸生講之。征北張永爲吴興，請麟士入郡。麟士聞郡後堂有好山水，即戴安道游吴興，因古墓爲山池也。欲一觀之，乃往停數月。永欲請爲功曹，麟士曰：「明府德履沖素，留心山谷，是以被褐負杖，忘其疲病。必欲飾渾沌以蛾眉，冠越客於文冕，走雖不敏，請附高節〔九〕，有蹈東海死耳，不忍受此黔劓。」永乃止。

昇明末，太守王奂，永明中，中書郎沈約並表薦之，徵皆不就。乃與約書曰：「名者實之賓，本所不庶。中央無心，空勤南北。爲惠反凶，將在於斯。」

驎士無所營求，以篤學爲務，恒憑素几鼓素琴，不爲新聲。負薪汲水，并日而食。守操終老，讀書不倦。遭火燒書數千卷，年過八十，耳目猶聰明，以反故抄寫，火下細書，復成二三千卷，滿數十篋。時人以爲養身靜嘿所致。製黑蝶賦以寄意。著周易兩繫、莊子內篇訓。註易經、禮記、春秋、尚書、論語、孝經、喪服、老子要略數十卷。梁天監元年，與何點同徵，又不就。二年，卒於家，年八十五。以楊王孫、皇甫謐深達生死而終禮矯俗，乃自爲終制，遺令：「氣絶剔被，取三幅布以覆屍。及斂，仍移布於屍下，以爲斂服。反被左右兩際以周上，不復製覆被。不須沐浴唅珠。以本裛衫、先着禈，凡二服，上加單衣幅巾履枕〔一〇〕，棺中唯此。依士安用孝經。既殯不復立靈座，四節及祥，權鋪席於地，以設玄酒之奠。人家相承漆棺，今不復爾。亦不須旐。成服後即葬，作冢令小，後祔更作小冢於濱。合葬非古也。冢不須聚土成墳，使上與地平。王祥終制亦爾。葬不須轜車、靈舫、魌頭也。不得朝夕下食。祭奠之法，至于葬，唯清水一盃。」子彝奉而行之，州鄉皆稱歎焉。

阮孝緒字士宗，陳留尉氏人也。父彥之，宋太尉從事中郎，以清幹流譽。

孝緒七歲出繼從伯胤之，胤之母周氏卒，遺財百餘萬應歸孝緒，孝緒一無所納，盡以歸胤之姊琅邪王晏之母，聞者咸歎異之。乳人憐其傳重辛苦，輒竊玉羊金獸等物與之。孝緒見而駭愕，啓彥之送還王氏。

幼至孝，性沉靜，雖與童兒游戲，恒以穿池築山爲樂。年十三，偏通五經。十五冠而見其父彥之，彥之誡曰：「三加彌尊，人倫之始，宜思自勗，以庇爾躬。」答曰：「願迹松子於瀛海，追許由於穹谷，庶保促生，以免塵累。」自是屏居一室，非定省未嘗出戶，家人莫見其面，親友因呼爲居士。

年十六，父喪不服緜纊，雖蔬有味亦吐之[一]。外兄王晏貴顯，屢至其門，孝緒度之必至顛覆，聞其笳管，穿籬逃匿，不與相見。曾食醬美，問之，云是王家所得，便吐餐覆醬。及晏誅，親戚咸爲之懼。孝緒曰：「親而不黨，何坐之及。」竟獲免。

梁武起兵圍建鄴，家貧無以爨，僮妾竊鄰人墓樵以繼火。孝緒知之，乃不食，更令撤屋而炊。所居以一鹿牀爲精舍，以樹環繞。天監初，御史中丞任昉尋其兄履之，欲造而不敢，望而歎曰：「其室雖邇，其人甚遠。」其爲名流所欽尚如此。自是欽慕風譽者，莫不懷刺斂衽，望塵而息。殷芸欲贈以詩，昉曰：「趣舍既異，何必相干。」芸乃止。唯與比部郎裴子野交。子野薦之尚書徐勉，言其「年十餘歲隨父爲湘州行事，不書官紙，以成親之清白。論其志行粗類管幼安，比以采章如似皇甫謐〔二〕」。

天監十二年，詔公卿舉士，秘書監傅照上疏薦之，與吴郡范元琰俱徵，並不到。陳郡袁峻謂曰：「往者天地閉，賢人隱。今世路已清，而子猶遁，可乎？」答曰：「昔周德雖興，夷、齊不厭薇蕨。漢道方盛，黄、綺無悶山林。爲仁由己，何關人世？況僕非往賢之類邪？」初，謝朏及伏暅應徵，天子以爲隱者苟立虚名，以要顯譽，故孝緒與何胤並得遂其高志。

後於鍾山聽講，母王氏忽有疾，兄弟欲召之。母曰：「孝緒至性冥通，必當自到。」果心驚而反，隣里嗟異之。合藥須得生人葠，舊傳鍾山所出。孝緒躬歷幽險，累日不逢。忽見一鹿前行，孝緒感而隨後，至一所遂滅，就視，果獲此草。母得服之遂愈，時皆言其孝感所致。

有善筮者張有道曰：「見子隱迹而心難明，自非考之龜蓍，無以驗也。」及布卦，既揲五爻，曰：「此將爲咸，應感之法，非嘉遁之兆。」孝緒曰：「安知後爻不爲上九。」果成遁卦。有道歎曰：「此所謂『肥遁無不利』，象實應德，心迹并也。」孝緒曰：「雖獲遁卦，而上九爻不發，升遐之道，便當高謝許生。」乃著高隱傳，上自炎黄，終于天監末〔一三〕，斟酌分爲三品：言行超逸，名氏弗傳，爲上篇；始終不耗，姓名可録，爲中篇；挂冠人世，栖心塵表，爲下篇。湘東王著忠臣傳，集釋氏碑銘、丹陽尹録、研神記，並先簡孝緒而後施行。南平元襄王聞其名，致書要之，不赴，曰：「非志驕富貴，但性畏廟堂，若使麏麚可縶〔一四〕，何以異夫驥騄。」

初，建武末，青溪宫東門無故自崩，大風拔東宫門外楊樹，或以問孝緒。孝緒曰：「青溪皇家舊宅，齊爲木行，東爲木位。今東門自壞，木其衰矣。」

武帝禁畜讖緯，孝緒兼有其書，或勸藏之。答曰：「昔劉德重淮南秘要，適爲更生之禍，杜瓊所謂不如不知，此言美矣。」客有求之，答曰：「己所不欲，豈可嫁禍於人。」乃焚之。

鄱陽忠烈王妃，孝緒姊也。王嘗命駕欲就之游，孝緒鑿垣而逃，卒不肯見。王悵然歎息。王諸子篤渭陽之情，歲時之貢，無所受納，未嘗相見，竟不之識。或問其故，孝緒曰：「我本素賤，不應爲王侯姻戚，邂逅所逢，豈關始願。」劉歊曾以米餽之，孝緒不納，歊亦棄之。末年以蔬食斷酒〔一五〕，其恒供養石像先有損壞，心欲補之，罄心敬禮，經一夜忽然完復。衆並異之。

大同二年正月，孝緒自筮卦，「吾壽與劉著作同年」。及劉杳卒，孝緒曰：「劉侯逝矣，吾其幾何。」其年十月卒，年五十八。梁簡文在東宮，隆恩厚贈，子恕等述先志不受。顧協以爲恩異常均，議令恭受。門徒追論德行，謚曰文貞處士。所著七録、削繁等一百八十一卷，並行於世。

初，孝緒所撰高隱傳中篇所載一百三十七人，劉歊、劉訏覽其書曰：「昔嵇康所贊，缺一自擬，今四十之數，將待吾等成邪。」對曰：「所謂荀君雖少，後事當付鍾君。若素車白馬之日，輒獲麟於二子。」歊、訏果卒，乃益二傳。及孝緒亡，訏兄絜録其所遺行次篇末，成絶筆之意云。

南嶽鄧先生名郁，荆州建平人也。少而不仕，隱居衡山極峻之嶺，立小板屋兩間，足不下山，斷穀三十餘載，唯以澗水服雲母屑，日夜誦大洞經。梁武帝敬信殊篤，爲帝合丹，帝不敢服，起五嶽樓貯之供養，道家吉日，躬往禮拜。白日，神仙魏夫人忽來臨降，乘雲而至，從少嫗三十，並着絳紫羅繡袿襹，年皆可十七八許。色豔桃李，質勝瓊瑶，言語良久，謂郁曰：「君有仙分，所以故來，尋當相候。」至天監十四年，忽見二青鳥悉如鶴大，鼓翼鳴舞，移晷方去。謂弟子等曰：「求之甚勞，得之甚逸。近青鳥既來，期會至矣。」少日無病而終。山内唯聞香氣，世未嘗有。武帝後令周捨爲鄧玄傳，具序其事。

陶弘景字通明，丹陽秣陵人也。祖隆，王府參軍。父貞〔一六〕，孝昌令。初，弘景母郝氏夢兩天人手執香鑪來至其所，已而有娠。以宋孝建三年景申歲夏至日生。幼有異操，年四五歲，恒以荻爲筆，畫灰中學書。至十歲，得葛洪神仙傳，晝夜研尋，便有養生之志。謂人曰：「仰青雲，覩白日，不覺爲遠矣。」父爲妾所害，弘景終身不娶。及長，身長七尺七寸，神儀明秀，朗目踈眉，細形長額聳耳，耳孔各有十餘毛出外二寸許，右膝有數十黑子作七星文。讀書萬餘卷，一事不知，以爲深恥。善琴棊，工草隸。未弱冠，齊高帝作相，引爲諸王侍讀，除奉朝請。雖在朱門，閉影不交外物，唯以披閲爲務。朝儀故事，多所取焉。

家貧，求宰縣不遂。永明十年，脱朝服挂神武門，上表辭禄。詔許之，賜以束帛，敕所在月給伏苓五斤，白蜜二升，以供服餌。及發，公卿祖之征虜亭，供帳甚盛，車馬填咽，咸云宋、齊以來未有斯事。於是止于句容之句曲山。恒曰：「此山下是第八洞宮，名金壇華陽之天〔一七〕，周回一百五十里。昔漢有咸陽三茅君得道來掌此山，故謂之茅山。」乃中山立館，自號華陽陶隱居。人間書札，即以隱居代名〔一八〕。

始從東陽孫游嶽受符圖經法，徧歷名山，尋訪仙藥。身既輕捷，性愛山水，每經澗谷，必坐卧其間，吟詠盤桓，不能已已。謂門人曰：「吾見朱門廣夏，雖識其華樂，而無欲往之心。望高巖，瞰大澤，知此難立止，自恒欲就之。且永明中求禄，得輒差舛；若不爾，豈得爲今日之事。豈唯身有仙相，亦緣勢使之然。」沈約爲東陽郡守，高其志節，累書要之，不至。

弘景爲人員通謙謹，出處冥會，心如明鏡，遇物便了。言無煩舛，有亦隨覺。永元初，更築三層樓，弘景處其上，弟子居其中，賓客至其下。與物遂絶，唯一家僮得至其所。本便馬善射，晚皆不爲，唯聽吹笙而已。特愛松風，庭院皆植松，每聞其響，欣然爲樂。有時獨游泉石，望見者以爲仙人。

性好著述，尚奇異，顧惜光景，老而彌篤。尤明陰陽五行、風角星筭、山川地理、方圖産物、醫術本草，著帝代年歷〔一九〕，以筭推知漢熹平三年丁丑冬至，加時在日中，而天實以乙亥冬至，加時在夜半，凡差三十八刻，是漢歷後天二日十二刻也。又以歷代皆取其先妣母后配饗地祇，以爲神理宜然，碩學通儒，咸所不悟。又嘗造渾天象，高三尺許，地居中央，天轉而地不動，以機動之，悉與天相會。云「脩道所須，非止史官用是〔一〇〕」。深慕張良爲人，云「古賢無比」。

齊末爲歌曰「水丑木」，爲「梁」字。及梁武兵至新林，遣弟子戴猛之假道奉表。及聞議禪代，弘景援引圖讖，數處皆成「梁」字，令弟子進之。武帝既早與之游，及即位後，恩禮愈篤，書問不絕，冠蓋相望。

弘景既得神符祕訣，以爲神丹可成，而苦無藥物。帝給黃金、朱砂、曾青、雄黃等。後合飛丹，色如霜雪，服之體輕。及帝服飛丹有驗，益敬重之。每得其書，燒香虔受。帝使造年歷，至己巳歲而加朱點，實太清三年也。帝手敕招之，錫以鹿皮巾。後屢加禮聘，並不出，唯畫作兩牛，一牛散放水草之間，一牛著金籠頭，有人執繩，以杖驅之。武帝笑曰：「此人無所不作，欲斆曳尾之龜，豈有可致之理。」國家每有吉凶征討大事，無不前以諮詢。月中常有數信，時人謂爲山中宰相。二宮及公王貴要參候相繼，贈遺未嘗脫時。多不納受，縱留者即作功德。

天監四年，移居積金東澗。弘景辟穀導引之法〔一一〕，自隱處四十許年，年逾八十而有壯容。仙書云：「眼方者壽千歲。」弘景末年一眼有時而方。曾夢佛授其菩提記云，名爲勝力菩薩。乃詣鄮縣阿育王塔自誓，受五大戒。後簡文臨南徐州，欽其風素，召至後堂，以葛巾進見，與談論數日而去，簡文甚敬異之。天監中，獻丹於武帝。中大通初，又獻二刀〔二二〕，其一名善勝，一名成勝〔二三〕，並爲佳寶。

無疾，自知應逝，逆剋亡日，仍爲告逝詩。大同二年卒，時年八十五〔二四〕。顏色不變，屈伸如常，香氣累日，氛氳滿山。遺令：「既没不須沐浴，不須施牀，止兩重席於地，因所著舊衣，上加生裓裙及臂衣靺冠巾法服。左肘録鈴，右肘藥鈴，佩符絡左腋下。繞腰穿環結於前，釵符於髻上。通以大袈裟覆衾蒙首足。明器有車馬。道人道士並在門中，道人左，道士右。百日内夜常然燈，旦常香火。」弟子遵而行之。詔贈太中大夫，謚曰貞白先生。

弘景妙解術數，逆知梁祚覆没，預制詩云：「夷甫任散誕，平叔坐論空。豈悟昭陽殿，遂作單于宫。」詩祕在篋裏，化後，門人方稍出之。大同末，人士競談玄理，不習武事，後侯景篡，果在昭陽殿。

初，弘景母夢青龍無尾，自己升天，弘景果不妻無子。從兄以子松喬嗣。所著學苑百卷，孝經、論語集注、帝代年曆、本草集注、効驗方、肘後百一方、古今州郡記、圖像集要及玉匱記、七曜新舊術疏、占候、合丹法式，共秘密不傳，及撰而未訖又十部，唯弟子得之。

時有沙門釋寶誌者，不知何許人，有於宋泰始中見之，出入鍾山，往來都邑，年已五六十矣。齊、宋之交，稍顯靈跡，被髮徒跣，語嘿不倫。或被錦袍，飲啖同於凡俗，恒以鏡銅剪刀鑷屬挂杖負之而趍〔二五〕。或徵索酒肴，或累日不食，預言未兆，識他心智。一日中分身易所，遠近驚赴，所居噂喈。齊武帝忿其惑衆，收付建康獄。旦日，咸見游行市里，既而檢校，猶在獄中。其夜，又語獄吏：「門外有兩輿食，金鉢盛飯，汝可取之。」果是文惠太子及竟陵王子良所供養。縣令呂文顯以啓武帝，帝乃迎入華林園。少時忽重著三布帽，亦不知於何得之。俄而武帝崩，文惠太子、豫章文獻王相繼薨，齊亦於此季矣。

靈味寺沙門釋寶亮欲以納被遺之，未及有言，寶誌忽來牽被而去。蔡仲熊嘗問仕何所至。了自不答，直解杖頭左索繩擲與之，莫之解。仲熊至尚書左丞，方知言驗。

永明中，住東宮後堂，從平旦門中出入。末年忽云「門上血汙衣」，褰裳走過。至鬱林見害，果以犢車載屍出自此門，舍故閹人徐龍駒宅，而帝頸血流於門限焉。

梁武帝尤深敬事，嘗問年祚遠近。答曰：「元嘉元嘉。」帝欣然，以爲享祚倍宋文之年。雖剃鬚髮而常冠，下裙帽納袍〔二六〕，故俗呼爲誌公。好爲讖記，所謂誌公符是也。高麗聞之，遣使齎緜帽供養。

天監十三年卒。將死，忽移寺金剛像出置户外，語人云：「菩薩當去。」旬日無疾而終。先是琅邪王筠至莊嚴寺，寶誌遇之，與交言歡飲。至亡，敕命筠爲碑，蓋先覺也。

諸葛璩字幼玫〔二七〕，琅邪陽都人也。世居京口。璩幼事徵士關康之，博涉經史。復師徵士臧榮緒，榮緒著晉書，稱璩有發擿之功，方之壺遂。齊建武初，南徐州行事江祀薦璩於明帝，言璩安貧守道，悦禮敦詩，如其簡退，可揚清厲俗，請辟爲議曹從事。帝許之。璩辭不赴。陳郡謝朓爲東海太守，下教揚其風概，餉穀百斛。梁天監中，舉秀才，不就。

璩性勤於誨誘，後生就學者日至。居宅狹陋，無以容之。太守張友爲起講舍〔二八〕。璩處身清正，妻子不見喜愠之色，旦夕孜孜，講誦不輟，時人益以此宗之。卒於家。璩所著文章二十卷，門人劉曒集而録之〔二九〕。

劉慧斐字宣文〔三〇〕，彭城人也。父元直，淮南太守〔三一〕。慧斐少博學，能屬文，起家梁安成王法曹行參軍。嘗還都，途經尋陽，游於匡山，遇處士張孝秀〔三〕，相得甚歡，遂有終焉之志。因不仕，居東林寺〔三〕。又於山北構園一所，號曰離垢園，時人仍謂爲離垢先生。

慧斐尤明釋典，工篆隸，在山手寫佛經二千餘卷，常所誦者百餘卷。晝夜行道，孜孜不怠，遠近欽慕之。簡文臨江州，遺以几杖。論者云，自遠法師没後將二百年，始有張、劉之盛矣。元帝及武陵王等書問不絶。大同三年卒。

慧斐兄慧鏡，安成内史。初，元直居郡得罪，慧鏡歷詣朝士乞哀，懇惻甚至，遂以孝聞。

子曇淨字元光，篤行有父風，解褐安成王國左常侍。父卒於郡，曇淨奔喪，不食飲者累日，絶而又蘇，每哭輒嘔血。服闋，因毁成疾。會有詔士姓各舉四科，曇淨叔父慧斐舉以應孝行，武帝用爲海寧令。曇淨又以兄未爲縣，因以讓兄，乃除安西行參軍。父亡後，事母尤淳至，身營飡粥，不以委人。母疾，衣不解帶，及母亡，水漿不入口者殆一旬。母喪權瘞藥王寺，時天寒，曇淨身衣單布衣，廬於瘞所。晝夜哭臨不絶聲，哀感行路，未朞而卒。

范元琰字伯珪，一字長玉，吴郡錢塘人也。祖悦之，太學博士徵，不至。父靈瑜，居父憂以毁卒。元琰時童孺，哀慕盡禮，親黨異之。及長好學，博通經史，兼精佛義，然謙敬不以所長驕人。祖母患癰，恒自含吮。與人言常恐傷物。居家不出城市，雖獨居如對賓客，見者莫不改容憚之。

家貧，唯以園蔬爲業。嘗出行，見人盜其菘，元琰遽退走。母問其故，具以實答。母問盜者爲誰，答曰：「向所以退，畏其愧恥，今啓其名，願不泄也。」於是母子秘之。或有涉溝盜其筍者，元琰因伐木爲橋以度之，自是盜者大慙，一鄉無復草竊。

齊建武初，徵爲曹武平西參軍，不至。于時始安王遥光爲揚州，謂徐孝嗣曰：「曹武參軍，豈是禮賢之職。」欲以西曹書佐聘之，會遥光敗，不果，時人以爲恨。沛國劉瓛深加器異，嘗表稱之。天監九年，縣令管慧辯上言義行，揚州刺史臨川王宏辟命，不至。卒于家。

庾詵字彦寶，新野人也。幼聰警篤學，經史百家，無不該綜。緯候書射，棊筭機巧，並一時之絶。而性託夷簡，特愛林泉，十畝之宅，山池居半。蔬食弊衣，不脩産業。遇火，止出書數簣坐於池上，有爲火來者，答云「唯恐損竹」。乘舟從沮中山舍還，載米一百五十石。有人寄載三十石，及至宅，寄載者曰：「君三十斛，我百五十斛。」詵嘿然不言，恣其取足。鄰人有被執爲盜〔三四〕，見劾妄欵。詵矜之〔三五〕，乃以書質錢二萬，令門生詐爲其親，代之酬備。鄰人獲免謝詵，詵曰：「吾矜天下無辜，豈期謝也。」

梁武帝少與詵善，及起兵，署爲平西府記室參軍，詵不屈。平生少所游狎，河東柳惲欲與交，拒而弗納。普通中，詔以爲黄門侍郎，稱疾不起。晚年尤遵釋教，宅内立道場，環繞禮懺，六時不輟。誦法華經，每日一徧。後夜中忽見一道人自稱願公，容止甚異，呼詵爲上行先生，授香而去。中大通四年，因寢忽驚覺，曰：「願公復來，不可久住。」顔色不變，言終而亡，年七十八。舉室咸聞空中唱「上行先生已生彌陁淨域矣」。武帝聞而下詔，謚貞節處士，以顯高烈。

詵所撰帝歷二十卷，易林二十卷，續伍端休江陵記一卷，晉朝雜事五卷，總抄八十卷，行於世。

子曼倩字世華，亦早有令譽。元帝在荆州，爲中録事。每出，帝常目送之，謂劉之遴曰：「荆南信多君子。」後轉諮議參軍。所著喪服儀、文字體例、老子義疏、筭經及七曜歷術，并所製文章，凡九十五卷。子季才有學行，承聖中，位中書侍郎。江陵平，隨例入長安。

張孝秀字文逸，南陽宛人也。徙居尋陽。曾祖須無，祖僧監，父希，並別駕從事。

孝秀長六尺餘，白皙美鬚眉，仕州中從事史。遇刺史陳伯之叛，孝秀與州中士大夫謀襲之，事覺，逃於盆水側。有商人寘諸褚中，展轉入東林。伯之得其母郭，以蠟灌殺之。孝秀遺妻妾，入匡山脩行學道。服闋，建安王召爲別駕。因去職歸山，居于東林寺，有田數十頃，部曲數百人，率以力田，盡供山衆。遠近歸慕，赴之如市。

孝秀性通率，不好浮華，常冠穀皮巾，躡蒲履，手執并閭皮麈尾，服寒食散，盛冬卧於石上。博涉羣書，專精釋典。僧有虧戒律者，集衆佛前，作羯磨而笞之，多能改過。善談論，工隸書，凡諸藝能，莫不明習。普通三年卒，室中皆聞非常香。梁簡文甚傷悼焉，與劉慧斐書，述其貞白云。

庾承先字子通，潁川鄢陵人也。少沉静有志操，是非不涉於言，喜愠不形於色，人莫能窺也。弱歲受學於南陽劉虬，强記敏識，出於羣輩。玄經釋典，靡不該悉；九流七略，咸所精練。辟功曹不就，乃與道士王僧鎮同游衡岳。晚以弟疾還鄉里，遂居土臺山。梁鄱陽忠烈王在州，欽其風味，要與游處，令講老子。遠近名僧，咸來赴集，論難鋒起，異端競至，承先徐相酬答，皆得所未聞。忠烈王尤所欽重。

中大通三年，廬山劉慧斐至荆州，承先與之有舊，往從之，荆陝學徒因請承先講老子〔三六〕。湘東王親命駕臨聽，論議終日，留連月餘，乃還山。王親祖道，并贈篇什，隱者美之。其年卒，刺史厚有贈賻。門人黄士龍讓曰：「先師平素食不求飽，衣不求輕，凡有贈遺，皆無所受。臨終之日，誡約家門，薄棺周形，巾褐爲斂。雖蒙賚及，不敢輕承教旨，以違平生之操。錢布輒付使反。」時論高之。

馬樞字要理，扶風郿人也。祖靈慶，齊竟陵王録事參軍。樞數歲而孤，爲其姑所養。六歲，能誦孝經、論語、老子。及長，博極經史，尤善佛經及周易、老子義。梁邵陵王綸爲南徐州刺史，素聞其名，引爲學士。綸時自講大品經，令樞講維摩、老子、周易，同日發題，道俗聽者二千人。王欲極觀優劣，乃謂衆曰：「與馬學士論義，必使屈服，不得空立客主。」於是數家學者，各起問端。樞乃依次剖判，開其宗旨，然後枝分派別，轉變無窮，論者拱默聽受而已，綸甚嘉之。

尋遇侯景之亂，綸舉兵援臺，乃留書二萬卷付樞。樞肆志尋覽，殆將周遍，乃喟然歎曰：「吾聞貴爵位者以巢、由爲桎梏，愛山林者以伊、吕爲管庫，束名實則芻芥柱下之言，翫清虛則糠粃席上之說，稽之篤論，亦各從其好也。比求志之士，望塗而息，豈天之不惠高尚，何山林之無聞甚乎。」乃隱于茅山，有終焉之志。

陳天嘉元年，文帝徵爲度支尚書，辭不應命。時樞親故並居京口，每秋冬之際，時往游焉。及鄱陽王爲南徐州刺史，欽其高尚，鄙不能致，乃卑辭厚意，令使邀之，樞固辭以疾。門人勸請，不得已乃行。王別築室以處之，樞惡其崇麗，乃於竹林間自營茅茨而居。每以王公餽餉，辭不獲已者，率十分受一。

樞少屬亂離，凡所居處，盜賊不入，依託者常數百家。目精洞黃，能視闇中物。有白鷀一雙，巢前庭樹，馴狎櫚廡，時至几案，春來秋去，幾三十年。太建十三年卒。撰道覺論行於世。

論曰：夫獨往之人，皆禀偏介之性，不能摧志屈道〔三七〕，借譽期通。若使夫遇見信之主，逢時來之運，豈其放情江海，取逸丘樊？不得已而然故也。且巖壑閑遠，水石清華，雖復崇門八襲，高城萬雉，莫不蓄壤開泉，髣髴林澤。故知松山桂渚，非止素玩，碧澗清潭，翻成麗矚。挂冕東都，夫何難之有。

校勘記

〔一〕父庸人　「庸人」，南齊書卷五四高逸臧榮緒傳作「庸民」，此避唐諱而改。

〔二〕隱居鍾山　「鍾山」，原作「錢山」，據宋乙本壹、南監本、北監本、汲本、殿本及南齊書卷五四高逸吴苞傳附傳、册府卷八一三改。

〔三〕常以竹箭若葉甘蕉及地上學書　「甘蕉」，御覽卷五〇五引南史、卷九六二引齊書作「甘蔗」。

〔四〕伯珍訓答甚有條理　「訓」，宋乙本壹、南監本、北監本、汲本及南齊書卷五四高逸徐伯珍傳、册府卷六〇六、通志卷一七八作「訓」。

〔五〕二年　建康實録卷一六、御覽卷五〇五引南史、通志卷一七八無「二年」二字。錢大昕、張森楷、張元濟並云「二年」於上下文不相屬，疑有誤。

〔六〕伯珍同郡婁幼瑜字季玉　「玉」字原脱，據本書卷五〇劉瓛傳附傳補。

〔七〕山藪故多奇士　「山藪」，南齊書卷五四高逸沈麟士傳、册府卷八一〇作「山東」。

〔八〕吴差山中有賢士　「吴」字原脱，據御覽卷五〇五引南史、通志卷一七八補。此處當以七字爲句。

〔九〕走雖不敏請附高節　「節」，原作「卿」，據南齊書卷五四高逸沈麟士傳、册府卷八一〇、通志卷一七八改。

〔一〇〕以本裘衫先着褌凡二服上加單衣幅巾履枕　「本」，原作「米」，據宋乙本壹及册府卷九〇七、通志卷一七八改。

〔一一〕雖蔬有味亦吐之　「蔬」，南監本、北監本、殿本作「蔬菜」，御覽卷八一九引齊書、廣弘明集卷三作「蔬食」。

〔一二〕比以采章如似皇甫謐　「比」字原脱，據通志卷一七八補。

〔一三〕上自炎黄終于天監末　「炎黄」，原作「炎皇」，據宋乙本壹及梁書卷五一處士阮孝緒傳、册府卷六〇七、通志卷一七八改。

〔一四〕若使麏麚可駿　「若」，原作「人」，據宋乙本壹、南監本、北監本、汲本、殿本及梁書卷五一處士阮孝緒傳、通志卷一七八改。

〔一五〕末年以蔬食斷酒　御覽卷六五七引梁書無「以」字，疑衍文。

〔一六〕父貞　雲笈七籤卷一〇七陶翊華陽隱居先生本起録、英華卷八七三梁蕭綸隱居貞白先生陶君碑並云陶弘景父名貞寶。

〔一七〕名金壇華陽之天　「金壇」，原作「金陵」，據梁書卷五一處士陶弘景傳改。按王鳴盛商榷卷六四：「考弘景所作真誥第十一卷稽神樞篇云：『大天之内有地中洞天三十六所，其第八是句曲山之洞，周回一百五十里，名曰金壇華陽之天。』作『壇』是。」

〔一八〕人間書札即以隱居代名　「札」，原作「禮」，據南監本、北監本、殿本改。

〔一九〕尤明陰陽五行風角星筭山川地理方圖産物醫術本草著帝代年歷　「方圖」，原作「方圓」，據梁書卷五一處士陶弘景傳、册府卷五六〇、卷七八六改。「著」字原脱，據梁書、册府卷七八六補。

〔二〇〕非止史官用是　「用是」，梁書卷五一處士陶弘景傳、册府卷七八六作「是用」。

〔二一〕弘景辟穀導引之法　「弘景」下，梁書卷五一處士陶弘景傳有「善」字，通志卷一七八有「得」字，此疑脱文。

〔二二〕中大通初又獻二刀　「中大通」，梁書卷五一處士陶弘景傳、册府卷一九七、雲笈七籤卷一〇七唐李渤梁茅山貞白先生傳、玉海卷一五一引陶弘景傳、廣博物志卷四一引南史作「大通」。「刀」，原作「丹」，據宋乙本壹及梁書、册府、雲笈七籤、玉海改。

〔二三〕一名成勝　「成勝」，玉海卷一五一引陶弘景傳作「威勝」，廣記卷二三一引芝田録作「寶勝」。按類聚卷六〇載梁簡文帝謝敕賚善勝威勝刀啓，疑當作「威勝」。

〔二四〕時年八十五　按馬宗霍校證：「據梁簡文帝所撰墓誌銘及梁邵陵王綸所撰隱居貞白先生陶君碑，俱云春秋八十有一。又本傳上文言弘景『以宋孝建三年景申歲夏至日生』，遞推至梁大同二年丙辰，年正八十有一。又弘景辭奉朝請在齊永明十年，據邵陵王碑，時年三十有七，歲在壬申，再推至梁大同二年丙辰，亦年八十有一。然則此云八十有五者誤也。」

〔二五〕恒以鏡銅剪刀鑷屬挂杖負之而趍　「鏡銅」，御覽卷八三〇引南史作「銅鏡」。

〔二六〕雖剃鬚髮而常冠下裙帽納袍　通志卷一八二「帽」在「冠」字下，此疑誤倒。

〔二七〕諸葛璩字幼玫　「幼玫」，梁書卷五一處士諸葛璩傳、御覽卷五〇五引南史作「幼玟」。

〔二八〕太守張友爲起講舍　「張友」，御覽卷五〇五引南史、册府卷五九八、通志卷一七八作「張仄」。按梁書卷四七孝行吉翂傳有「揚州中正張仄」，不詳是否一人。

〔二九〕門人劉暾集而録之　「劉暾」，梁書卷五一處士諸葛璩傳、册府卷八三九作「劉曒」。

〔三〇〕劉慧斐字宣文　「宣文」，梁書卷五一處士劉慧斐傳作「文宣」。

〔三一〕父元直淮南太守　「元直」，册府卷七五三作「元真」，梁書卷四七孝行劉曇淨傳亦云「祖元真，淮南太守」。

〔三二〕遇處士張孝秀　「遇」，梁書卷五一處士劉慧斐傳作「過」。

〔三三〕因不仕居東林寺　「因」，原作「固」，據北監本、殿本及梁書卷五一處士劉慧斐傳、御覽卷五〇五引南史、卷六五四引梁書改。

〔三四〕鄰人有被執爲盜　「執」，梁書卷五一處士庾詵傳、册府卷八〇三作「誣」，疑是。

〔三五〕見劾妄款詵矜之　原疊有「詵」字，據梁書卷五一處士庾詵傳、御覽卷八三八引梁書、册府卷八〇三删。

〔三六〕荆陝學徒因請承先講老子　「荆陝」，原作「荆峽」，據梁書卷五一處士庾承先傳改。按梁以荆州在西，有如周之分陝，故稱荆陝。

〔三七〕不能摧志屈道　「摧」，原作「擢」，據南監本、北監本、殿本及宋書卷九三隱逸傳史臣曰改。

南史卷七十七

列傳第六十七

恩倖

戴法興 戴明寶 徐爰 阮佃夫 紀僧真 劉係宗 茹法亮
呂文顯 茹法珍 梅蟲兒 周石珍 陸驗 徐驎 司馬申
施文慶 沈客卿 孔範

夫鮑魚芳蘭，在於所習，中人之性，可以上下。然則謀於管仲，齊桓有邵陵之師，邇於易牙，小白掩陽門之扇。夫以霸者一身，且有洿隆之別，況下於此，胡可勝言者乎。故古之哲王，莫不斯慎。自漢氏以來，年且千祀，而近習用事，無乏於時，莫不官由近親，情因狎重。至如中書所司，掌在機務。漢元以令、僕用事，魏明以監、令專權，在晉中朝，常爲重寄，故公曾之歎，恨於失職。于時舍人之任，位居九品，江左置通事郎，管司詔誥，其後郎還爲侍郎，而舍人亦稱通事。元帝用琅邪劉超，以謹慎居職。宋文世，秋當、周赳並出寒門。孝武以來，士庶雜選，如東海鮑照以才學知名，又用魯郡巢尚之，江夏王義恭以爲非選。帝遣尚之送尚書四十餘牒，宣敕論辯，義恭乃歎曰：「人主誠知人。」及明帝世，胡母顥、阮佃夫之徒，專爲佞倖矣。齊初亦用久勞及以親信，關讞表啓，發署詔敕，頗涉辭翰者，亦爲詔文，侍郎之局復見侵矣。建武世，詔命始不關中書，專出舍人。省内舍人四人，所直四省，其下有主書令史，舊用武官，宋改文吏，人數無員，莫非左右要密。天下文簿板籍，入副其省，萬機嚴祕，有如尚書外司。領武官有制局監、外監，領器仗兵役，亦用寒人。爰及梁、陳，斯風未改。其四代之被恩倖者，今立以爲篇，以繼前史之作云爾。

戴法興，會稽山陰人也。家貧，父碩子以販紵爲業。法興二兒延壽、延興並脩立，延壽善書，法興好學。山陰有陳戴者〔一〕，家富有錢三千萬，鄉人或云：「戴碩子三兒敵陳戴三千萬錢。」

法興少賣葛山陰市，後爲尚書倉部令史。大將軍彭城王義康於尚書中覓了了令史，得法興等五人，以法興爲記室令史。義康敗，仍爲孝武征虜撫軍記室掾。及徙江州，仍補南中郎典籤。帝於巴口建義，法興與典籤戴明寶、蔡閑俱轉參軍督護。上即位，並爲南臺侍御史，同兼中書通事舍人。法興等專管内務，權重當時。孝建元年，爲南魯郡太守，解舍人，侍太子於東宮。大明二年，以南下預密謀，封法興吴昌縣男，明寶湘鄉縣男。閑時已卒，追加爵封。法興轉太子旅賁中郎將。

孝武親覽朝政，不任大臣，而腹心耳目不得無所委寄。法興頗知古今，素見親待，雖出侍東宮，而意任隆密。魯郡巢尚之，人士之末，元嘉中，侍始興王濬讀書，亦涉獵文史，爲上所知。孝建初，補東海國侍郎，仍兼中書通事舍人。凡選授遷轉誅賞大處分，上皆與法興、尚之參懷。内外諸雜事多委明寶。上性嚴暴，睚眦之間，動至罪戮。尚之每臨事解釋，多得全免，殿省甚賴之。而法興、明寶大通人事，多納貨賄，凡所薦達，言無不行，天下輻湊，門外成市，家産並累千金。明寶驕縱尤甚，長子敬爲揚州從事，與上爭買御物。六宮嘗出，敬盛服騎馬，於車左右馳驟去來。上大怒，賜敬死，繫明寶尚方。尋被原釋，委任如初。

孝武崩，前廢帝即位，法興遷越騎校尉。時太宰江夏王義恭録尚書事，任同總己，而法興、尚之執權日久，威行內外，義恭積相畏服，至是懾憚尤甚。廢帝未親萬機，凡詔敕施爲，悉決法興之手，尚書中事無大小專斷之，顔師伯、義恭守空名而已。尚之甚聰敏，時百姓欲爲孝武立寺，疑其名。尚之應聲曰：「宜名天保。詩云：『天保，下報上也。』」時服其機速。

廢帝年已漸長，凶志轉成，欲有所爲，法興每相禁制。謂帝曰：「官所爲如此，欲作營陽邪？」帝意稍不能平。所愛幸閹人華願兒有盛寵，賜與金帛無筭。法興常加裁減，願兒甚恨之。帝嘗使願兒出入市里，察聽風謠，而道路之言，謂法興爲真天子，帝爲贗天子。願兒因此告帝曰：「外間云宮中有兩天子，官是一人，戴法興是一人。官在深宮中，人物不相接，法興與太宰、顔、柳一體，往來門客恒有數百，內外士庶莫不畏服之〔二〕。法興是孝武左右，復久在宮闈，今將他人作一家，深恐此坐席非復官許。」帝遂免法興官，徙付遠郡，尋於家賜死。法興臨死，封閉庫藏，使家人謹録籥牡〔三〕。死一宿，又殺其二子，截法興棺兩和，籍没財物。法興能爲文章，頗行於世。

死後，帝敕巢尚之曰：「不謂法興積釁累愆，遂至於此。吾今自覽萬機，卿等宜竭誠盡力。」尚之時爲新安王子鸞撫軍中兵參軍、淮陵太守，乃解舍人，轉爲撫軍諮議參軍，太守如故。明帝初，復以尚之兼中書通事舍人、南清河太守。累遷黄門侍郎，出爲新安太守，病卒。

戴明寶，南東海丹徒人，亦歷員外散騎侍郎、給事中。孝武時，帶南清河太守。前廢帝即位，權任悉歸法興，而明寶輕矣。明帝初，天下反叛，以明寶舊人，屢經戎事，復委任之。後坐納貨賄繫尚方，尋被宥。位宣城太守。昇明初，老，拜太中大夫〔四〕，病卒。

武陵國典書令董元嗣與法興、明寶等俱爲孝武南中郎典籤，元嘉三十年，奉使還都，會元凶弑立，遣元嗣南還，報上以徐湛之等反。上時在巴口，元嗣具言弑狀。上遣元嗣下都奉表於劭，既而上舉義兵，劭詔責元嗣，元嗣答云：「始下未有反謀。」劭不信，備加考掠，不服遂死。孝武事剋，贈員外散騎侍郎，使文士蘇寶生爲之誄焉。

大明中，又有奚顯度者，南東海郯人，官至員外散騎侍郎。孝武嘗使主領人功，而苛虐無道，動加捶撲，暑雨寒雪，不聽暫休，人不堪命，或自經死。時建康縣考囚，或用方材壓額及踝脛，人間謡曰：「寧得建康壓額，不能受奚度拍。」又相戲曰：「勿反顧，付奚度。」其酷暴如此。前廢帝嘗戲云：「顯度刻虐爲百姓疾，比當除之。」左右因唱「爾」，即日宣殺焉。時人比之孫皓殺岑昏。

徐爰字長玉，南琅邪開陽人也。本名瑗，後以與傅亮父同名，亮啓改爲爰。初爲晉琅邪王大司馬府中典軍，從北征，微密有意理，爲武帝所知。少帝在東宫，入侍左右。文帝初，又見親任，遂至殿中侍御史。元嘉十二年，轉南臺御史，始興王濬後軍行參軍〔五〕。復侍太子於東宫，遷員外散騎侍郎。文帝每出軍，常懸授兵略。二十九年，重遣王玄謨等北侵，配爰五百人，隨軍碻磝，銜中旨臨時宣示。孝武至新亭，江夏王義恭南奔，爰時在殿内，詐劭追義恭，因即得南走。時孝武將即大位，軍府造次，不曉朝章，爰素諳其事，及至，莫不喜悦，以兼太常丞撰立儀注。後兼尚書右丞，遷左丞。

先是，元嘉中使著作郎何承天草創國史，孝武初又使奉朝請山謙之、南臺御史蘇寶生踵成之。孝建六年〔六〕，又以爰領著作郎，使終其業。爰雖因前作，而專爲一家之書。上表「起元義熙，爲王業之始，載序宣力，爲功臣之斷」。於是内外博議。太宰江夏王義恭等三十五人同爰，宜以義熙元年爲斷。散騎常侍巴陵王休若、尚書金部郎檀道鸞二人謂宜以元興三年爲始。太學博士虞龢謂宜以開國爲宋公元年。詔曰：「項籍、聖公，編録二漢，前史已有成例。桓玄傳宜在宋典，餘如爰議。」

孝武崩，營景寧陵，以本官兼將作大匠。爰便僻善事人，能得人主微旨，頗涉書傳，尤悉朝儀。元嘉初，便入侍左右，預參顧問。長於附會，又飾以典文，故爲文帝所任遇。大明世，委寄尤重，朝廷大禮儀，非爰議不行。雖復當時碩學所解過之者，既不敢立異議，所言亦不見從。孝武崩，公除後，晉安王子勛侍讀博士諮爰宜習業與不？爰答曰：「居喪讀喪禮，習業何嫌。」少日，始安王子真博士諮爰，爰曰：「小功廢業，三年喪何容讀書。」其專斷乖謬皆如此。

前廢帝凶暴無道，殿省舊人多見罪黜，唯爰巧於將迎，始終無忤。誅羣公後，以爰爲黄門侍郎，領射聲校尉，著作如故，封吴平縣子。寵待隆密，羣臣莫二。帝每出行，常與沈慶之、山陰公主同輦，爰亦預焉。

明帝即位，以黄門侍郎，改領長水校尉，兼尚書左丞。明年，除太中大夫，著作並如故。爰執權日久，上在蕃素所不悦，及景和世，屈辱卑約，爰禮敬甚簡，益銜之。泰始三年，詔暴其罪，徙交州。及行，又詔除廣州統内郡。有司奏以爲宋隆太守。除命既下，爰已至交州。久之聽還，仍除南康郡丞。明帝崩，還都，以爰爲濟南太守〔七〕，復除中散大夫。元徽三年卒，年八十二。

爰子希秀，甚有學解，亦閑篆隸，正覺、禪靈二寺碑，即希秀書也。爰之徙交州，明帝召希秀謂曰：「比當令卿父還。」希秀再拜答曰：「臣父年老，恐不及後恩。」帝大嗟賞，即召爰還。希秀位驍騎將軍、淮南太守。子泓甚閑吏職，而在事刻薄，於人少恩。仕齊歷位臺郎，秣陵、建康令，湘東太守。

阮佃夫，會稽諸暨人也。明帝初出閤，選爲主衣，後又請爲世子師，甚見信待。景和末，明帝被拘於殿內，住在秘書省，爲帝所疑，大禍將至。佃夫與王道隆、李道兒及帝左右琅邪淳于文祖謀共廢立。時直閤將軍柳光世亦與帝左右蘭陵繆方盛、丹陽周登之有密謀，未知所奉。登之與明帝有舊，方盛等乃使登之結佃夫，佃夫大悅。先是，帝立皇后，普暫撤諸王奄人，明帝左右錢藍生亦在例，事畢未被遣，密使藍生候帝。慮事泄，藍生不欲自出，帝動止輒以告淳于文祖，令報佃夫。

景和元年十一月二十九日晡時，帝出華林園。建安王休仁、山陽王休祐、山陰主並侍側，明帝猶在秘書省不被召，益懼。佃夫以告外監典事東陽朱幼，又告主衣吳興壽寂之、細鎧主南彭城姜產之。產之又語所領細鎧將臨淮王敬則，幼又告中書舍人戴明寶，並響應。明寶、幼欲取其日向曉，佃夫等勸取開門鼓〔八〕。幼預約勒內外，使錢藍生密報建安王休仁等。

時帝欲南巡，腹心直閤將軍宗越等，其夕並聽出外裝束，唯有隊主樊僧整防華林閣，是柳光世鄉人。光世要之，即受命。姜產之又要隊副陽平聶慶及所領壯士會稽富靈符、吴郡俞道龍、丹陽宋逵之、陽平田嗣，並聚於慶省。佃夫慮力少，更欲招合，壽寂之曰：「謀廣或泄，不煩多人。」時巫覡言後堂有鬼，其夕帝於竹林堂前與巫共射之，建安王休仁等、山陰主並從。帝素不悦寂之，見輒切齒。寂之既與佃夫等成謀，又慮禍至，抽刀前入，姜產之隨其後，淳于文祖、繆方盛、周登之、富靈符、聶慶、田嗣、王敬則、俞道龍、宋逵之又繼進。休仁聞行聲甚疾，謂休祐曰：「作矣。」相隨奔景陽山。帝見寂之至，引弓射之，不中，乃走。寂之追殺之。事定，宣令宿衛曰：「湘東王受太后令除狂主〔九〕，今已太平。」

明帝即位，論功，壽寂之封應城縣侯，產之汝南縣侯，佃夫建城縣侯，王道隆吴平縣侯，淳于文祖陽城縣侯，李道兒新淦縣侯〔一〇〕，繆方盛劉陽縣侯，周登之曲陵縣侯，富靈符惠懷縣子，聶慶建陽縣子，田嗣將樂縣子，王敬則重安縣子，俞道龍荼陵縣子，宋逵之零陵縣子。佃夫遷南臺侍御史。

薛索兒度淮爲寇，山陽太守程天祚又反，佃夫與諸軍破薛索兒，降天祚。後轉太子步兵校尉、南魯郡太守，侍太子於東宮。泰始四年，以本官兼游擊將軍，及輔國將軍蓋次陽與二衛參員直〔一一〕。次陽字崇基，平昌安丘人也，位冠軍將軍卒。

時佃夫及王道隆、楊運長並執權〔二〕，亞於人主，巢、戴大明之世，方之蔑如也。嘗正旦應合朔，尚書奏遷元會。佃夫曰：「元正慶會，國之大禮，何不遷合朔日邪？」其不稽古如此。大通貨賄，凡事非重賂不行。人有餉絹二百疋，嫌少不答書。宅舍園池，諸王邸第莫及。女妓數十，藝貌冠絶當時。金玉錦繡之飾，宫掖不逮也。每製一衣，造一物，都下莫不法効焉。於宅内開瀆東出十許里，塘岸整潔，汎輕舟，奏女樂。中書舍人劉休嘗詣之，遇佃夫出行，中路相逢，要休同反。就席便命施設，一時珍羞，莫不畢備〔三〕。凡諸火劑，並皆始熟，如此者數十種。佃夫常作數十人饌以待賓客〔四〕，故造次便辦，類皆如此，雖晉世王、石不能過也。泰始初，軍功既多，爵秩無序，佃夫僕從附隸皆受不次之位：捉車人武賁中郎將，傍馬者員外郎。朝士貴賤，莫不自結，而矜傲無所降意，入其室者唯吴興沈勃、吴郡張澹數人而已。

明帝晏駕，後廢帝即位，佃夫權任轉重，兼中書通事舍人，加給事中、輔國將軍，餘如故。欲用張澹爲武陵郡，衞將軍袁粲以下皆不同，而佃夫稱敕施行。又廬江何恢有妓張耀華美而有寵，爲廣州刺史將發，要佃夫飲，設樂，見張氏，悦之，頻求。恢曰：「恢可得，此人不可得也。」佃夫拂衣出户，曰：「惜指失掌邪？」遂諷有司以公事彈恢。凡如此，粲等並不敢執。

元徽三年，遷黄門侍郎，領右衞將軍〔一五〕。明年，改領驍騎將軍，遷南豫州刺史、歷陽太守，猶管内任。時廢帝猖狂，好出游走。始出宫，猶整羽儀隊仗，俄而棄部伍，單騎與數人相隨，或出郊野，或入市鄽，内外莫不憂懼。佃夫密與直閤將軍申伯宗、步兵校尉朱幼、于天寶謀共廢帝，立安成王。

五年春，帝欲往江乘射雉。帝每出，常留隊仗在樂游苑前，棄之而去。佃夫欲稱太后令唤隊仗還，閉城門，分人守石頭、東府，遣人執帝廢之，自爲揚州刺史輔政。與幼等已成謀，會帝不成向江乘，故事不行。于天寶因以其謀告帝，帝乃收佃夫、幼、伯宗於光禄外部賜死。佃夫、幼等罪止一身，其餘無所問。

幼泰始初爲外監配衣，諸軍征討〔一六〕，有濟辦之能，遂官涉三品〔一七〕，爲奉朝請、南高平太守，封安浦縣侯。

于天寶，其先胡人，豫竹林堂功，元徽中封鄂縣子。發佃夫謀，以爲清河太守、右軍將軍。昇明中，齊高帝以其反覆賜死。

壽寂之位太子屯騎校尉、南泰山太守，多納貨賄，請謁無窮。有一不從，便切齒罵詈，常云「利刀在手，何憂不辦」。鞭尉吏，斫邏將，後爲有司所奏，徙送越州。至豫章謀叛，乃殺之。

姜産之位南濟陽太守〔一八〕。後北侵魏，戰敗見殺。

王道隆，吴興烏程人。兄道迄涉學善書，形貌又美，吴興太守王韶之謂人曰：「有子弟如王道迄，無所少。」道隆亦知書，泰始二年，兼中書通事舍人。道隆爲明帝所委，過於佃夫，而和謹自保，不妄毁傷人。執權既久，家産豐積，豪麗雖不及佃夫，而精整過之。元徽二年，桂陽王休範舉兵，乃以討佃夫、道隆及楊運長爲名。休範奄至新亭見殺。

楊運長，宣城懷安人。素善射，爲射師。性謹慤，爲明帝委信。及即位，親遇甚厚。後廢帝即位，與佃夫俱兼通事舍人。以平桂陽王休範功，封南城縣子。運長質木廉正，脩身甚清，不事園宅，不受餉遺。而凡鄙無識，唯與寒人潘智、徐文盛厚善。動止施爲，必與二人量議。文盛爲奉朝請，預平桂陽王休範，封廣晉縣男。順帝即位，運長爲宣城太守，尋還家。沈攸之反，運長有異志，齊高帝遣驃騎司馬崔文仲誅之。

紀僧真，丹陽建康人也。少隨逐征西將軍蕭思話及子惠開，皆被賞遇。惠開性苛，僧真以微過見罰，既而委任如舊。及罷益州還都，不得志，而僧真事之愈謹。惠開臨終歎曰：「紀僧真方當富貴，我不見也。」以僧真託劉彦節、周顒。

初，惠開在益州，土反，被圍危急，有道人謂之曰：「城圍尋解，檀越貴門後方大興，無憂外賊也。」惠開密謂僧真曰：「我子弟見在者並無異才，政是蕭道成耳。」僧真憶其言，乃請事齊高帝，隨從在淮陰。以閑書題，令答遠近書疏。自寒官歷至高帝冠軍府參軍、主簿。僧真夢蒿艾生滿江，驚而白之。高帝曰：「詩人採蕭，蕭即艾也。蕭生斷流，卿勿廣言。」其見親如此。後除南臺御史、高帝領軍功曹。

上將廢立，謀之袁粲、褚彥回。僧真啓上曰：「今朝廷猖狂，人不自保，天下之望，不在袁、褚，明公豈得默己，坐受夷滅？存亡之機，仰希熟慮。」高帝納之。高帝欲度廣陵起兵，僧真又曰：「主上雖復狂釁，而累代皇基，猶固盤石。今百口北度，何必得俱；縱得廣陵城，天子居深宮，施號令，目明公爲逆，何以避此？如其不勝，則應北走。竊謂此非萬全策也。」上曰：「卿顧家，豈能逐我行邪？」僧真頓首稱無貳。

昇明元年，除員外郎，帶東武城令，尋除給事中。高帝坐東府高樓望石頭城，僧真在側。上曰：「諸將勸我誅袁、劉，我意未願便爾。」及沈攸之事起，從高帝入朝堂。石頭反夜，高帝遣衆軍掩討。宮城中望石頭火光及叫聲甚盛，人懷不測。僧真謂衆曰：「叫聲不絶，是必官軍所攻。火光起者，賊不容自燒其城，此必官軍勝也。」尋而啓石頭平。

上出頓新亭，使僧真領千人在帳内。初，上在領軍府，令僧真學上手迹下名，至是報答書疏皆付僧真。上觀之笑曰：「我亦不復能别也。」

初，上在淮陰脩理城，得古錫趺九枚，下有篆文，莫能識者。僧真省事獨曰：「何須辯此文字，此自久遠之物。錫而有九，九錫之徵也。」高帝曰：「卿勿妄言。」及上將拜齊公，已剋日，有楊祖之謀於臨軒作難，僧真請上更還吉辰，尋而祖之事覺。上曰：「無卿言，亦當致小狼狽，此亦何異呼沲之冰。」轉齊國中書舍人。建元初，帶東燕令，封新陽縣男。轉羽林監，遷尚書主客郎，太尉中兵參軍，兼中書舍人。

高帝疾甚，令僧真典遺詔。永明元年，丁父喪。起爲建威將軍，尋除南太山太守，又爲舍人。僧真容貌言吐，雅有士風，武帝嘗目送之，笑曰：「人生何必計門户，紀僧真常常貴人所不及也〔九〕。」諸權要中最被眄遇。後除前軍將軍。遭母喪，開冢得五色兩頭蛇。武帝崩，僧真號泣思慕。

明帝以僧真歷朝驅使，建武初，除游擊將軍，兼司農，待之如舊。欲令僧真臨郡，僧真啓進其弟僧猛爲鎮蠻護軍、晉熙太守。永泰元年，除司農卿。明帝崩，掌山陵事，出爲廬陵内史。卒于官。僧猛後卒於晉熙太守。兄弟皆有風姿舉止，並善隸書。僧猛又能飛白書，作飛白賦。僧真子交卿，甚有解用。

宋時道人楊法持與高帝有舊，元徽末，宣傳密謀。昇明中，以爲僧正。建元初，罷道，爲寧朔將軍，封州陵男。二年，遣法持爲軍主，領支軍救援朐山。永明四年，坐役使將客，奪其鮭稟，削封，卒。

劉係宗，丹陽人也。少便書畫，爲宋竟陵王誕子景粹侍書。誕舉兵，廣陵城内皆死，敕沈慶之赦係宗，以爲東宮侍書。泰始中，爲主書，以寒宦累至勳品〔一〇〕。元徽初，爲奉朝請，兼中書通事舍人、員外郎，封始興南亭侯，帶秣陵令。

齊高帝廢蒼梧，明旦呼正直舍人虞整，醉不能起，係宗歡喜奉敕。高帝曰：「今天地重開，是卿盡力之日。」使寫諸處分敕令及四方書疏。使主書十人、書吏二十人配之，事皆稱旨。高帝即位，除龍驤將軍、建康令。永明初，爲右軍將軍、淮陵太守，兼中書通事舍人。母喪自解，起復本職。

四年，白賊唐寓之起，宿衛兵東討，遣係宗隨軍慰勞。遍至遭賊郡縣，百姓被驅逼者，悉無所問，還復人伍。係宗還，上曰：「此段有征無戰，以時平蕩，百姓安怗，甚快也。」賜係宗錢帛。

上欲修白下城，難於動役。係宗啓謫役在東人丁隨寓之爲逆者，上從之。後車駕出講武，上履行白下城曰：「劉係宗爲國家得此一城。」永明中，魏使書常令係宗題答，祕書局皆隸之[一一]。再爲少府。鬱林即位，除寧朔將軍、宣城太守。

係宗久在朝省，閑於職事，武帝常云：「學士輩不堪經國，唯大讀書耳。經國，一劉係宗足矣。沈約、王融數百人，於事何用。」其重吏事如此。建武二年，卒官。

茹法亮，吴興武康人也。宋大明中，出身爲小史。歷齋幹扶侍。孝武末年，鞭罰過度，校獵江右，選白衣左右百八十人，皆面首富室，從至南州，得鞭者過半。法亮憂懼，因緣啓出家，得爲道人。明帝初，罷道，結事阮佃夫，累至齊高帝冠軍府行參軍。及武帝鎮盆城，須舊驅使人，法亮求留爲武帝江州典籤，除南臺御史，帶松滋令。

法亮便僻解事，善於承奉，稍見委信。建元初，度東宫主書，除奉朝請，補東宫通事舍人。武帝即位，仍爲中書通事舍人，除員外郎，帶南濟陰太守。與會稽吕文度、臨海吕文顯並以姦佞諂事武帝。文度爲外監，專制兵權，領軍將軍守虚位而已。天文寺常以上將星占文度吉凶。文度尤見委信，上嘗云：「公卿中有憂國如文度者，復何憂天下不寧。」

文度既見委用，大納財賄，廣開宅宇，盛起土山，奇禽怪樹，皆聚其中，後房羅綺，王侯不能及。又啓上籍被却者悉充遠戍，百姓嗟怨，或逃亡避咎。富陽人唐寓之因此聚黨爲亂，鼓行而東，乃於錢唐縣僭號，以新城戍爲僞宫，以錢唐縣爲僞太子宫，置百官皆備。三吴却籍者奔之，衆至三萬。竊稱吴國，僞年號興平。其源始於虞玩之，而成於文度，事見虞玩之傳。

法亮、文度並勢傾天下，太尉王儉常謂人曰：「我雖有大位，權寄豈及茹公。」永明二年，封望蔡縣男。七年，除臨淮太守，轉竟陵王司徒中兵參軍。

巴東王子響於荆州殺僚佐，上遣軍西上，使法亮宣旨安撫子響。法亮至江津，子響呼法亮，疑畏不肯往。又求見傳詔，法亮又不遣。故子響怒，遣兵破尹略軍。事平，法亮至江陵，誅賞處分，皆稱敕斷決。軍還，上悔誅子響，法亮被責，少時親任如舊。廣開宅宇，杉齋光麗，與延昌殿相埒。延昌殿，武帝中齋也。宅後爲魚池釣臺，土山樓館，長廊將一里。竹林花藥之美，公家苑囿所不能及。鬱林即位，除步兵校尉。

時有綦母珍之，居舍人之任，凡所論薦，事無不允。内外要職及郡丞尉，皆論價而後施行。貨賄交至，旬月之間，累至千金。帝給珍之宅，宅邊又有空宅，從即併取，輒令材官營作，不關詔旨。材官將軍細作丞相語云：「寧拒至尊敕，不可違舍人命。」珍之母隨弟欽之作暨陽令，欽之罷縣還，珍之迎母至湖熟，輒將青氅百人自隨，鼓角横吹，都下富人追從者百數。欽之自行佐作縣，還除廬陵王驃騎正將軍〔二三〕，又許宣敕，使欽之領青鼇。珍之有一銅鏡，背有「三公」字，常語人云：「徵祥如此，何患三公不至。」乃就蔣王廟乞願得三公，封郡王。啓帝求封，朝議未許。又自陳曰：「珍之西州伏事，侍從入宫，契闊心膂，竭盡誠力。王融姦謀潛構，自非珍之翼衞扶持，事在不測。今惜千户侯，誰爲官使者。」又有牒自論於朝廷曰：「當世祖晏駕之時，内外紛擾，珍之手抱至尊，口行處分，忠誠契闊，人誰不知。今希千户侯，於分非過。」乃許三百户。瞋恚形於言色，進爲五百户，又不肯受。明帝議誅之，乃許封汝南縣。

有杜文謙者，吴郡錢唐人。帝爲南郡王，文謙侍五經文句，歷太學博士。出爲溧陽令，未之職。會明帝知權，蕭諶用事，文謙乃謂珍之曰：「天下事可知，灰盡粉滅，匪朝伊夕，不早爲計，吾徒無類矣。」珍之曰：「計將安出？」答曰：「先帝故人多見擯斥，今召而使之，誰不慷慨。近聞王洪軌與趙越常、徐僧亮、萬靈會共語，皆攘袂搥牀。君其密報周奉叔，使萬靈會、魏僧勔殺蕭諶，則宫内之兵皆我用也。即勒兵入尚書斬蕭令，兩都伯力耳。其次則遣荆軻、豫讓之徒，因諮事，左手頓其胸，則方寸之刃，足以立事，亦萬世一時也。今舉大事亦死，不舉事亦死，二死等耳，死社稷可乎。若遲疑不斷，復少日，録君稱敕賜死，父母爲殉，在眼中矣。」珍之不能用。時徐龍駒亦當得封，珍之恥與龍駒共詔，因求別立。事未及行而事敗。珍之在西州時有一手板，相者云「當貴」。每以此言動帝，又圖黄門郎，帝嘗問之曰：「西州時手板何在？」珍之曰：「此是黄門手板，官何須問？」帝大笑。珍之時爲左將軍、南彭城太守，領中書通事舍人。正直宿，宣旨使即往蔣王廟祈福，因收送廷尉，與周奉叔、杜文謙同死。

文謙有學行，善言吐。其父聞其死，曰：「吾所以憂者，恐其不得死地耳。今以忠義死，復何恨哉。王經母所以欣經之義也。」時人美其言。

龍駒以奄人本給安陸侯，後度東宫爲齋帥。帝即位以後，便佞見寵〔一三〕。凡諸鄙黷雜事，皆所誘勸。位羽林監、後閤舍人、黄門署令、淮陵太守。帝爲龍駒置嬪御妓樂。常住含章殿，著黄綸帽，被貂裘，南面向桉，代帝畫敕。内左右侍直，與帝不異。前代趙忠、張讓之徒，莫之能比。封惠懷縣男，事未行，明帝請誅之，懇至，乃見許。

曹道剛，廢帝之日直閤省，蕭諶先入，若欲論事，兵隨後奄進，以刀刺之，洞胸死，因進宫内廢帝。直後徐僧亮盛怒〔一四〕，大言於衆曰：「吾等荷恩，今日應死報。」又見殺。道剛字景昭，彭城人，性質直。帝雖與之狎而未嘗敢訓。帝悦市里雜事，以爲歡樂。道剛輒避之。益州人韓護善騎馬，帝嘗呼入華林園令騎，大賞狎之。道剛出謂明帝：「主上猶是小兒，左右皆須正人，使日見禮則。近聞韓護與天子齊馬並馳，此導人君於危地，道剛欲殺之。」既而遣人刺殺護。及道剛死，張融謂劉繪曰：「道剛似不爲諂，亦復不免也。」答曰：「夫徑寸之珠，非不寶也，而蚌之所病，云何不療之哉，此道剛所以死也。」

明帝即位，高、武舊人鮮有存者，法亮以主者久事，故不見疑〔二五〕，位任如故。先是延昌殿爲武帝陰室，藏諸服御，二少帝並居西殿。及明帝居東齋，開陰室，出武帝白紗帽、防身刀，法亮歔欷流涕。永泰元年，王敬則事平，法亮復受敕宣慰諸郡，無所受納〔二六〕。東昏即位，出法亮爲大司農。中書權利之職，法亮不樂去，固辭不受。既而代人已到，法亮垂涕而出，卒官。

呂文顯，臨海人也。昇明初〔二七〕，爲齊高帝録尚書省事，累遷殿中御史。後爲秣陵令，封劉陽縣男。永明元年，爲中書通事舍人。文顯臨事以刻覈被知。三年，帶南清河太守，與茹法亮等迭出入爲舍人，並見親幸。多四方餉遺，並造大宅，聚山開池〔二八〕。時中書舍人四人各住一省，世謂之四户。既總重權，勢傾天下。晉、宋舊制，宰人之官，以六年爲限，近世以六年過久，又以三周爲期，謂之小滿。而遷換去來，又不依三周之制，送故迎新，吏人疲於道路。四方守宰餉遺，一年咸數百萬。舍人茹法亮於衆中語人曰：「何須覓外禄，此一户内年辧百萬。」蓋約言之也。其後玄象失度，史官奏宜脩祈禳之禮。王儉聞之，謂上曰：「天文乖忤，此禍由四户。」仍奏文顯等專擅愆和，極言其事。上雖納之而不能改也。文顯累遷左中郎將，南東莞太守。

故事，府州部内論事，皆籤前直敍所論之事，後云謹籤，日月下又云某官某籤，故府州置典籤以典之。本五品吏，宋初改爲七職。宋氏晚運，多以幼少皇子爲方鎮，時主皆以親近左右領典籤，典籤之權稍重。大明、泰始，長王臨蕃，素族出鎮，莫不皆出内教命，刺史不得專其任也。宗慤爲豫州，吴喜公爲典籤。慤刑政所施，喜公每多違執。慤大怒曰：「宗慤年將六十，爲國竭命，政得一州如斗大，不能復與典籤共臨之〔一九〕！」喜公稽顙流血乃止。自此以後，權寄彌隆，典籤遞互還都，一歲數反，時主輒與間言，訪以方事。刺史行事之美惡，係於典籤之口，莫不折節推奉，恒慮不及。於是威行州郡，權重蕃君。劉道濟、柯孟孫等姦慝發露，雖即顯戮，而權任之重不異。明帝輔政，深知之，始制諸州急事宜密有所論，不得遣典籤還都，而典籤之任輕矣。後以文顯守少府，見任使，歷建武、永元之世，至尚書右丞，少府卿，卒官。

茹法珍，會稽人，梅蟲兒，吳興人，齊東昏時並爲制局監，俱見愛幸。自江祏、始安王遥光等誅後，及左右應敕捉刀之徒並專國命，人間謂之刀敕，權奪人主。都下爲之語曰：「欲求貴職依刀敕，須得富豪事御刀〔三〇〕。」

時又有新蔡人徐世標，尤見寵信，自殿内主帥爲直閤驍騎將軍。凡諸殺戮，皆世標所勸。殺徐孝嗣後，封臨汝縣子。陳顯達事起，加輔國將軍。雖用護軍崔慧景爲都督，而兵權實在世標，當時權勢傾法珍、蟲兒。又謂法珍、蟲兒曰：「何世天子無要人，但阿儂貨主惡耳。」法珍等與之爭權，遂以白帝，帝稍惡其凶强。世標竊欲生心，左右徐僧重密知之，發其事，收得千餘人仗及呪詛文，又畫帝十餘形像，備爲刑斬刺射支解之狀〔三一〕，而自作己像，著通天冠衮服，題云徐氏皇帝。永元二年事發，乃族之。自是法珍、蟲兒用事〔三二〕，並爲外監，口稱詔敕，中書舍人王咺之與相脣齒，專掌文翰。其餘二十餘人，皆有勢力。崔慧景平後，法珍封餘干縣男，蟲兒封竟陵縣男。

崔慧景之平，曲赦都下及南兗州，本以宥賊黨，而羣凶用事，刑辟不依詔書。無罪家富者，不論赦令，莫不受戮，籍其家産；與慧景深相關爲盡力而家貧者，一無所問。始安、顯達時亦已如此，至慧景平復然。或説王咺之云：「赦書無信，人情大惡。」咺之曰：「政當復有赦耳。」復赦，羣小誅戮亦復如先。

帝自羣公誅後，無復忌憚，無日不游走。所幸潘妃本姓俞名尼子，王敬則伎也。或云宋文帝有潘妃，在位三十年，於是改姓曰潘，其父寶慶亦從改焉。帝呼寶慶及法珍爲阿丈，蟲兒及東冶營兵俞靈韻爲阿兄。帝與法珍等俱詣寶慶，帝躬自汲水，助厨人作膳，爲市中雜語以爲諧謔。又帝輕騎戎服往諸刀敕家游宴，有吉凶輒往慶弔。奄人王寶孫年十三四，號爲倀子，最有寵，參預朝政，雖王咺之、蟲兒之徒亦下之。控制大臣，移易詔敕〔三三〕，乃至騎馬入殿，詆訶天子。公卿見之，莫不懾息。其佐成昏亂者：法珍、蟲兒及王咺之、俞寶慶、俞靈韻、祝靈勇、范亮之、徐僧重、時崇濟、芮安泰、劉文泰、吕文慶、胡輝光、繆買養、章道之、楊敬子、李粲之、周管之、范曇濟、石曇悦、張惡奴、王勝公、王懷藻、梅師濟、鄒伯兒、史元益、王靈範、席休文、解滂及太史令駱文叔、大巫朱光尚，凡三十一人。又有奄官王寶孫、王法昭、許朗之、許伯孫、方佛念、馬僧猛、盛劭、王竺兒、隨要、袁係世等十人。梁武平建鄴，皆誅。又朱興光爲茹法珍所疾，得罪被繫，豐勇之與王珍國相知，行殺皆免。初，左右刀敕之徒悉號爲鬼，宫中訛云：「趙鬼食鴨劃，諸鬼盡著調。」當時莫解。梁武平建鄴，東昏死，羣小一時誅滅，故稱爲諸鬼也。俗間以細剉肉糅以薑桂曰劃，意者以凶黨皆當細剉而烹之也。

周石珍，建康之廝隸也，世以販絹爲業。梁天監中，稍遷至宣傳左右。身長七尺，頗閑應對，後遂至制局監，帶開陽令。歷位直閤將軍。太清三年，封南豐縣侯，猶領制局。臺城未陷，已射書與侯景相結，門初開，石珍猶侍左右。時賊遣其徒入直殿内，或驅驢馬出入殿庭。武帝方坐文德殿，怪問之，石珍曰：「皆丞相甲士。」上曰：「何物丞相？」對曰：「侯丞相。」上怒叱之曰：「是名侯景，何謂丞相！」石珍求媚於賊，乃養其黨田遷以爲己子，遷亦父事之。景篡位，制度羽儀皆石珍自出。景平後，及中書舍人嚴亶等送于江陵。

亶本爲齋監，居臺省積久，多閑故實。在賊居要，亞於石珍。及簡文見立，亶學北人著靴上殿，無肅恭之禮。有怪之者，亶曰：「吾豈畏劉禪乎。」從景圍巴陵郡，叫曰：「荆州那不送降！」及至江陵，將刑于市，泣謂石珍曰：「吾等死亦是罪盈。」石珍與其子昇相抱哭。亶謂監刑人曰：「倩語湘東王〔三四〕，不有廢也，君何以興？」俱腰斬。自是更殺賊黨，以板柙舌，釘釘之，不復得語。

陸驗、徐驎，並吴郡吴人。驗少而貧苦，落魄無行。邑人郁吉卿者甚富，驗傾身事之。吉卿貸以錢米，驗借以商販，遂致千金。因出都下，散貲以事權貴。朱异，其邑子也，故嘗有德，遂言於武帝拔之，與徐驎兩人遞爲少府丞、太市令。驗本無藝業，而容貌特醜。先是，外國獻生犀，其形甚陋，故閭里咸謂驗爲生犀。驗、驎並以苛刻爲務，百賈畏之，异尤與之昵，世人謂之三蠹。司農卿傅岐，梗直士也，嘗謂异曰："卿任參國鈞，榮寵如此，比日所聞，鄙穢狼藉，若使聖主發悟，欲免得乎？"异曰："外間謗讟，知之久矣，心苟無媿，何卹人言。"岐謂人曰："朱彦和將死矣，恃諂以求容，肆辯以拒諫，聞難而不懼，知惡而不改。天奪其鑒，其能久乎。"驗竟以侵削爲能，數年遂登列棘，鳴佩珥貂，並肩英彦。仕至太子右衞率，卒，贈右衞將軍。遠近聞其死，莫不快之。

驎素爲邵陵王綸所憾，太清二年，爲綸所殺。

司馬申字季和，河内温人也。祖慧遠，梁都水使者。父玄通，梁尚書左户郎。

申早有風鑒，十四便善弈棊。嘗隨父候吏部尚書到溉，時梁州刺史陰子春、領軍朱异在焉，呼與棊。申每有妙思，异觀而奇之，因引申游處。太清之難，父母俱没，因此自誓，擔土菜食終身。

梁元帝承制，累遷鎮西外兵記室參軍。及侯景寇郢州，申隨都督王僧辯據巴陵，每進策，皆見行用。僧辯歎曰：「此生要韃汗馬，或非所長，若使撫衆守城，必有奇績。」僧辯之討陸納也，于時賊衆奄至，左右披靡，申躬蔽僧辯，蒙楯而前，會裴之横救至，賊乃退。僧辯顧而笑曰：「仁者必有勇，豈虛言哉。」

陳太建中，除秣陵令，在職以清能見紀，有白雀集于縣庭。復爲東宮通事舍人。叔陵之肆逆也，事既不捷，出據東府，申馳召右衛將軍蕭摩訶帥兵先至，追斬之，後主深嘉焉。以功除太子左衛率，封文招縣伯，兼中書通事舍人。遷右衛將軍。歷事三帝，内掌機密，頗作威福。性忍害，好飛書以譖毁，朝之端士，遍罹其殃。參預謀謨，乃於外宣説，以爲己力，省中秘事，往往泄漏。性又果敢，善應對，能候人主顏色。有忤己者，必以微言譖之；附己者，因機進之。是以朝廷内外，皆從風靡。

初，尚書右僕射沈君理卒，朝廷議以毛喜代之。申慮喜預政，乃短喜於後主曰：「喜臣之妻兄，高宗時稱陛下有酒德〔三五〕，請逐去宫臣，陛下寧忘之邪！」喜由是廢錮。又與施文慶、李脱兒比周，譖殺傅縡，奪任忠部曲以配蔡徵、孔範，是以文武解體，至於覆滅。申嘗晝寢於尚書下省，有烏啄其口，流血及地，時論以爲譖賢之効也。

後加散騎常侍，右衞、舍人如故。至德四年卒，後主嗟悼久之。贈侍中、護軍將軍，進爵爲侯，謚曰忠。及葬，後主自爲製誌銘。子琇嗣，官至太子舍人。

施文慶，不知何許人也。家本吏門，至文慶好學，頗涉書史。陳後主之在東宮，文慶事焉。及即位，擢爲中書舍人。仍屬叔陵作亂，隋師臨境，軍國事務，多起倉卒，文慶聰敏强記，明閑吏職，心筭口占，應時條理，由是大被親幸。又自太建以來，吏道疏簡，百司弛縱，文慶盡其力用，無所縱捨，分官聯事，莫不振懼。又引沈客卿、陽惠朗、徐哲、暨慧景等，云有吏能，後主信之。然並不達大體，督責苛碎，聚斂無厭，王公大人，咸共疾之。後主益以文慶爲能，尤更親重，内外衆事，無不任委。累遷太子左衞率，舍人如故。

禎明三年，湘州刺史晉熙王叔文在職既久，大得人和，後主以其據有上流，陰忌之。自度素與羣臣少恩，恐不爲用，無所任者，乃擢文慶爲都督、湘州刺史，配以精兵二千〔三六〕，欲令西上，仍徵叔文還朝。文慶深喜其事，然懼居外，後執事者持己短長，因進其黨沈客卿以自代。未發間，二人共掌機密。

時隋軍大舉，分道而進，尚書僕射袁憲、驃騎將軍蕭摩訶及文武羣臣共議，請於京口、採石各置兵五千，并出金翅二百，緣江上下，以爲防備。文慶恐無兵從己，廢其述職，而客卿又利文慶之任己得專權，俱言於朝曰：「必有論議，不假面陳，但作文啓，即爲通奏。」憲等以爲然。二人齎啓入白後主曰：「此是常事，邊城將帥，足以當之。若出人船，必恐驚擾。」

及隋軍臨江，間諜驟至，憲等慇懃奏請，至于再三。文慶等曰：「元會將逼，南郊之日，太子多從，今若出兵，事便廢闕。」後主曰：「今且出兵，若北邊無事，因以水軍從郊，何爲不可。」又對曰：「如此，則聲聞鄰境，便謂國弱。」後又以貨動江總，總内爲之游説，後主重違其意，而迫羣官之請，乃令付外詳議，總又抑憲等〔三七〕，由是未決，而隋師濟江。

後主性怯懦，不達軍事，晝夜啼泣，臺内處分，一以委之。文慶既知諸將疾己，恐其有功，乃奏曰：「此等怏怏，素不伏官，迫此事機，那可專信。」凡有所啓請，經略之計，並皆不行。尋敕文慶領兵頓于樂游苑。陳亡，隋晉王廣以文慶受委不忠，曲爲諂佞，以蔽耳目，比黨數人，並於石闕前斬之，以謝百姓。

沈客卿，吴興武康人也。美風采，善談論，博涉書史〔三八〕，與施文慶少相親昵。仕陳，累遷至尚書儀曹郎。聰明有口辯，頗知故事。每朝廷體式，吉凶儀注，凡所疑議，客卿斟酌裁斷，理雖有不經，而衆莫能屈，事多施行。

至德初，以爲中書舍人，兼步兵校尉，掌金帛局。以舊制軍人士人，二品清官，並無關市之稅。後主盛脩宫室，窮極耳目，府庫空虚，有所興造，恒苦不給。客卿每立異端，唯以刻削百姓爲事，奏請不問士庶，並責關市之估，而又增重其舊。於是以陽惠朗爲太市令，暨慧景爲尚書金、倉都令史。二人家本小吏，考校簿領，豪釐不差，糺謫嚴急，百姓嗟怨。而客卿居舍人，總以督之，每歲所入，過於常格數十倍，後主大悦。尋加客卿散騎常侍、左衞將軍，舍人如故。惠朗、惠景奉朝請。

禎明三年，客卿遂與文慶俱掌機密。隋師至，文慶出頓樂游苑，内外事客卿總焉。臺城失守，隋晉王以客卿重賦厚斂，以悦於上，與文慶、暨慧景、陽惠朗等，俱斬於石闕前。

徐哲，不知何許人，施文慶引爲制局監，掌刑法，亦與客卿同誅。

孔範字法言，會稽山陰人也。曾祖景偉，齊散騎常侍。祖滔，梁海鹽令。父岱，歷職清顯。

範少好學，博涉書史。陳太建中，位宣惠江夏王長史。後主即位，爲都官尚書，與江總等並爲狎客。範容止都雅，文章贍麗，又善五言詩，尤見親愛。後主性愚佷，惡聞過失，每有惡事，範必曲爲文飾，稱揚贊美。時孔貴人絕愛幸，範與孔氏結爲兄妹，寵遇優渥，言聽計從。朝廷公卿咸畏範，範因驕矜〔三九〕，以爲文武才能舉朝莫及。從容白後主曰：「外間諸將，起自行伍，匹夫敵耳。深見遠慮，豈其所知。」後主以問施文慶，文慶畏範，益以爲然。自是將帥微有過失，即奪其兵，分配文吏。

隋師將濟江，羣官請爲備防，文慶沮壞之，後主未決。範奏曰：「長江天塹，古來限隔，虜軍豈能飛度？邊將欲作功勞，妄言事急。臣自恨位卑，虜若能來，定作太尉公矣。」或妄言北軍馬死，範曰：「此是我馬，何因死去。」後主笑以爲然，故不深備。

尋而隋將賀若弼陷南徐州，執城主莊元始，韓擒陷南豫州，敗水軍都督高文泰。與中領軍魯廣達頓于白塔寺〔四〇〕。後主多出金帛，募人立功，範素於武士不接，莫有至者，唯負販輕薄多從之，高麗、百濟、崑崙諸夷並受督。時任蠻奴請不戰，而己度江攻其大軍。又司馬消難言於後主曰：「弼若登高舉烽，與韓擒相應，鼓聲交震，人情必離。請急遣兵北據蔣山，南斷淮水，質其妻子，重其賞賜。陛下以精兵萬人，守城莫出。不過十日，食盡，二將之頭可致闕下。」範冀欲立功，志在於戰，乃曰：「司馬消難狼子野心，任蠻奴淮南傖士，語並不可信。」事遂不行。

隋軍既逼，蠻奴又欲爲持久計，範又奏：「請作一決，當爲官勒石燕然。」後主從之。明日，範以其徒居中，以抗隋師，未陣而北，範脱身遁免。尋與後主俱入長安。

初，晉王廣所戮陳五佞人，範與散騎常侍王瑳、王儀、御史中丞沈瓘，過惡未彰〔四一〕，故免。及至長安，事並露，隋文帝以其姦佞諂惑，並暴其過惡，名爲四罪人，流之遠裔，以謝吴、越之人。瑳、儀並琅邪人。瑳刻薄貪鄙，忌害才能。儀候意承顔，傾巧側媚，又獻其二女，以求親昵。瓘險慘苛酷，發言邪諂，故同罪焉。

論曰：自宋中世以來，宰御朝政，萬機碎密，不關外司。尚書八坐五曹，各有恒任，係以九卿六府，事存副職。至於冠冕搢紳，任疎人貴，伏奏之務既寢，趨走之勞亦息。關宣所寄，屬當事有所歸。通驛内外，切自音旨。若夫竭忠盡節，仕子恒圖，隨方致用，明君盛典，舊非本舊，因新以成舊者也，狎非先狎，因疎以成狎者也。而任隔疎情，殊塗一致，權歸近狎，異世同揆。故環纓斂笏，俯仰晨昏，瞻幄坐而竦躬，陪蘭檻而高眄，探求恩色，習覩威顔，遷蘭變鮑，久而彌信。因城社之固，執開壅之機。長主君世，振裘持領，賞罰事殷，能不踰漏，宫省咳唾，義必先知。故窺盈縮於望景，獲驪珠於龍睡，坐歸聲勢，卧震都鄙。賄賂日積，苞苴歲通，富擬公侯，威行州郡。制局小司，專典兵力，雲陛天居，亘設蘭綺，羽林精卒，重屯廣衞。至於元戎啓轍，武候還麾〔四二〕，遮迾清道，神行按轡，督察往來，馳騖輦轂，驅役分部，親承几桉，領護所攝，示總成規。若徵兵動衆，大興人役，優劇遠近，斷於外監之心，譴辱詆訶，恣於典事之口。抑符緩詔，姦僞非一，書死爲生，請謁成市，左臂揮金，右手刊字，紙爲銅落，筆由利染。故門同玉署，家號金穴，嬙媛侍女，燕、秦、蔡、鄭之聲，琁池碧梁〔四三〕，魚龍雀馬之翫，莫不充牣錦室，照徹青雲，害政傷人，於斯爲切。況乎主幼時昏，讒慝亦何可勝也〔四四〕。

校勘記

〔一〕山陰有陳戴者　「陳戴」，宋書卷九四恩倖戴法興傳作「陳載」。

〔二〕内外士庶莫不畏服之　「莫」，原作「無」，據宋乙本壹、南監本、北監本、殿本及宋書卷九四恩倖戴法興傳、通鑑卷一三〇宋紀一二泰始元年、通志卷一八四改。

〔三〕使家人謹録籥牡　「牡」，原作「杜」，據宋乙本壹、南監本、北監本、汲本、殿本及宋書卷九四恩倖戴法興傳改。

〔四〕老拜太中大夫　「老」上，宋書卷九四恩倖戴明寶傳有「年」字，通志卷一八四有「以」字，此疑脱文。

〔五〕始興王濬後軍行參軍　前「軍」字原脱，據宋書卷九四恩倖徐爰傳補。

〔六〕孝建六年　宋書卷九四恩倖徐爰傳、册府卷五五八無「孝建」二字。按馬宗霍校證：「孝建紀號止於三年，宋書本傳……下文稱七年世祖南巡，尋宋書孝武帝本紀，車駕南巡在大明七年，然則此之六年蓋大明六年也。」

〔七〕以爰爲濟南太守　「濟南」，宋書卷九四恩倖徐爰傳作「南濟陰」。按其時濟南郡已歸北魏，疑當作「南濟陰」。

〔八〕佃夫等勸取開門鼓　「鼓」字下，宋書卷九四恩倖阮佃夫傳有「後」字，通志卷一八四有「時」字，此疑脱文。

〔九〕湘東王受太后令除狂主　「主」，原作「王」，據宋乙本壹、南監本、北監本、汲本、殿本及宋書卷九四恩倖阮佃夫傳、通鑑卷一三〇宋紀一二泰始元年、通志卷一八四改。

〔一〇〕李道兒新渝縣侯　「新渝」，宋書卷九四恩倖阮佃夫傳作「新塗」，或是「新淦」之訛，與南史有異。

〔一一〕及輔國將軍蓋次陽與二衛參員直　「蓋」，宋書卷九四恩倖阮佃夫傳作「孟」。宋書卷八明帝紀、卷九後廢帝紀、卷八七殷琰傳亦作「孟」，魏書卷五〇慕容白曜傳則作「蓋」。

〔一二〕時佃夫及王道隆楊運長並執權　「楊運長」，原作「楊運夫」，據宋書卷九四恩倖阮佃夫傳、建康實録卷一四、册府卷九四二、通鑑卷一三二宋紀一四泰始四年、通志卷一八四改。

〔一三〕一時珍羞莫不畢備　「畢」，原作「必」，據宋乙本壹、北監本、汲本、殿本及宋書卷九四恩倖阮佃夫傳、册府卷九四六改。

〔一四〕佃夫常作數十人饌以待賓客　「十」，原作「千」，據宋乙本壹、南監本、北監本、汲本及宋書卷九四恩倖阮佃夫傳、御覽卷八四八引宋書、册府卷九四六改。

〔一五〕遷黄門侍郎領右衛將軍　「右衛」，宋書卷九四恩倖阮佃夫傳作「右軍」。按下云「明年，改領驍騎將軍」，疑當作「右軍」。

〔一六〕幼泰始初爲外監配衣諸軍征討　「配衣」，宋書卷九四恩倖阮佃夫傳作「配張永」。

〔一七〕遂官涉三品　「三品」，宋書卷九四恩倖阮佃夫傳作「二品」。

〔一八〕姜産之位南濟陽太守　「南濟陽」，宋書卷九四恩倖阮佃夫傳附姜産之傳作「南濟陰」。

〔一九〕紀僧真常常貴人所不及也　「常常」，南監本、北監本、殿本及建康實録卷一六、通志卷一八四作「堂堂」，南齊書卷五六倖臣紀僧真傳、册府卷四六一作「常」。

〔二〇〕以寒宦累至動品　「宦」，南齊書卷五六倖臣劉係宗傳作「官」。

〔二一〕祕書局皆隸之　「祕書局」，南齊書卷五六倖臣劉係宗傳作「祕書書局」。

〔二二〕還除廬陵王驃騎正將軍　「正將軍」，通志卷一八四作「參軍」。按將軍府僚佐無「正將軍」之職，疑當作「參軍」。

〔一三〕便佞見寵　魏書卷九八島夷蕭道成傳上有「以」字。

〔一四〕直後徐僧亮盛怒　「盛」，原作「甚」，據宋乙本壹及通鑑卷一三九齊紀五建武元年、通志卷一八四改。

〔一五〕法亮以主者久事故不見疑　「主者久事」，南齊書卷五六倖臣茹法亮傳作「主署文事」。

〔一六〕無所受納　「受納」，原作「納受」，據宋乙本壹及通志卷一八四改。

〔一七〕昇明初　「昇明」，原作「昇平」，據宋乙本壹及南齊書卷五六倖臣呂文顯傳、通志卷一八四改。按昇明爲宋順帝年號。

〔一八〕聚山開池　「池」，原作「地」，據南齊書卷五六倖臣呂文顯傳改。

〔一九〕不能復與典籤共臨之　「之」字原脱，據宋乙本壹、汲本及通鑑卷一二八宋紀一〇孝建三年、通志卷一八四補。

〔二〇〕須得富豪事御刀　「御」，汲本及通志卷一八四作「捉」。

〔二一〕備爲刑斬刺射支解之狀　「刺」，原作「刻」，據宋乙本壹及通志卷一八四改。

〔二二〕自是法珍蟲兒用事　「用事」二字原脱，據宋乙本壹及南齊書卷七東昏侯紀、通鑑卷一四三齊紀九永元二年、册府卷四八二補。

〔二三〕移易詔敕　「詔敕」，原作「敕詔」，據宋乙本壹及通鑑卷一四三齊紀九永元二年、通志卷一八四改。

〔三四〕倩語湘東王　「倩」，通志卷一八四作「傳」。

〔三五〕高宗時稱陛下有酒德　「高宗」，原作「高帝」，據宋乙本壹及通鑑卷一七五陳紀九至德元年、通志卷一八四改。按此謂陳宣帝，廟號「高宗」。

〔三六〕配以精兵二千　「二千」二字原脱，據宋乙本壹及通鑑卷一七六陳紀一〇禎明二年、通志卷一八四補。

〔三七〕總又抑憲等　「總」字原脱，據宋乙本壹及通鑑卷一七六陳紀一〇禎明二年、通志卷一八四補。

〔三八〕博涉書史　「書史」，原作「羣書」，據宋乙本壹及通志卷一八四改。

〔三九〕朝廷公卿咸畏範範因驕矜　原不疊「範」字，據宋乙本壹及通志卷一八四補。

〔四〇〕與中領軍魯廣達頓于白塔寺　按王懋竑記疑：「上當有『範』字。」

〔四一〕範與散騎常侍王瑳王儀御史中丞沈瓘過惡未彰　「沈瓘」，隋書卷二高祖紀下作「沈觀」。

〔四二〕武候還麾　「武候」，南齊書卷五六倖臣傳史臣曰作「式候」，疑是。

〔四三〕琁池碧梁　「梁」，宋乙本壹、南監本、北監本、殿本作「沼」。

〔四四〕讒慝亦何可勝也　「勝」，南齊書卷五六倖臣傳史臣曰作「勝紀」。

南史卷七十八

列傳第六十八

夷貊上

海南諸國

海南諸國，大抵在交州南及西南大海洲上，相去或四五千里，遠者二三萬里。其西與西域諸國接。漢元鼎中，遣伏波將軍路博德開百越，置日南郡。其徼外諸國，自武帝以來皆朝貢。後漢桓帝世，大秦、天竺皆由此道遣使貢獻。及吳孫權時，遣宣化從事朱應、中郎康泰通焉。其所經過及傳聞則有百數十國，因立記傳。晉代通中國者蓋鮮，故不載史官。及宋、齊至梁，其奉正朔、脩貢職，航海往往至矣。今采其風俗粗著者列爲海南云。

林邑國，本漢日南郡象林縣，古越裳界也。伏波將軍馬援開南境，置此縣。其地從廣可六百里。城去海百二十里，去日南南界四百餘里，北接九德郡。其南界，水步道二百餘里，有西圖夷亦稱王〔一〕，馬援所植二銅柱，表漢家界處也。其國有金山，石皆赤色，其中生金。金夜則出飛，狀如螢火。又出瑇瑁、貝齒、古貝、沈木香〔二〕。古貝者，樹名也，其華成時如鵝毳，抽其緒紡之以作布，布與紵布不殊。亦染成五色，織爲班布。沈木香者，土人斫斷，積以歲年，朽爛而心節獨在，置水中則沈，故名曰沈香，次浮者棧香。

漢末大亂，功曹區連殺縣令，自立爲王〔三〕。數世，其後王無嗣，外甥范熊代立〔四〕，死，子逸嗣。晉成帝咸康三年〔五〕，逸死，奴文篡立。文本日南西卷縣夷帥范幼家奴〔六〕，嘗牧牛於山澗，得鱧魚二，化而爲鐵，因以鑄刀。刀成，文向石呪曰：「若斫石破者，文當王此國。」因斫石如斷芻稾，文心異之。范幼嘗使之商賈至林邑，因教林邑王作宮室及兵車器械，王寵任之。後乃讒言諸子，各奔餘國〔七〕。及王死無嗣，文僞於鄰國迓王子，置毒於漿中殺之，遂脅國人自立。時交州刺史姜莊使所親韓戢、謝幼前後監日南郡，並貪殘，諸國患之。穆帝永和三年，臺遣夏侯覽爲太守，侵刻尤甚〔八〕。林邑素無田土，貪日南地肥沃，常欲略有之。至是因人之怨，襲殺覽，以其屍祭天。留日南三年，乃還林邑。交州刺史朱藩後遣督護劉雄戍日南，文復滅之，進寇九德郡，害吏人。遣使告藩，願以日南北境横山爲界。藩不許。文歸林邑，尋復屯日南。文死，子佛立，猶屯日南。征西將軍桓温遣督護滕畯、九真太守灌邃討之，追至林邑，佛乃請降。安帝隆安三年，佛孫須達復寇日南、九德諸郡，無歲不至，殺傷甚多，交州遂致虚弱。

須達死，子敵真立，其弟敵鎧攜母出奔。敵真追恨不能容其母弟，捨國而之天竺，禪位於其甥。國相藏驎固諫不從。其甥立而殺藏驎，藏驎子又攻殺之，而立敵鎧同母異父弟曰文敵。文敵復爲扶南王子當根純所殺，大臣范諸農平其亂，自立爲王。諸農死，子陽邁立。陽邁初在孕，其母夢生兒，有人以金席藉之，其色光麗。夷人謂金之精者爲陽邁，若中國云紫磨者，因以爲名。宋永初二年，遣使貢獻，以陽邁爲林邑王。陽邁死，子咄立，篡其父復曰陽邁〔九〕。

其國俗，居處爲閣，名曰干闌。門户皆北向。書樹葉爲紙。男女皆以横幅古貝繞腰以下，謂之干漫，亦曰都漫。穿耳貫小環。貴者著革屣，賤者跣行。自林邑、扶南以南諸國皆然也。其王者著法服，加瓔珞，如佛像之飾。出則乘象，吹螺擊鼓，罩古貝繖，以古貝爲幡旗。國不設刑法，有罪者使象蹋殺之。其大姓號婆羅門，嫁娶必用八月。女先求男，由賤男而貴女。同姓還相婚姻。使婆羅門引壻見婦，握手相付，呪曰「吉利吉利」爲成禮。死者焚之中野，謂之火葬。其寡婦孤居，散髮至老。國王事尼乾道〔一〇〕，鑄金銀人像，大十圍。

元嘉初，陽邁侵暴日南、九德諸郡，交州刺史杜弘文建牙欲討之，聞有代乃止。八年，又寇九德郡，入四會浦口。交州刺史阮彌之遣隊主相道生帥兵赴討，攻區粟城不剋〔一一〕，乃引還。十二年、十五年、十六年、十八年，每遣使貢獻，獻亦陋薄，而寇盜不已。文帝忿其違慠，二十三年，使交州刺史檀和之、振武將軍宗慤伐之。和之遣司馬蕭景憲爲前鋒，陽邁聞之懼，欲輸金一萬斤、銀十萬斤、銅三十萬斤，還所略日南户。其大臣𦳣僧達諫止之。乃遣大帥范扶龍戍其北界區粟城。景憲攻城剋之，乘勝即剋林邑，陽邁父子並挺身逃奔。獲其珍異，皆是未名之寶。又銷其金人，得黄金數十萬斤。

和之，高平金鄉人，檀憑之子也。以功封雲杜縣子。孝建三年，爲南兖州刺史，坐酣飲黷貨，迎獄中女子入内，免官禁錮。後病死，見胡神爲祟。追贈左將軍，謚曰襄子。

孝武孝建二年，林邑又遣長史范龍跋奉使貢獻，除龍跋揚武將軍。大明二年，林邑王范神成又遣長史范流奉表獻金銀器、香、布諸物。明帝泰豫元年，又遣使獻方物。齊永明中，范文贊累遣使貢獻。梁天監九年，文贊子天凱奉獻白猴，詔加持節、督緣海諸軍事、威南將軍、林邑王。死，子弼毳跋摩立，奉表貢獻。普通七年，王高戍勝鎧遣使獻方物〔一二〕，詔以爲持節、督緣海諸軍事、綏南將軍、林邑王。大通元年，又遣使貢獻。大通二年〔一三〕，行林邑王高戌律陁羅跋摩遣使貢獻，詔以爲持節、督緣海諸軍事、綏南將軍、林邑王。六年，又遣使獻方物。

廣州諸山並俚獠，種類繁熾〔一四〕，前後屢爲侵暴，歷世患之。宋孝武大明中，合浦大帥陳檀歸順，拜龍驤將軍。檀乞官軍征討未附，乃以檀爲高興太守，遣前朱提太守費沈、龍驤將軍武期南伐，并通朱崖道，並無功，輒殺檀而反，沈下獄死。

扶南國，在日南郡之南〔一五〕，海西大灣中，去日南可七千里。在林邑西南三千餘里。城去海五百里，有大江廣十里，從西流東入海。其國廣輪三千餘里，土地洿下而平博，氣候風俗大較與林邑同。出金、銀、銅、錫、沈木香、象、犀、孔翠、五色鸚鵡。

其南界三千餘里有頓遜國，在海崎上，地方千里。城去海十里。有五王，並羈屬扶南。頓遜之東界通交州諸賈人。其西界接天竺、安息徼外諸國，往還交易。其市東西交會，日有萬餘人。珍物寶貨無不有，又有酒樹似安石榴，采其花汁停瓮中，數日成酒。

頓遜之外大海洲中，又有毗騫國，去扶南八千里。傳其王身長丈二，頭長三尺〔一六〕，自古不死，莫知其年。王神聖，國中人善惡及將來事，王皆知之，是以無敢欺者。南方號曰長頸王。國俗，有室屋衣服，噉粳米。其人言語小異扶南。有山出金，金露生石上，無央限也。國法，刑人並於王前噉其肉。國内不受估客，有往者亦殺而噉之，是以商旅不敢至。王常樓居，不血食，不事鬼神。其子孫生死如常人，唯王不死。扶南王數使與書相報答。常遺扶南王純金五十人食器，形如圓盤，又如瓦塸，名爲多羅，受五升，又如椀者受一升。王亦能作天竺書，書可三千言，説其宿命所由，與佛經相似，並論善事。

又傳扶南東界即大漲海，海中有大洲，洲上有諸薄國，國東有馬五洲。復東行漲海千餘里，至自然大洲，其上有樹生火中，洲左近人剥取其皮，紡績作布，以爲手巾，與蕉麻無異而色微青黑。若小垢洿，則投火中，復更精絜。或作燈炷，用之不知盡。

扶南國俗本裸，文身被髮，不製衣裳，以女人爲王，號曰柳葉。年少壯健，有似男子。其南有激國，有事鬼神者字混塡。夢神賜之弓，乘賈人舶入海。混塡晨起即詣廟，於神樹下得弓，便依夢乘舶入海，遂至扶南外邑。柳葉人衆見舶至，欲劫取之。混塡即張弓射其舶，穿度一面，矢及侍者。柳葉大懼，舉衆降混塡，塡乃教柳葉穿布貫頭，形不復露，遂君其國，納柳葉爲妻，生子分王七邑。其後王混盤況以詐力間諸邑，令相疑阻，因舉兵攻併之。乃選子孫中分居諸邑，號曰小王。盤況年九十餘乃死，立中子盤盤，以國事委其大將范蔓〔一七〕。盤盤立三年死，國人共舉蔓爲王。蔓勇健有權略，復以兵威攻伐旁國，咸服屬之，自號扶南大王。乃作大船窮漲海，開國十餘，闢地五六千里。次當伐金鄰國，蔓遇疾，遣太子金生代行。蔓姊子旃因篡蔓自立，遣人詐金生而殺之。蔓死時有乳下兒名長在人間，至年二十，乃結國中壯士，襲殺旃〔一八〕。旃大將范尋又攻殺長而代立。更繕國內，起觀閣遊戲之，朝旦中晡三四見客。百姓以蕉蔗龜鳥爲禮。

國法，無牢獄，有訟者，先齊三日，乃燒斧極赤，令訟者捧行七步。又以金鐶、雞卵投沸湯中〔一九〕，令探取之，若無實者手即爛，有理者則不。又於城溝中養鱷魚，門外圈猛獸，有罪者輒以餧猛獸及鱷魚，魚獸不食爲無罪，三日乃放之。鱷大者長二丈餘，狀似鼉，有四足，喙長六七尺，兩邊有齒利如刀劍，常食魚，遇得麞鹿及人亦噉之，蒼梧以南及外國皆有之。

吴時，遣中郎康泰、宣化從事朱應使於尋國，國人猶裸，唯婦人著貫頭。泰、應謂曰：「國中實佳，但人褻露可怪耳。」尋始令國內男子着横幅。横幅，今干漫也。大家乃截錦爲之，貧者乃用布。

晉武帝太康中，尋始遣使貢獻。穆帝升平元年，王竺旃檀奉表獻馴象，詔以勞費停之。其後王憍陳如本天竺婆羅門也，有神語曰應王扶南。憍陳如心悅，南至盤盤。扶南人聞之，舉國欣戴，迎而立焉。復改制度，用天竺法。憍陳如死，後王持梨陁跋摩，宋文帝元嘉十一年、十二年、十五年，奉表獻方物。齊永明中，王憍陳如闍邪跋摩遣使貢獻。梁天監二年，跋摩復遣使送珊瑚佛像，并獻方物，詔授安南將軍、扶南王。

其國人皆醜黑拳髮，所居不穿井，數十家共一池引汲之。俗事天神，天神以銅爲像，二面者四手，四面者八手，手各有所持。或小兒，或鳥獸，或日月。其王出入乘象，嬪侍亦然。王坐則偏踞翹膝，垂左膝至地，以白疊敷前，設金盆香鑪於其上。國俗，居喪則剃除鬚髮。死者有四葬：水葬則投之江流，火葬則焚爲灰燼，土葬則瘞埋之，鳥葬則棄之中野。人性貪吝無禮義，男女恣其奔隨。

十年、十三年，跋摩累遣使貢獻，其年死。庶子留陁跋摩殺其嫡弟自立。十六年，遣使竺當抱老奉表貢獻。十八年，復遣使送天竺旃檀瑞像、婆羅樹葉，并獻火齊珠、鬱金、蘇合等香。普通元年、中大通二年、大同元年，累遣使獻方物。五年，復遣使獻生犀。又言其國有佛髮，長一丈二尺。詔遣沙門釋雲寶隨使往迎之。

先是，三年八月，武帝改造阿育王佛塔，出舊塔下舍利及佛爪髮，髮青紺色，衆僧以手伸之，隨手長短，放之則旋屈爲蠡形。按僧伽經云：「佛髮青而細，猶如藕莖絲。」佛三昧經云：「我昔在宮沐頭，以尺量髮，長一丈二尺。放已右旋，還成蠡文。」則與帝所得同也。阿育王即鐵輪王，王閻浮提，一天下。佛滅度後，一日一夜，役鬼神造八萬四千塔，此即其一。吳時有尼居其地爲小精舍，孫綝尋毁除之，塔亦同滅。吳平後，諸道人復於舊處建立焉。晉元帝初度江〔二〇〕，更脩飾之。至簡文咸安中，使沙門安法程造小塔〔二一〕，未及成而亡。弟子僧顯繼而脩立，至孝武太元九年，上金相輪及承露。

其後，有西河離石縣胡人劉薩何遇疾暴亡，而心猶暖，其家未敢便殯，經七日更蘇〔二二〕。說云：「有兩吏見録〔二三〕，向西北行，不測遠近。至十八地獄，隨報重輕，受諸楚毒。觀世音語云：『汝緣未盡，若得活可作沙門。洛下、齊城、丹陽、會稽並有阿育王塔，可往禮拜。若壽終則不墮地獄。』語竟如墜高巖，忽然醒寤。」因此出家名慧達。遊行禮塔，次至丹陽，未知塔處，及登越城四望，見長干里有異氣，因就禮拜，果是先阿育王塔所，屢放光明，由是定知必有舍利。乃集衆就掘入一丈，得三石碑，並長六尺。中一碑有鐵函，函中有銀函，函中又有金函，盛三舍利及髮爪各一枚，髮長數尺。即遷舍利近北對簡文所造塔西造一層塔。十六年，又使沙門僧尚加爲三層。即是武帝所開者也。初穿土四尺，得龍窟及昔人所捨金銀環釧釵鑷等諸雜寶物。可深九尺許至石磉，磉下有石函，函内有鐵壺以盛銀坩，坩内有金鏤罌盛三舍利如粟粒大，圓正光絜。函内有瑠璃椀，椀内得四舍利及髮爪。爪有四枚，並爲沈香色。至其月二十七日，帝又到寺禮拜，設無碍大會，大赦。是日以金鉢盛水泛舍利，其最小者隱不出，帝禮數十拜，舍利乃於鉢内放光，旋回久之，乃當中而止。帝問大僧正慧念曰：「見不可思議事不？」慧念答曰：「法身常住，湛然不動。」帝曰：「弟子欲請一舍利還臺供養。」至九月五日，又於寺設無碍大會，遣皇太子王侯朝貴等奉迎。是日風景明淨，傾都觀屬。所設金銀供具等物，並留寺供養，并施錢一千萬爲寺基業。至四年九月十五日，帝又至寺設無碍大會，竪二刹，各以金罌，次玉罌，重盛舍利及爪髮内七寶塔内。又以石函盛寶塔，分入兩刹刹下，及王侯妃主百姓富室所捨金銀環釧等珍寶充積。十一年十一月二日，寺僧又請帝於寺發般若經題。爾夕二塔俱放光明，敕鎮東邵陵王綸製寺大功德碑文。先是，二年改造會稽鄮縣塔，開舊塔中出舍利，遣光宅寺釋敬脱等四僧及舍人孫照暫迎還臺。帝禮拜竟，即送還縣，入新塔下，此縣塔亦是劉薩何所得也。

晉咸和中，丹陽尹高悝行至張侯橋，見浦中五色光長數尺，不知何怪，乃令人於光處得金像，無有光趺。悝乃下車載像還至長干巷首，牛不肯進。悝乃令馭人任牛所之，牛徑牽至寺，悝因留像付寺僧。每至夜中，常放光明，又聞空中有金石之響。經一歲〔二四〕，臨海漁人張係世於海口忽見有銅花趺浮出，取送縣，縣人以送臺，乃施像足，宛然合。會簡文咸安元年，交州合浦人董宗之採珠没水底，得佛光燄〔二五〕，交州送臺，以施於像，又合焉。自咸和中得像，至咸安初，歷三十餘年，光趺始具。

初，高悝得像，後有西域胡僧五人來詣悝曰：「昔於天竺得阿育王造像，來至鄴下，逢胡亂，埋於河邊。今尋覓失所。」五人嘗一夜俱夢見像曰：「已出江東，爲高悝所得。」悝乃送此五僧至寺，見像噓欷涕泣，像便放光，照燭殿宇。又瓦官寺慧邃欲模寫像形，寺主僧尚慮損金色，謂邃曰：「若能令像放光，回身西向，乃可相許。」慧邃便懇拜請。其夜像即轉坐放光，回身西向。明旦便許模之。像趺先有外國書，莫有識者，後有三藏那跋摩識之〔二六〕，云是阿育王爲第四女所造也。

及大同中，出舊塔舍利，敕市寺側數百家宅地以廣寺域，造諸堂殿并瑞像周回閣等，窮於輪奐焉。其圖諸經變，並吳人張繇運手。繇丹青之工，一時冠絶。

西南夷訶羅陁國，宋元嘉七年，遣使奉表曰：「伏承聖主信重三寶，興立塔寺，周滿世界。今故遣使二人，表此微心。」

呵羅單國都闍婆洲，元嘉七年，遣使獻金剛指環、赤鸚鵡鳥、天竺國白疊、古貝、葉波國古貝等物。十年，呵羅單國王毗沙跋摩奉表曰：「常勝天子陛下，諸佛世尊，常樂安隱，三達六通，爲世間導，是名如來，是故至誠五體敬禮。」其後爲子所篡奪。十三年，又上表。

二十六年，文帝詔曰：「呵羅單、婆皇、婆達三國，頻越遐海，欵化納貢，遠誠宜甄，可並加除授。」乃遣使策命之。二十九年，又遣長史婆和沙彌獻方物。

婆皇國，元嘉二十六年，國王舍利婆羅跋摩遣使獻方物四十一種，文帝策命之爲婆皇國王。二十八年，復遣使貢獻。孝武孝建三年，又遣長史竺那婆智奉表獻方物，以那婆智爲振威將軍。大明三年，獻赤白鸚鵡。大明八年、明帝泰始二年，又遣使貢獻。明帝以其長史竺須羅遠〔二七〕、前長史振威將軍竺那婆智並爲龍驤將軍。

婆達國，元嘉二十六年，國王舍利不陵伽跋摩遣使獻方物，文帝策命之爲婆達國王。二十六年、二十八年，復遣使獻方物〔二八〕。

闍婆達國〔二九〕，元嘉十二年，國王師黎婆達呵陁羅跋摩遣使奉表曰〔三〇〕：「宋國大主大吉天子足下，教化一切，種智安隱，天人師降伏四魔，成等正覺，轉尊法輪，度脱衆生。我雖在遠，亦霑靈潤。」

槃槃國，元嘉、孝建、大明中，並遣使貢獻。梁中大通元年、四年，其王使使奉表累送佛牙及畫塔，并獻沈檀等香數十種。六年八月，復遣使送菩提國舍利及畫塔圖，并菩提樹葉、詹糖等香。

丹丹國，中大通二年〔三一〕，其王遣使奉表送牙像及畫塔二軀，并獻火齊珠、古貝、雜香藥。大同元年，復遣使獻金銀、瑠璃、雜寶、香藥等物。

干陁利國，在海南洲上，其俗與林邑、扶南略同，出班布、古貝、檳榔。檳榔特精好，爲諸國之極。宋孝武世，王釋婆羅那隣陁遣長史竺留陁獻金銀寶器〔三二〕。梁天監元年，其瞿曇脩跋陁羅以四月八日夢一僧謂曰：「中國今有聖主，十年之後，佛法大興。汝若遣使貢奉禮敬，則土地豐樂，商旅百倍；若不信我，則境土不得自安。」初未之信，既而又夢此僧曰：「汝若不信我，當與汝往觀。」乃於夢中至中國拜覲天子。既覺，心異之，陁羅本工畫，乃寫夢中所見武帝容質，飾以丹青，仍遣使并畫工奉表獻玉盤等物。使人既至，模寫帝形以還其國，比本畫則符同焉。因盛以寶函，日加敬禮。後跋陁死，子毗針邪跋摩立〔三三〕，十七年，遣長史毗員跋摩奉表獻金芙蓉、雜香藥等。普通元年，復遣使獻方物。

狼牙脩國，在南海中。其界東西三十日行，南北二十日行，北去廣州二萬四千里。土氣物産與扶南略同，偏多棧、沉、婆律香等。其俗，男女皆袒而被髮，以古貝爲干漫，其王及貴臣乃加雲霞布覆胛，以金繩爲絡帶，金環貫耳。女子則布，以瓔珞繞身〔三四〕。其國累塼爲城，重門樓閣。王出乘象，有幡旄旗鼓，罩白蓋，兵衞甚嚴〔三五〕。國人説，立國以來四百餘年，後嗣衰弱，王族有賢者，國人歸向之。王聞乃加囚執，其鎖無故自斷。王以爲神，因不敢害，乃逐出境，遂奔天竺。天竺妻以長女。俄而狼牙王死，大臣迎還爲王。二十餘年死，子婆伽達多立。天監十四年，遣使阿撤多奉表。

婆利國，在廣州東南海中洲上，去廣州二月日行。國界東西五十日行，南北二十日行。有一百三十六聚。土氣暑熱，如中國之盛夏。穀一歲再熟，草木常榮。海出文螺、紫貝。有石名坩貝羅，初采之柔軟，及刻削爲物暴乾之，遂大硬。其國人披古貝如帊，及爲都縵。王乃用班絲者〔三六〕，以瓔珞繞身，頭著金冠高尺餘，形如弁，綴以七寶之飾。帶金裝劍，偏坐金高坐，以銀蹬支足。侍女皆爲金花雜寶之飾，或持白毦拂及孔雀扇。王出以象駕輿，輿以雜香爲之，上施羽蓋、珠簾。其導從吹螺擊鼓。王姓憍陳如，自古未通中國，問其先及年數，不能記。自言白淨王夫人即其國女。

天監十六年，遣使奉表獻金席等。普通三年，其王頻伽復遣使珠智獻白鸚鵡〔三七〕、青蟲、兜鍪、瑠璃器、古貝、螺杯、雜香藥等數十種。

中天竺國，在大月支東南數千里，地方三萬里，一名身毒。漢世張騫使大夏，見邛竹杖、蜀布，國人云市之身毒，即天竺也。從月支、高附西，南至西海，東至盤越，列國數十，每國置王，其名雖異，皆身毒也。漢時羈屬月支。其俗土著與月支同，而卑濕暑熱，人畏戰，弱於月支。國臨大江，名新陶，源出崑崙。分爲五江，總名恒水。其水甘美，下有真鹽，色正白如水精。土出犀、象、貂鼠、瑇瑁、火齊、金銀銅鐵、金縷織成金罽、細靡白疊、好裘、毾㲪。火齊狀如雲母，色如紫金，有光曜，別之則蟬翼〔三八〕，積之則如紗縠之重沓也。西與大秦、安息交市海中。多大秦珍物，珊瑚、琥珀、金碧、珠璣、琅玕、鬱金、蘇合。蘇合是諸香汁煎之〔三九〕，非自然一物也。又云大秦人采蘇合，先笮其汁以爲香膏，乃賣其滓與諸國賈人，是以展轉來達中國，不大香也。鬱金獨出罽賓國，華色正黃而細，與芙蓉華裏被蓮者相似。國人先取以上佛寺，積日槁乃糞去之，賈人以轉賣與他國也。

漢桓帝延熹九年，大秦王安敦遣使自日南徼外來獻，漢世唯一通焉。其國人行賈往往至扶南、日南、交阯。其南徼諸國人少有到大秦者。孫權黄武五年，有大秦賈人字秦論來到交阯〔四〇〕，太守吴邈遣送詣權。權問論方土風俗，論具以事對。時諸葛恪討丹陽，獲黝、歙短人。論見之曰：「大秦希見此人。」權以男女各十人，差吏會稽劉咸送論，咸於道物故，乃徑還本國也。

漢和帝時，天竺數遣使貢獻，後西域反叛遂絶。至桓帝延熹二年、四年，頻從日南徼外來獻，魏、晉世絶不復通。唯吴時扶南王范旃遣親人蘇勿使其國，從扶南發投拘利口，循海大灣中正西北入，歷灣邊數國，可一年餘到天竺江口，逆水行七千里乃至焉。天竺王驚曰：「海濱極遠，猶有此人乎！」即令觀視國内，仍差陳、宋等二人以月支馬四疋報旃，勿積四年方至。其時吴遣中郎康泰使扶南，及見陳、宋等，具問天竺土俗，云：「佛道所興國也。人敦庬，土饒沃，其王號茂論。所都城郭，水泉分流，繞于渠壍，下注大江。其宫殿皆雕文鏤刻〔四一〕。街曲市里，屋舍樓觀，鍾鼓音樂，服飾香華，水陸通流，百賈交會，器玩珍瑋，恣心所欲。左右嘉維、舍衛、葉波等十六大國，去天竺或二三千里，共尊奉之，以爲在天地之中。」

天監初，其王屈多遣長史竺羅達奉表獻瑠璃唾壺、雜香、古貝等物。

天竺迦毗黎國，元嘉五年，國王月愛遣使奉表，獻金剛指環、摩勒金環諸寶物，赤白鸚鵡各一頭。明帝泰始二年，又遣貢獻〔四二〕，以其使主竺扶大、竺阿珍並爲建威將軍〔四三〕。元嘉十八年，蘇摩黎國王那羅跋摩遣使獻方物。孝武孝建二年，斤陁利國王釋婆羅那隣陁遣長史竺留陁及多獻金銀寶器。後廢帝元徽元年，婆黎國遣使貢獻。凡此諸國皆事佛道。

佛道自後漢明帝法始東流，自此以來，其教稍廣，別爲一家之學。元嘉十二年，丹陽尹蕭摹之奏曰：「佛化被于中國，已歷四代，而自頃以來，更以奢競爲重。請自今以後有欲鑄銅像者，悉詣臺自聞；興造塔寺精舍，皆先列言，須許報然後就功。」詔可。又沙汰沙門罷道者數百人。孝武大明二年，有曇標道人與羌人高闍謀反，上因是下詔，所在精加沙汰，後有違犯，嚴其誅坐。於是設諸條禁，自非戒行精苦，並使還俗，而諸寺尼出入宮掖，交關妃后，此制竟不能行。先是，晉世庾冰始創議欲使沙門敬王者，後桓玄復述其義，並不果行。大明六年，孝武使有司奏沙門接見皆盡敬，詔可。前廢帝初復舊。

孝武寵姬殷貴妃薨，爲之立寺，貴妃子子鸞封新安王，故以新安爲寺號。前廢帝殺子鸞，乃毀廢新安寺，驅斥僧徒，尋又毀中興、天寶諸寺。明帝定亂，下令脩復。

宋世名僧有道生道人，彭城人，父爲廣戚令。道生爲沙門法大弟子，幼而聰悟。年十五便能講經，及長有異解，立頓悟義，時人推服。元嘉十一年，卒於廬山，沙門慧琳爲之誄。

慧琳者，秦郡秦縣人，姓劉氏。少出家，住冶城寺。有才章，兼内外之學，爲廬陵王義真所知。嘗著均善論，頗貶裁佛法，云：「有白學先生，以爲中國聖人經綸百世，其德弘矣，智周萬變，天人之理盡矣。道無隱旨，教罔遺筌，聰叡迪哲，何負於殊論哉。有黑學道士陋之，謂不照幽冥之塗，弗及來生之化，雖尚虛心，未能虛事，不逮西域之深也。」爲客主訓答，其歸以爲「六度與五教並行，信順與慈悲齊立」。論行於世。舊僧謂其敗黜釋氏，欲加擯斥。文帝見論賞之，元嘉中，遂參權要，朝廷大事皆與議焉。賓客輻湊，門車常有數十兩。四方贈賂相係，勢傾一時。方筵七八，座上恒滿。琳著高屐，披貂裘，置通呈書佐，權侔宰輔。會稽孔覬嘗詣之[四四]，遇賓客填咽，暄涼而已。覬慨然曰：「遂有黑衣宰相，可謂冠屨失所矣。」注孝經及莊子逍遥篇，文論傳於世。

又有慧嚴、慧議道人，並住東安寺。學行精整，爲道俗所推。時鬭場寺多禪僧，都下爲之語曰：「鬭場禪師窟，東安談義林。」

孝武大明四年，於中興寺設齋，有一異僧，衆莫之識，問名，答言名明慧，從天安寺來。忽然不見。天下無此寺名，乃改中興曰天安寺。大明中，外國沙門摩訶衍苦節有精理，於都下出新經勝鬘經，尤見重釋學。

師子國，天竺旁國也。其地和適，無冬夏之異。五穀隨人種，不須時節。其國舊無人，止有鬼神及龍居之。諸國商估來共市易，鬼神不見其形，但出珍寶，顯其所堪價。商人依價取之。諸國人聞其土樂，因此競至，或有住者，遂成大國。

晉義熙初，始遣使獻玉像，經十載乃至。像高四尺二寸，玉色絜潤，形制殊特，殆非人工。此像歷晉、宋在瓦官寺，先有徵士戴安道手製佛像五軀，及顧長康維摩畫圖，世人號之三絕。至齊東昏遂毀玉像，前截臂，次取身，爲嬖妾潘貴妃作釵釧。

宋元嘉五年〔四五〕，其王剎利摩訶遣使奉表貢獻〔四六〕。十二年，又遣使奉獻。梁大通元年，後王迦葉伽羅訶黎邪使使奉表貢獻。

校勘記

〔二〕有西圖夷亦稱王　「西圖夷」，北監本、殿本及梁書卷五四諸夷林邑國傳作「西國夷」，通典卷一八八、太平寰宇記卷一七六作「西屠夷」，御覽卷七九四引異物志作「西屠國」。

〔三〕又出瑇瑁貝齒古貝沈木香　「古貝」，宋乙本壹及梁書卷五四諸夷林邑國傳、通志卷一九八作「吉貝」，下同。

〔三〕功曹區連殺縣令自立爲王　「功曹」，隋書卷八二南蠻林邑傳作「功曹子」。按晉書卷九七四夷林邑傳：「後漢末，縣功曹姓區有子曰連，殺令自立爲王，子孫相承。」似以「功曹子」爲確。「區連」，原作「區王」，據宋乙本壹、南監本、北監本、汲本、殿本及晉書、隋書、御覽卷七八六引南史改。

〔四〕外甥范熊代立　「外甥」，水經注卷三六、晉書卷九七四夷林邑傳作「外孫」。

〔五〕晉成帝咸康三年　「三年」，晉書卷九七四夷林邑傳、通志卷一九八作「二年」。

〔六〕文本日南西卷縣夷帥范幼家奴　「范幼」，梁書卷五四諸夷林邑國傳作「范稚」，此避唐諱改。

〔七〕後乃讒言諸子各奔餘國　「言」，水經注卷三六、梁書卷五四諸夷林邑國傳作「王」。

〔八〕侵刻尤甚　「甚」，原作「盛」，據宋乙本壹、南監本、北監本、汲本、殿本及梁書卷五四諸夷林邑國傳、通志卷一九八改。

〔九〕子咄立篡其父復曰陽邁　「篡」，宋乙本壹及通志卷一九八作「纂」，南齊書卷五八南夷林邑國傳、御覽卷七八六引南史作「慕」。水經注卷三六云：「後陽邁死，咄年十九代立，慕先君之德，復改名陽邁。」

〔一〇〕國王事尼乾道　「尼乾道」，御覽卷七八六引南史、通志卷一九八作「竺乾道」。

〔一一〕攻區栗城不剋　「區栗」，水經注卷三六、宋書卷七六宗慤傳、卷九七夷蠻林邑國傳作「區粟」。

〔三〕王高戍勝鎧遣使獻方物　「高戍」，梁書卷五四諸夷林邑國傳、册府卷九六三作「高式」。下「高戍律陁羅跋摩」同。

〔三〕大通二年　按馬宗霍校證：「『大通』上梁書有『中』字，下文云『六年，又遣使獻方物』，大通紀號止於三年，無六年，則此當從梁書作『中大通』爲是。」

〔四〕廣州諸山並俚獠種類繁熾　「俚」，原作「狸」，據宋乙本壹及宋書卷九七夷蠻林邑國傳改。

〔五〕在日南郡之南　「在」字原脱，據南齊書卷五八南夷扶南國傳、梁書卷五四諸夷扶南國傳、通典卷一八八、建康實録卷一六補。

〔六〕傳其王身長丈二頭長三尺　「頭」，御覽卷三六九引扶南傳、卷七八八引竺芝扶南史紀、册府卷九九七作「頸」。按下云「南方號曰長頸王」，「頸」字疑是。

〔七〕以國事委其大將范蔓　「范蔓」，南齊書卷五八南夷扶南國傳、通典卷一八八作「范師蔓」。

〔八〕乃結國中壯士襲殺旃　「國」字原脱，據宋乙本壹、南監本、北監本、汲本、殿本及梁書卷五四諸夷扶南國傳、通志卷一九八補。

〔九〕又以金鐶雞卵投沸湯中　南齊書卷五八南夷扶南國傳、御覽卷七八六引蕭子顯齊書「鐶」字下有「若」字。

〔一〇〕晉元帝初度江　「江」字原脱，據北監本、殿本及梁書卷五四諸夷扶南國傳、御覽卷六五八引宋書補。

〔二一〕使沙門安法程造小塔　「安法程」，梁書卷五四諸夷扶南國傳作「安法師程」。

〔二二〕經七日更蘇　「七日」，梁書卷五四諸夷扶南國傳作「十日」。

〔二三〕有兩吏見録　「有」，原作「所」，據宋乙本壹、南監本、北監本、汲本、殿本及梁書卷五四諸夷扶南國傳改。

〔二四〕經一歲　「一」，原作「二」，據宋乙本壹、南監本、北監本、汲本、殿本及梁書卷五四諸夷扶南國傳、御覽卷六五七引晉書改。

〔二五〕得佛光燄　「燄」，宋乙本壹及梁書卷五四諸夷扶南國傳、御覽卷六五七引晉書、册府卷一九四作「艷」。

〔二六〕後有三藏那跋摩識之　「那跋摩」，梁書卷五四諸夷扶南國傳作「那求跋摩」，法苑珠林卷一三作「求那跋摩」。按出三藏記集卷一四有求那跋摩傳，疑當作「求那跋摩」。

〔二七〕長史竺須羅遠　「竺須羅遠」，宋書卷九七夷蠻婆皇國傳作「竺須羅達」。

〔二八〕二十六年二十八年復遣使獻方物　按上已出「元嘉二十六年」事，疑此處之「二十六年」非衍即訛。

〔二九〕闍婆達國　「闍婆達」，宋書卷九七夷蠻傳作「闍婆婆達」，卷五文帝紀作「闍婆娑達」。

〔三〇〕國王師黎婆達呵陁羅跋摩遣使奉表曰　「呵陁」，宋書卷九七夷蠻闍婆娑達國傳作「陁阿」，御覽卷七八七引南史作「呵阿陁」，疑有衍文。

〔三一〕中大通二年　「二年」，册府卷九六八作「三年」。按梁書卷三武帝紀下載中大通三年六月，「丹丹國遣使獻方物」，疑是。

〔三二〕王釋婆羅那隣陁遣長史竺留陁獻金銀寶器　「隣」，梁書卷五四諸夷干陁利國傳作「憐」。

〔三三〕子毗針邪跋摩立　「毗針邪跋摩」，梁書卷五四諸夷干陁利國傳作「毗邪跋摩」。

〔三四〕女子則布以瓔珞繞身　「布」上，梁書卷五四諸夷狼牙脩國傳有「被」字，通典卷一八八、通志卷一九八有「披」字。

〔三五〕兵衞甚嚴　「嚴」，梁書卷五四諸夷狼牙脩國傳、通典卷一八八、太平寰宇記卷一七六、通志卷一九八作「設」。

〔三六〕王乃用班絲者　「王」字原脱，據北監本、殿本及梁書卷五四諸夷婆利國傳、通典卷一八八、册府卷九六〇、通志卷一九八補。「者」，梁書、册府作「布」。

〔三七〕遣使珠智　「珠智」，梁書卷五四諸夷婆利國傳作「珠貝智」，册府卷九六八作「珠具智」。

〔三八〕別之則蟬翼　「蟬翼」上，梁書卷五四諸夷中天竺國傳有「薄如」二字，緯略卷一〇引南史有「如」字，此疑有脱文。

〔三九〕蘇合是諸香汁煎之　梁書卷五四諸夷中天竺國傳「諸」上有「合」字。

〔四〇〕有大秦賈人字秦論來到交阯　「交」，原作「高」，據宋乙本壹、南監本、北監本、殿本改。

〔四一〕其宫殿皆雕文鏤刻　「鏤」，原作「鐫」，據宋乙本壹、北監本、殿本及梁書卷五四諸夷中天竺國傳、通志卷一九六改。

〔四二〕又遣貢獻　「遣」，宋書卷九七夷蠻天竺迦毗黎國傳作「遣使」。

〔四三〕以其使主竺扶大竺阿珍並爲建威將軍　「竺阿珍」，宋書卷九七夷蠻天竺迦毗黎國傳作「竺阿彌」。

〔四四〕會稽孔覬嘗詣之　「孔覬」，原作「孔顗」，據宋書卷八四、本書卷二七孔琳之傳附其本傳改。下逕改不再出校。

〔四五〕宋元嘉五年　「五年」，梁書卷五四諸夷師子國傳作「六年」。

〔四六〕其王剎利摩訶遣使奉表貢獻　「剎利摩訶」，宋書卷九七夷蠻師子國傳、通典卷一九三作「剎利摩訶南」。

南史卷七十九

列傳第六十九

夷貊下

東夷　西戎　蠻　西域諸國　蠕蠕

東夷之國，朝鮮爲大，得箕子之化，其器物猶有禮樂云。魏時，朝鮮以東馬韓、辰韓之屬，世通中國。自晉過江，泛海來使，有高句麗、百濟，而宋、齊間常通職貢，梁興又有加焉。扶桑國，在昔未聞也，梁普通中有道人稱自彼而至，其言元本尤悉，故并録焉。

高句麗，在遼東之東千里，其先所出，事詳北史。地方可二千里，中有遼山，遼水所出。漢、魏世，南與朝鮮獩貊、東與沃沮、北與夫餘接。其王都於丸都山下〔一〕，地多大山深谷，無原澤，百姓依之以居，食澗水。雖土著，無良田，故其俗節食，好脩宮室。於所居之左大立屋〔二〕，祭鬼神，又祠零星、社稷。人性凶急，喜寇鈔。其官有相加、對盧、沛者、古鄒加、主簿、優台、使者、皁衣、先人〔三〕，尊卑各有等級。言語諸事，多與夫餘同，其性氣衣服有異。本有五族，有消奴部、絶奴部、慎奴部、灌奴部、桂婁部〔四〕。本消奴部爲王，微弱，桂婁部代之。其置官，有對盧則不置沛者，有沛者則不置對盧。俗喜歌儛，國中邑落，男女每夜羣聚歌戲。其人潔淨自喜，善藏釀，跪拜申一脚，行皆走〔五〕。以十月祭天大會。其公會衣服皆錦繡金銀以自飾，大加、主簿頭所著似幘而無後，其小加著折風，形如弁。其國無牢獄，有罪者則會諸加評議，重者便殺之，没入其妻子。其俗好淫，男女多相奔誘。已嫁娶便稍作送終之衣。其死，有槨無棺〔六〕。好厚葬〔七〕，金銀財幣盡於送死。積石爲封，列植松柏。兄死妻嫂。其馬皆小，便登山。國人尚氣力，便弓矢刀矛，有鎧甲，習戰鬬，沃沮、東獩皆屬焉。

晉安帝義熙九年，高麗王高璉遣長史高翼奉表，獻赭白馬，晉以璉爲使持節、都督營州諸軍事、征東將軍、高麗王、樂浪公。宋武帝踐祚，加璉鎮東大將軍〔八〕，餘官並如故。三年，加璉散騎常侍，增督平州諸軍事。少帝景平二年，璉遣長史馬婁等來獻方物，遣謁者朱邵伯、王邵子等慰勞之。

元嘉十五年，馮弘爲魏所攻，敗奔高麗北豐城，表求迎接。文帝遣使王白駒、趙次興迎之，并令高麗資遣。璉不欲弘南，乃遣將孫漱、高仇等襲殺之。白駒等率所領七千餘人生禽漱，殺仇等二人。璉以白駒等專殺，遣使執送之。上以遠國不欲違其意，白駒等下獄見原。

璉每歲遣使。十六年，文帝欲侵魏，詔璉送馬，獻八百疋。孝武孝建二年，璉遣長史董騰奉表，慰國哀再周，并獻方物。大明二年，又獻肅慎氏楛矢石砮。七年，詔進璉爲車騎大將軍、開府儀同三司，餘官並如故。明帝泰始、後廢帝元徽中，貢獻不絕，歷齊並授爵位，百餘歲死。子雲立，齊隆昌中，以爲使持節、散騎常侍、都督營平二州、征東大將軍、樂浪公〔九〕。

梁武帝即位，進雲車騎大將軍。天監七年，詔爲撫東大將軍、開府儀同三司，持節、常侍、都督、王並如故。十一年、十五年，累遣使貢獻。十七年，雲死，子安立。普通元年，詔安纂襲封爵，持節、督營平二州諸軍事、寧東將軍。七年，安卒，子延立，遣使貢獻。詔以延襲爵。中大通四年、六年，大同元年、七年，累奉表獻方物。太清二年，延卒，詔其子成襲延爵位。

百濟者，其先東夷有三韓國：一曰馬韓，二曰辰韓，三曰弁韓。弁韓、辰韓各十二國，馬韓有五十四國。大國萬餘家，小國數千家，總十餘萬户，百濟即其一也。後漸强大，兼諸小國。其國本與句麗俱在遼東之東千餘里，晉世句麗即略有遼東，百濟亦據有遼西、晉平二郡地矣，自置百濟郡。

晉義熙十二年，以百濟王餘映爲使持節、都督百濟諸軍事、鎮東將軍、百濟王。宋武帝踐祚，進號鎮東大將軍。少帝景平二年，映遣長史張威詣闕貢獻。元嘉二年，文帝詔兼謁者閭丘恩子、兼副謁者丁敬子等往宣旨慰勞，其後每歲遣使奉獻方物。七年，百濟王餘毗復脩貢職，以映爵號授之。二十七年，毗上書獻方物，私假臺使馮野夫西河太守，表求易林、式占、腰弩，文帝並與之。毗死，子慶代立。孝武大明元年，遣使求除授，詔許之。二年，慶遣上表，言行冠軍將軍、右賢王餘紀十一人忠勤，並求顯進。於是詔並加優進。明帝泰始七年，又遣使貢獻。慶死，立子牟都。都死，立子牟大。齊永明中，除大都督百濟諸軍事、鎮東大將軍、百濟王。梁天監元年，進大號征東將軍。尋爲高句麗所破，衰弱累年，遷居南韓地。普通二年，王餘隆始復遣使奉表，稱累破高麗，今始與通好，百濟更爲强國。其年，梁武帝詔隆爲使持節、都督百濟諸軍事、寧東大將軍、百濟王。五年，隆死，詔復以其子明爲持節、督百濟諸軍事、綏東將軍、百濟王。

號所都城曰固麻，謂邑曰檐魯，如中國之言郡縣也。其國土有二十二檐魯，皆以子弟宗族分據之。其人形長，衣服潔淨。其國近倭，頗有文身者。言語服章略與高麗同，呼帽曰冠，襦曰複衫，袴曰褌。其言參諸夏，亦秦韓之遺俗云。

中大通六年、大同七年，累遣使獻方物，并請涅槃等經義、毛詩博士并工匠畫師等〔一〇〕，並給之。太清三年，遣使貢獻。及至，見城闕荒毁，並號慟涕泣。侯景怒，囚執之，景平乃得還國。

新羅，其先事詳北史，在百濟東南五千餘里〔一一〕。其地東濱大海，南北與句麗、百濟接。魏時曰新盧，宋時曰新羅，或曰斯羅。其國小，不能自通使聘。梁普通二年，王姓募名泰，始使使隨百濟奉獻方物〔一二〕。

其俗呼城曰健牟羅，其邑在内曰啄評〔一三〕，在外曰邑勒，亦中國之言郡縣也。國有六啄評、五十二邑勒。土地肥美，宜植五穀，多桑麻，作縑布，服牛乘馬，男女有別。其官名有子賁旱支、壹旱支、齊旱支、謁旱支、壹吉支〔一四〕、奇貝旱支。其冠曰遺子禮，襦曰尉解，袴曰柯半，靴曰洗。其拜及行與高麗相類。無文字，刻木爲信。語言待百濟而後通焉。

倭國，其先所出及所在，事詳北史。其官有伊支馬〔一五〕，次曰彌馬獲支，次曰奴往鞮。人種禾、稻、紵、麻，蠶桑織績，有薑、桂、橘、椒、蘇。出黑雉、真珠、青玉。有獸如牛名山鼠，又有大虵吞此獸。虵皮堅不可斫，其上有孔，乍開乍閉，時或有光，射中而虵則死矣〔一六〕。物産略與儋耳、朱崖同。地氣温暖，風俗不淫。男女皆露髻，富貴者以錦繡雜采爲帽，似中國胡公頭。食飲用籩豆。其死有棺無槨，封土作冢。人性皆嗜酒。俗不知正歲，多壽考，或至八九十，或至百歲。其俗女多男少，貴者至四五妻，賤者猶至兩三妻。婦人不婬妬，無盜竊，少諍訟。若犯法，輕者没其妻子，重則滅其宗族。

晉安帝時，有倭王讚遣使朝貢。及宋武帝永初二年，詔曰：「倭讚遠誠宜甄，可賜除授。」文帝元嘉二年，讚又遣司馬曹達奉表獻方物。讚死，弟珍立〔一七〕，遣使貢獻，自稱使持節、都督倭百濟新羅任那秦韓慕韓六國諸軍事、安東大將軍、倭國王，表求除正。詔除安東將軍、倭國王。珍又求除正倭洧等十三人平西、征虜、冠軍、輔國將軍等號〔一八〕，詔並聽之。二十年，倭國王濟遣使奉獻，復以爲安東將軍、倭國王。二十八年，加使持節、都督倭新羅任那加羅秦韓慕韓六國諸軍事，安東將軍如故；并除所上二十三人職。濟死，世子興遣使貢獻。孝武大明六年，詔授興安東將軍、倭國王。興死，弟武立，自稱使持節、都督倭百濟新羅任那加羅秦韓慕韓七國諸軍事、安東大將軍、倭國王。順帝昇明二年，遣使上表，言「自昔祖禰，躬擐甲胄，跋涉山川，不遑寧處。東征毛人五十五國，西服衆夷六十六國，陵平海北九十五國。王道融泰，廓土遐畿，累葉朝宗，不愆于歲。道逕百濟，裝飾船舫，而句麗無道，圖欲見吞。臣亡考濟方欲大舉，奄喪父兄，使垂成之功，不獲一簣。今欲練兵申父兄之志，竊自假開府儀同三司，其餘咸各假授，以勸忠節」。詔除武使持節、都督倭新羅任那加羅秦韓慕韓六國諸軍事〔一九〕、安東大將軍、倭王。齊建元中，除武持節、都督倭新羅任那加羅秦韓慕韓六國諸軍事、鎮東大將軍。梁武帝即位，進武號征東大將軍。

其南有侏儒國，人長四尺。又南有黑齒國、裸國，去倭四千餘里，船行可一年至。又西南萬里有海人，身黑眼白，裸而醜，其肉美，行者或射而食之。

文身國在倭東北七千餘里，人體有文如獸，其額上有三文，文直者貴，文小者賤〔二〇〕。土俗歡樂，物豐而賤，行客不齎糧。有屋宇，無城郭。國王所居，飾以金銀珍麗，繞屋爲塹，廣一丈，實以水銀，雨則流于水銀之上。市用珍寶。犯輕罪者則鞭杖，犯死罪則置猛獸食之，有枉則獸避而不食，經宿則赦之。

大漢國在文身國東五千餘里，無兵士，不攻戰，風俗並與文身國同而言語異。

扶桑國者，齊永元元年，其國有沙門慧深來至荆州，說云：「扶桑在大漢國東二萬餘里，地在中國之東。其土多扶桑木，故以爲名。扶桑葉似桐，初生如笋，國人食之。實如梨而赤，績其皮爲布，以爲衣，亦以爲錦〔二一〕。作板屋，無城郭。有文字，以扶桑皮爲紙。無兵甲，不攻戰。其國法有南北獄，若有犯，輕罪者入南獄，重罪者入北獄〔二二〕。有赦則放南獄，不赦北獄。在北獄者男女相配，生男八歲爲奴，生女九歲爲婢。犯罪之身，至死不出。貴人有罪，國人大會，坐罪人於坑，對之宴飲分訣若死別焉。以灰繞之，其一重則一身屏退，二重則及子孫，三重者則及七世。名國王爲乙祁。貴人第一者爲對盧〔二三〕，第二者爲小對盧，第三者爲納咄沙。國王行有鼓角導從。其衣色隨年改易，甲乙年青，景丁年赤，戊己年黃，庚辛年白，壬癸年黑。有牛角甚長，以角載物，至勝二十斛。有馬車、牛車、鹿車。國人養鹿如中國畜牛，以乳爲酪。有赤梨，經年不壞〔二四〕。多蒲桃。其地無鐵有銅，不貴金銀。市無租估。其昏娶法〔二五〕，則壻往女家門外作屋，晨夕灑掃，經年而女不悅即驅之，相悅乃成昏。昏禮大抵與中國同。親喪七日不食，祖父母喪五日不食，兄弟伯叔姑姊妹三日不食。設坐爲神像，朝夕拜奠，不制衰絰。嗣王立，三年不親國事。其俗舊無佛法。宋大明二年，罽賓國嘗有比丘五人游行其國，流通佛法經像，教令出家，風俗遂改。」

慧深又云：「扶桑東千餘里有女國，容貌端正，色甚絜白，身體有毛，髮長委地。至二三月競入水則任娠，六七月產子。女人胸前無乳，項後生毛〔二六〕，根白，毛中有汁以乳子。百日能行，三四年則成人矣。見人驚避，偏畏丈夫。食鹹草如禽獸。鹹草葉似邪蒿，而氣香味鹹。梁天監六年，有晉安人度海，爲風所飄至一島，登岸，有人居止，則如中國〔二七〕，而言語不可曉。男則人身狗頭〔二八〕，其聲如吠。其食有小豆，其衣如布。築土爲牆，其形圓，其户如竇云。」

河南、宕昌、鄧至、武興，其本並爲氐、羌之地。自晉南遷，九州分裂，此等諸國，地分西垂，提挈于魏，時通江左。今採其舊土，編于西戎云。

河南王者，其先出自鮮卑慕容氏。初，慕容弈洛干有二子，庶長曰吐谷渾，嫡曰廆洛干。卒，廆嗣位，吐谷渾避之，西徙上隴，度枹罕，出涼州西南，至赤水而居之。地在河南，故以爲號。事詳北史。其界東至疊川，西隣于闐，北接高昌，東北通秦嶺，方千餘里，蓋古之流沙地焉。乏草木，少水潦，四時恒有冰雪，唯六七月雨雹甚盛。若晴則風飄沙礫，常蔽光景。其地有麥無穀。有青海方數百里，放牝馬其側，輒生駒，土人謂之龍種，故其國多善馬。有屋宇，雜以百子帳，即穹廬也。著小袖袍，小口袴，大頭長裙帽。女子被髮爲辮。

其後吐谷渾孫葉延〔二九〕，頗識書記，自謂曾祖弈洛干始封昌黎公，吾蓋公孫之子也。禮以王父字爲氏，因姓吐谷渾，亦爲國號。至其末孫阿豺，始通江左，受官爵。弟子慕延，宋元嘉末，又自號河南王。慕延死，從弟拾寅立，乃用書契，起城池，築宮殿。其小王並立宅國中。有佛法。拾寅死，子度易侯立〔三〇〕。易侯死，子休留代立〔三一〕。齊永明中，以代爲使持節、都督西秦河沙三州、鎮西將軍、護羌校尉、西秦河二州刺史。

梁興，進代爲征西將軍。代死，子休運籌襲爵位〔三二〕。天監十三年，遣使獻金裝馬腦鍾二口，又表於益州立九層佛寺，詔許焉。十五年，又遣使獻赤舞龍駒及方物。其使或歲再三至，或再歲一至。其地與益州隣，常通商賈。普通元年，又奉表獻方物。籌死，子呵羅真立。大通三年，詔以爲寧西將軍、護羌校尉、西秦河二州刺史。真死，子佛輔襲爵位，其世子又遣使獻白龍駒於皇太子。

宕昌國，在河南國之東、益州之西北隴西之地〔三三〕，西羌種也。宋孝武世，其王梁瑾忽始獻方物〔三四〕。梁天監四年，王梁彌博來獻甘草、當歸。詔以爲使持節、都督河涼二州諸軍事、安西將軍、東羌校尉、河涼二州刺史、隴西公、宕昌王。佩以金章。彌博死，子彌泰立。大同七年，復策授以父爵位。其衣服風俗與河南略同。

鄧至國，居西涼州界，羌別種也。世號持節、平北將軍、西涼州刺史。宋文帝時，王象屈耽遣使獻馬。梁天監元年，詔以鄧至王象舒彭爲督西涼州諸軍事，進號安北將軍。五年，舒彭遣使獻黄耆四百斤，馬四疋。其俗呼帽曰突何。其衣服與宕昌同。

武興國，本仇池。楊難當自立爲秦王，宋文帝遣裴方明討之，難當奔魏。其兄子文德又聚衆葭蘆，宋因授以爵位。魏又攻之，文德奔漢中。從弟僧嗣又自立，復戍葭蘆，卒。文德弟文度立，以弟文洪爲白水太守〔三五〕，屯武興。宋世以爲武都王。武興之國自於此矣。難當族弟廣香又攻殺文度，自立爲陰平王、葭蘆鎮主。死，子炅立。炅死，子崇祖立。崇祖死，子孟孫立。齊永明中，魏南梁州刺史仇池公楊靈珍據泥功山歸齊〔三六〕，齊武帝以靈珍爲北梁州刺史、仇池公。文洪死，以族人集始爲北秦州刺史、武都王。梁天監初，以集始爲持節、都督秦雍二州諸軍事、輔國將軍、平羌校尉、北秦州刺史、武都王。靈珍爲冠軍將軍。孟孫爲假節、督沙州諸軍事、平羌校尉、沙州刺史、陰平王。集始死，子紹先襲爵位。二年，以靈珍爲持節、督隴右諸軍事、左將軍、北梁州刺史、仇池王〔三七〕。十年，孟孫死，詔贈安沙將軍、北雍州刺史。子定襲封爵。紹先死，子智慧立。大同元年，剋復漢中，智慧遣使上表，求率四千户歸梁，詔許焉，即以爲東益州。

其國東連秦嶺，西接宕昌。其大姓有苻氏、姜氏、梁氏。言語與中國同。著烏皁突騎帽，長身小袖袍，小口袴，皮鞾。地植九穀。婚姻備六禮。知書疏。種桑麻。出紬絹布漆蠟椒等，山出銅鐵。

書云「蠻夷猾夏」，其作梗也已舊。及于宋之方盛，蓋亦屢興戍役，豈詩所謂「蠢爾蠻荆，大邦爲讎」者乎。今亦編録以備諸蠻云爾。

荆、雍州蠻，盤瓠之後也，種落布在諸郡縣。宋時，因晉於荆州置南蠻、雍州置寧蠻校尉以領之。孝武初，罷南蠻併大府，而寧蠻如故。蠻之順附者，一户輸穀數斛，其餘無雜調。而宋人賦役嚴苦，貧者不復堪命，多逃亡入蠻。蠻無徭役〔三八〕，强者又不供官税。結黨連郡〔三九〕，動有數百千人，州郡力弱，則起爲盜賊，種類稍多，户口不可知也。所在多深險。居武陵者有雄溪、樠溪、辰溪、酉溪、武溪〔四〇〕，謂之五溪蠻。而宜都、天門、巴東、建平、江北諸郡蠻所居皆深山重阻，人跡罕至焉。前世以來，屢爲人患。

少帝景平二年，宜都蠻帥石寧等一百二十三人詣闕上獻。文帝元嘉六年，建平蠻張維之等五十人，七年，宜都蠻田生等一百一十三人，並詣闕獻見。其後，沔中蠻大動，行旅殆絶。天門漊中令宋矯之徭賦過重〔四一〕，蠻不堪命。十八年，蠻田向求等爲寇，破漊中，虜掠百姓〔四二〕。荆州刺史衡陽王義季遣行參軍曾孫念討破之〔四三〕，免矯之官。二十年，南郡臨沮、當陽蠻反〔四四〕，縛臨沮令傅僧驥。荆州刺史南譙王義宣遣中兵參軍王諶討破之。

先是，雍州刺史劉道産善撫諸蠻，前後不附者，皆引出平土，多緣沔爲居。及道産亡，蠻又反叛。至孝武出爲雍州，羣蠻斷道。臺遣軍主沈慶之連年討蠻，所向皆平，事在慶之傳。

二十八年正月，龍山雉水蠻寇鈔涅陽縣，南陽太守朱韶遣軍討之〔四五〕，失利。詔又遣二千人係之，蠻乃散走。是歲，滍水諸蠻因險爲寇，雍州刺史隨王誕遣使説之，又遣軍討沔北諸蠻。襲濁山、如口、蜀松三柴，剋之，又圍斗錢、柏義諸柴。蠻悉力距戰，軍大破之。

孝武大明中，建平蠻向光侯寇暴峽川，巴東太守王濟、荆州刺史朱脩之遣軍討之。光侯走清江，清江去巴東千餘里。時巴東、建平、宜都、天門四郡蠻爲寇，諸郡人户流散，百不存一。明帝、順帝世尤甚，荆州爲之虛弊云。

豫州蠻，廩君後也。盤瓠、廩君事，並具前史。西陽有巴水、蘄水、希水、赤亭水、西歸水，謂之五水蠻。所在並深岨，種落熾盛，歷世爲盜賊。北接淮、汝，南極江、漢，地方數千里。

宋元嘉二十八年，西陽蠻殺南川令劉臺。二十九年，新蔡蠻破大雷戍，略公私船入湖。有亡命司馬黑石逃在蠻中，共爲寇。文帝遣太子步兵校尉沈慶之討之。孝武大明四年，又遣慶之討西陽蠻，大剋獲而反。司馬黑石徒黨三人，其一名智，黑石號曰太公，以爲謀主。一人名安陽，號譙王，一人名續之，號梁王。蠻文山羅等討禽續之〔四六〕，爲蠻世財所篡，山羅等相率斬世財父子六人。豫州刺史王玄謨遣殿中將軍郭元封慰勞諸蠻，使縛送亡命。蠻乃執智、安陽二人，送詣玄謨。孝武使於壽陽斬之。

明帝初即位，四方反叛，及南賊敗於鵲尾，西陽蠻田益之、田義之、成邪財、田光興等起義，攻郢州剋之。以益之爲輔國將軍，都統四山軍事。又以蠻户立宋安、光城二郡。以義之爲宋安太守，光興爲光城太守。封益之邊城縣王，成邪財陽城縣王。成邪財死，子婆思襲爵云。

玉門以西達于西海，考之漢史，通爲西域，高昌迄于波斯，則其所也。自晉、宋以還，雖有時而至，論其風土，甚未能詳。今略備西域諸國，編之于次云。

高昌國，初闞氏爲主，其後爲河西王沮渠茂虔弟無諱襲破之。其王闞爽奔于蠕蠕。無諱據之稱王，一世而滅於魏。其國人又推麴氏爲王，名嘉，魏授爲車騎將軍、司空公、都督秦州諸軍事、秦州刺史、金城郡公。在位二十四年卒，國謚曰昭武王。子堅〔四七〕，堅嗣位，魏授使持節、驃騎大將軍、散騎常侍、都督、瓜州刺史、西平郡公、開府儀同三司、高昌王〔四八〕。

其國蓋車師之故地，南接河南，東近敦煌，西次龜茲，北隣敕勒。置四十六鎮，交河、田地、高寧、臨川、横截、柳婆、洿林、新興、寧由、始昌、篤進、白刃等鎮〔四九〕。官有四鎮將軍，及置雜號將軍、長史、司馬、門下校郎、中兵校郎、通事舍人、通事令史、諮議、諫議、校尉、主簿。國人言語與華略同。有五經、歷代史、諸子集。面貌類高麗，辮髮垂之於背。著長身小袖袍、縵襠袴。女子頭髮，辮而不垂，著錦纈纓絡環釧。昏姻有六禮。其地高燥，築土爲城，架木爲屋，土覆其上。寒暑與益州相似，備植九穀，人多噉麵及牛羊肉。出良馬、蒲桃酒、石鹽。多草木，有草實如繭，繭中絲如細纑，名爲白疊子〔五〇〕，國人取織以爲布。布甚軟白，交市用焉。有朝烏者，旦旦集王殿前，爲行列，不畏人，日出然後散去。

梁大同中，子堅遣使獻鳴鹽枕、蒲桃、良馬、氍毹等物。

滑國者，車師之別種也。漢永建元年，八滑從班勇擊北虜有功，勇上八滑爲後部親漢侯。自魏、晉以來，不通中國。至梁天監十五年，其王厭帶夷栗陁始遣使獻方物。普通元年，遣使獻黄師子、白貂裘、波斯錦等物。七年，又奉表貢獻。

魏之居代都，滑猶爲小國，屬蠕蠕。後稍强大，征其旁國波斯、盤盤、罽賓、焉耆、龜茲、疏勒、姑墨、于闐、句般等國〔五一〕，開地千餘里。土地温暖，多山川，少樹木，有五穀。國人以麵及羊肉爲糧。其獸有師子、兩脚駱駞，野驢有角。人皆善騎射，著小袖長身袍，用金玉爲帶。女人被裘，頭上刻木爲角，長六尺，以金銀飾之。少女子，兄弟共妻。無城郭，氈屋爲居，東向開户。其王坐金牀，隨太歲轉，與妻並坐接客。無文字，以木爲契。與旁國通，則使旁國胡爲胡書，羊皮爲紙。無職官。事天神、火神，每日則出户祀神而後食。其跪一拜而止。葬以木爲槨。父母死，其子截一耳，葬訖即吉。其言語待河南人譯然後通。

呵跋檀、周古柯、胡密丹等國，並滑旁小國也。凡滑旁之國，衣服容貌皆與滑同。梁普通元年〔五二〕，使使隨滑使來貢獻方物。

白題國王姓支名史稽毅，其先蓋匈奴之别種胡也。漢灌嬰與匈奴戰，斬白題騎一人是也。在滑國東，去滑六日行，西極波斯。土地出粟、麥、瓜果，食物略與滑同。普通三年，遣使獻方物。

龜茲者，西域之舊國也。自晉度江不通，至梁普通二年，王尼瑞摩珠那勝遣使奉表貢獻。

于闐者，西域之舊國也。梁天監九年，始通江左，遣使獻方物。十三年，又獻波羅婆步鄣。十八年，又獻瑠璃甖。大同七年，又獻外國刻玉佛。

渴盤陁國，于闐西小國也。西隣滑國，南接罽賓國，北連沙勒。國都在山谷中，城周回十餘里。國有十二城，風俗與于闐相類。衣古貝布，著長身小袖袍、小口袴。地宜小麥，資以爲糧。多牛馬駱駞羊等。出好氈。王姓葛沙氏，梁中大同元年〔五三〕，始通江左，遣獻方物。

末國，漢世且末國也。勝兵萬餘户。北與丁零、東與白題、西與波斯接。土人剪髮，著氈帽、小袖衣，爲衫則開頸而縫前。多牛羊騾驢。其王安末深盤，梁普通五年，始通江左，遣使來貢獻。

波斯國，其先有波斯匿王者，子孫以王父字爲氏，因爲國號。國有城周回三十二里，城高四丈，皆有樓觀。城内屋宇數百千間，城外佛寺二三百所。西去城十五里有土山，山非過高，其勢連接甚遠。中有鷲鳥噉羊，土人極以爲患。國中有優鉢曇花，鮮華可愛。出龍駒馬。鹹地生珊瑚樹，長一二尺〔五四〕。亦有武魄、馬腦、真珠、玫瑰等，國内不以爲珍。市買用金銀。昏姻法，下娉財訖，女壻將數十人迎婦。壻著金線錦袍、師子錦袴，戴天冠。婦亦如之。婦兄弟便來捉手付度，夫婦之禮，於茲永畢。國西及南俱與婆羅門國、北與汎慄國接〔五五〕。梁中大通二年，始通江左，遣使獻佛牙。

北狄種類寔繁，蠕蠕爲族〔五六〕，蓋匈奴之別種也。魏自南遷，因擅其故地〔五七〕。無城郭，隨水草畜牧，以穹廬居。辮髮，衣錦小袖袍、小口袴、深雍鞾。其地苦寒，七月流澌亘河。

宋昇明中，遣王洪軌使焉，引之共謀魏。齊建元三年，洪軌始至〔五八〕。是歲通使，求并力攻魏。其相國刑基祇羅回表，言「京房讖云：『卯金卒，草肅應王。』歷觀圖緯，代宋者齊。」又獻師子皮袴褶。其國後稍侵弱，永明中，爲丁零所破，更爲小國而移其居〔五九〕。梁天監十四年，遣使獻馬、貂裘〔六〇〕。普通元年，又遣使獻方物。是後數歲一至焉。大同七年，又獻馬一疋，金一斤。

其國能以術祭天而致風雪，前對皎日，後則泥潦橫流，故其戰敗莫能追及。或於中夏爲之，則不能雨，問其故，蓋以暵云。

論曰：自晉氏南度，介居江左，北荒西裔，隔礙莫通。至於南徼東邊，界壤所接，洎宋元嘉撫運，爰命干戈，象浦之捷〔六〕，威震冥海。於是鞮譯相係，無絕歲時。以泊齊、梁，職貢有序。及侯景之亂，邊鄙日蹙。陳氏基命，衰微已甚，救首救尾，身其幾何。故西賮南琛，無聞竹素，豈所謂有德則來，無道則去者也。

校勘記

〔一〕其王都於丸都山下　「丸都」，原作「九都」，據梁書卷五四諸夷高句驪傳改。

〔二〕於所居之左大立屋　「大立屋」，三國志卷三〇魏書東夷高句麗傳、梁書卷五四諸夷高句驪傳作「立大屋」，疑是。

〔三〕其官有相加對盧沛者古鄒加主簿優台使者皁衣先人　「皁衣」，原作「帛衣」，據三國志卷三〇魏書東夷高句麗傳、梁書卷五四諸夷高句驪傳、通典卷一八六改。

〔四〕有消奴部絶奴部慎奴部灌奴部桂婁部　「慎奴部」，三國志卷三〇魏書東夷高句麗傳、後漢書卷八五東夷高句驪傳、通典卷一八六、新唐書卷二二〇東夷高麗傳、宣和奉使高麗圖經卷一作「順奴部」。按梁書避武帝蕭衍父順之諱而改作「慎奴部」，本書襲之而未作回改。

〔五〕跪拜申一脚行皆走　「申」，後漢書卷八五東夷高句驪傳、魏書卷一〇〇高句麗傳、隋書卷八一東夷高麗傳作「曳」。「行」，三國志卷三〇魏書東夷高句麗傳、後漢書、魏書、梁書卷五四諸夷高句驪傳作「行步」，通志卷一九四作「徒步」。

〔六〕其死有椁無棺　「死」，梁書卷五四諸夷高句驪傳及御覽卷五五二、卷七八三引魏略作「死葬」。

〔七〕好厚葬　「厚」字原脱，據北監本、殿本及梁書卷五四諸夷高句驪傳補。

〔八〕加璉鎮東大將軍　按宋書卷九七夷蠻傳所載，高祖踐祚，高句驪王高璉加號「征東大將軍」，百濟王餘映加號爲「鎮東大將軍」。此「鎮東」二字疑非。

〔九〕以爲使持節散騎常侍都督營平二州征東大將軍樂浪公　南齊書卷五八蠻高麗國傳「樂浪公」上有「高麗王」三字。按下云「持節、常侍、都督、王並如故」，此似不當無「高麗王」。

〔一〇〕并請涅槃等經義毛詩博士并工匠畫師等　「請」，原作「取」，據宋乙本壹、北監本、殿本及梁書卷五四諸夷百濟傳、册府卷九九九、通志卷一九四改。

〔一一〕在百濟東南五千餘里　「五千」，通典卷一八五作「五百」。

〔一二〕梁普通二年王姓募名泰始使使隨百濟奉獻方物　「泰」，汲本及梁書卷五四諸夷新羅傳、御覽卷七八一引南史作「秦」。「使」字原脱其一，據宋乙本壹及梁書、御覽補。

〔一三〕其邑在內曰啄評　「啄評」，通典卷一八五作「喙評」。

〔一四〕壹吉支　梁書卷五四諸夷新羅傳作「壹告支」。

〔一五〕其官有伊支馬　三國志卷三〇魏書東夷倭人傳下有「次曰彌馬升」五字。

〔一六〕射中而虵則死矣　「射中而」，宋乙本壹及御覽卷九三三引梁書作「射中之」，梁書卷五四諸夷倭傳作「射之中」。

〔一七〕弟珍立　「珍」，梁書卷五四諸夷倭傳作「彌」。

〔一八〕珍又求除正倭洧等十三人平西征虜冠軍輔國將軍等號　「倭洧」，宋書卷九七夷蠻倭國傳作「倭隋」。

〔一九〕詔除武使持節都督倭新羅任那加羅秦韓慕韓六國諸軍事　「加羅」二字原脱，據宋乙本壹及宋書卷九七夷蠻倭國傳、南齊書卷五八東夷倭國傳、御覽卷七八二引南史補。

〔二〇〕文直者貴文小者賤　通典卷一八六、御覽卷七八四引南史作「文大直者貴，文小曲者賤」。

〔二一〕亦以爲錦　「錦」，梁書卷五四諸夷扶桑國傳作「綿」。

〔二二〕重罪者入北獄　「重罪」，宋乙本壹及通志卷一九四作「罪重」。

〔二三〕貴人第一者爲對盧　「對盧」，梁書卷五四諸夷扶桑國傳、通典卷一八六作「大對盧」。

〔二四〕有赤棃經年不壞　「赤棃」，梁書卷五四諸夷扶桑國傳、册府卷九五九作「桑梨」。

〔二五〕其昏娶法　「娶」，原作「姻」，據宋乙本壹及通志卷一九四改。

〔二六〕頂後生毛　「頂」，梁書卷五四諸夷扶桑國傳、通典卷一八六、御覽卷七八四引南史作「項」。

〔二七〕有人居止則如中國　北監本、殿本及梁書卷五四諸夷扶桑國傳、通典卷一八六「則如」上有「女」字。

〔二八〕男則人身狗頭　「人身」下原有「有」字，據宋乙本壹及太平寰宇記卷一七五、通志卷一九四删。

〔二九〕其後吐谷渾孫葉延　「葉延」，原作「葉廷」，據宋乙本壹及梁書卷五四諸夷河南國傳、册府卷九五六改。

〔三〇〕子度易侯立　「度易侯」，南齊書卷五九河南傳、建康實録卷一六、册府卷九六三、卷九九九作「易度侯」。

〔三一〕子休留代立　「休留代」，南齊書卷三武帝紀作「休留成」，南齊書卷五九河南傳、建康實録卷一六作「休留茂」。

〔三二〕子休運籌襲爵位　「休運籌」，梁書卷二武帝紀中作「伏連籌」。本傳及梁書卷五四諸夷河南國傳皆以爲易侯之孫，魏書卷一〇一吐谷渾傳以爲易侯之子，二史不同。

〔三三〕宕昌國在河南國之東益州之西北隴西之地　梁書卷五四諸夷宕昌國傳、册府卷九五六「東」作「東南」，無「地」字。

〔三四〕其王梁瑾忽始獻方物　「梁瑾忽」，梁書卷五四諸夷宕昌國傳作「梁彌忽」，宋書卷六孝武帝紀作「梁瑾葱」，魏書卷四下世祖紀下又作「梁瑾慈」。

〔三五〕以弟文洪爲白水太守　「文洪」，宋書卷九八氐胡傳、南齊書卷五九氐傳、建康實録卷一四作「文弘」。通鑑卷一三四宋紀一六昇明元年亦作「文弘」。通鑑考異曰：「魏書本紀作『楊鼉』，氐傳作『鼠』，皆避顯祖諱也。」按北魏顯祖獻文帝名弘。

〔三六〕魏南梁州刺史仇池公楊靈珍據泥功山歸齊　「泥功山」，原作「泥切山」，據梁書卷五四諸夷武興國傳改。南齊書卷五七魏虜傳作「泥公山」，同。

〔三七〕以靈珍爲持節督隴右諸軍事左將軍北梁州刺史仇池王　「北梁州」，原作「北涼州」，據宋乙本壹及梁書卷五四諸夷武興國傳改。按本書卷六梁本紀上：天監二年正月「庚辰，以仇池公楊靈珍爲北梁州刺史，封仇池王」。

〔三八〕蠻無徭役　「役」，原作「穆」，據通典卷一八七、通志卷一九七改。

〔三九〕結黨連郡　「郡」，宋書卷九七夷蠻荆雍州蠻傳、通典卷一八七、通志卷一九七作「羣」。

〔四〇〕居武陵者有雄溪樠溪辰溪酉溪武溪　「武溪」，宋書卷九七夷蠻荆雍州蠻傳作「舞谿」，水經注卷三七作「無溪」。

〔四一〕天門漊中令宋矯之徭賦過重　「宋矯之」，宋書卷九七夷蠻荆雍州蠻傳作「宗矯之」。

〔四二〕破漊中虜掠百姓　「掠」，宋乙本壹及宋書卷九七夷蠻荆雍州蠻傳、通志卷一九七作「略」。

〔四三〕荆州刺史衡陽王義季遣行參軍曾孫念討破之　「曾孫念」，宋書卷九七夷蠻荆雍州蠻傳、通鑑卷一二三宋紀五元嘉十八年作「曹孫念」。

〔四四〕二十年南郡臨沮當陽蠻反　「二十年」，宋書卷九七夷蠻荆雍州蠻傳作「二十四年」。按下云「荆州刺史南譙王義宣遣中兵參軍王諶討破之」，據宋書卷六八武二王南郡王義宣傳，義宣元嘉二十一年爲荆州刺史，疑當作「二十四年」。

〔四五〕南陽太守朱韶遣軍討之　「朱韶」，宋書卷九七夷蠻荆雍州蠻傳作「朱曇韶」。

〔四六〕蠻文山羅等討禽續之　「文山羅」，宋書卷九七夷蠻豫州蠻傳作「文小羅」。

〔四七〕子堅　「堅」，梁書卷五四諸夷高昌國傳作「子堅」，本傳末亦作「子堅」。魏書卷一〇一高昌傳則同作「堅」。

〔四八〕魏授使持節驃騎大將軍散騎常侍都督瓜州刺史西平郡公開府儀同三司高昌王　「西平郡公」，梁書卷五四諸夷高昌國傳作「河西郡開國公」。「開府儀同三司」，梁書、魏書卷一〇一高昌傳作「儀同三司」。

〔四九〕交河田地高寧臨川横截柳婆洿林新興寧由始昌篤進白刃等鎮　梁書卷五四諸夷高昌國傳「寧由」作「由寧」，「白刃」作「白刀」。按魏書卷四三唐和傳有「白力城」，卷一〇一高昌傳有「白棘城」。吐魯番出土高昌文書有「白芀」。

〔五〇〕名爲白疊子　「爲」，原作「曰」，據宋乙本壹及梁書卷五四諸夷高昌國傳改。

〔五一〕征其旁國波斯盤盤罽賓焉耆龜茲疎勒姑墨于闐句般等國　「盤盤」，通典卷一九三作「渴槃」，太平寰宇記卷一八三作「竭陁盤」，通志卷一九六作「渴槃陁」。按盤盤爲海南諸國，與西域諸國不相連。下渴盤陁國傳云：「西鄰滑國，南接罽賓國。」與此相合，疑當作「渴盤」。

〔五二〕梁普通元年　「梁」字原脱，據宋乙本壹補。

〔五三〕梁中大同元年　「元年」，原作「七年」，據宋乙本壹及梁書卷五四諸夷渴盤陁國傳改。中大同只一年，建康實録卷一七亦繫於元年。

〔五四〕鹹地生珊瑚樹長一二尺　「鹹地」，梁書卷五四諸夷波斯國傳、御覽卷八〇七引南史作「鹹池」。

〔五五〕國西及南俱與娑羅門國北與泛慄國接　「西」上，梁書卷五四諸夷波斯國傳、册府卷九五八有「東與滑國」四字，此疑有脱。

〔五六〕蠕蠕爲族　「族」，宋乙本壹作「大」。

〔五七〕魏自南遷因擅其故地　「魏自」，梁書卷五四諸夷芮芮國傳作「自魏」。「故地」二字原互倒，據梁書乙正。

〔五八〕齊建元三年洪軌始至　「三年」，梁書卷五四諸夷芮芮國傳、册府卷一〇〇〇作「元年」。按馬宗霍校證：「檢南齊書芮芮虜傳，則王洪軌始至之時，當在建元元年，梁書是也。二年，三年，芮芮主頻遣使貢獻，南史以始至、通使並在三年，似未允。」

〔五九〕更爲小國而移其居　「移」，梁書卷五四諸夷芮芮國傳、册府卷九九五作「南移」。

〔六〇〕遣使獻馬貂裘　「馬」，梁書卷五四諸夷芮芮國傳作「烏」。

〔六一〕象浦之捷　「捷」，原作「絶」，據宋乙本壹及攻媿集卷七五跋傳欽甫所藏職貢圖所引改。

南史卷八十

列傳第七十

賊臣

侯景 王偉 熊曇朗 周迪 留異 陳寶應

侯景字萬景，魏之懷朔鎮人也。少而不羈，爲鎮功曹史。魏末北方大亂，乃事邊將爾朱榮，甚見器重。初學兵法於榮部將慕容紹宗〔一〕，未幾紹宗每詢問焉。後以軍功爲定州刺史。始魏相高歡微時，與景甚相友好，及歡誅爾朱氏，景以衆降，仍爲歡用。稍至吏部尚書，非其好也。每獨曰：「何當離此反故紙邪。」尋封濮陽郡公。

歡之敗於沙苑，景謂歡曰：「宇文泰恃於戰勝，今必致殆〔二〕，請以數千勁騎至關中取之。」歡以告其妃婁氏，曰：「彼若得泰，亦將不歸。得泰失景，於事奚益。」歡乃止。後爲河南道大行臺，位司徒。又言於歡曰：「恨不得泰。請兵三萬，横行天下，要須濟江縛取蕭衍老公，以作太平寺主。」歡壯其言，使擁兵十萬，專制河南，仗任若己之半體。

景右足短，弓馬非其長，所在唯以智謀。時歡部將高昂、彭樂皆雄勇冠時，唯景常輕之，言「似豕突爾，勢何所至」。及將鎮河南，請于歡曰：「今握兵在遠，姦人易生詐僞，大王若賜以書，請異於他者。」許之。每與景書，別加微點，雖子弟弗之知。

及歡疾篤，其世子澄矯書召之。景知僞，懼禍，因用王偉計，乃以太清元年二月遣其行臺郎中丁和上表求降。帝召羣臣議之，尚書僕射謝舉等皆議納景非便，武帝不從。初，帝以是歲正月乙卯於善言殿讀佛經，因謂左右黄慧弼曰：「我昨夢天下太平，爾其識之。」及和至，校景實以正月乙卯日定計，帝由是納之。於是封景河南王、大將軍、使持節、督河南北諸軍事、大行臺，承制如鄧禹故事。

高澄嗣事爲勃海王，遣其將慕容紹宗圍景於長社。景急，乃求割魯陽、長社、東荆、北兖請救于西魏，魏遣五城王元慶等率兵救之，紹宗乃退。景復請兵於司州刺史羊鴉仁，鴉仁遣長史鄧鴻率兵至汝水，元慶軍夜遁，鴉仁乃據懸瓠。

時景將蔡道遵北歸，言景有悔過志。高澄以爲信然，乃以書喻景，若還，許以豫州刺史終其身，所部文武更不追攝，閨門無恙，并還寵妻愛子。景報書不從。澄知景無歸志，乃遣軍相繼討景。

帝聞鴉仁已據懸瓠，遂命羣帥指授方略，大舉攻東魏，以貞陽侯蕭明爲都督。明軍敗見俘。紹宗攻潼州，刺史郭鳳棄城走。景乃遣其行臺左丞王偉、左户郎中王則詣闕獻策，請元氏子弟立爲魏主。詔遣太子舍人元貞爲咸陽王，須度江許即位，以乘輿之副資給之。

高澄又遣慕容紹宗追景，景退保渦陽，使謂紹宗曰：「欲送客邪？將定雄雌邪？」紹宗曰：「將決戰。」遂順風以陣。景閉壘，頃之乃出。紹宗曰：「景多詭，好乘人背。」使備之，果如其言。景命戰士皆被短甲短刀，但低視斫人脛馬足，遂敗紹宗軍。裨將斛律光尤之，紹宗曰：「吾戰多矣，未見此賊之難也。爾其當之。」光被甲將出，紹宗戒之曰：「勿度渦水。」既而又爲景敗。紹宗謂曰：「定何如也。」相持連月，景食盡，誑其衆以爲家口並見殺。衆皆信之。紹宗遥謂曰：「爾等家並完。」乃被髮向北斗以誓之。景士卒並北人，不樂南度，其將暴顯等各率所部降紹宗。景軍潰散，喪甲士四萬人，馬四千疋，輜重萬餘兩。乃與腹心數騎自硤石濟淮，稍收散卒，得馬步八百人。南過小城，人登陴詬之曰：「跛脚奴何爲邪！」景怒，破城殺言者而去。晝夜兼行，追軍不敢逼。使謂紹宗曰：「景若就禽，公復何用？」紹宗乃縱之。

既而莫適所歸，馬頭戍主劉神茂者，爲韋黯所不容，因是踣馬〔三〕，乃馳謂景曰：「壽陽去此不遠，城池險固，韋黯是監州耳。王若次近郊，必郊迎，因而執之，可以集事。得城之後，徐以啓聞，朝廷喜王南歸，必不責也。」景執其手曰：「天教也。」及至，而黯授甲登陴。景謂神茂曰：「事不諧矣。」對曰：「黯懦而寡智，可說下也。」乃遣豫州司馬徐思玉夜入說之，黯乃開門納景。景執黯，數將斬之，久而見釋。乃遣于子悅馳以敗聞，自求貶削。優詔不許。復求資給，即授南豫州刺史，本官如故。

帝以景兵新破，未忍移易，故以鄱陽王範爲合州刺史，即鎮合肥。魏人攻懸瓠，懸瓠糧少，羊鴉仁去懸瓠歸義陽。

魏人入懸瓠，更求和親，帝召公卿謀之。張綰、朱异咸請許之。景聞未之信，乃僞作鄴人書，求以貞陽侯換景。帝將許之。舍人傅岐曰：「侯景以窮歸義，棄之不祥。且百戰之餘，寧肯束手受縶。」謝舉、朱异曰：「景奔敗之將，一使之力耳。」帝從之，復書曰：「貞陽旦至，侯景夕反。」景謂左右曰：「我知吴兒老公薄心腸。」又請娶於王、謝，帝曰：「王、謝門高非偶，可於朱、張以下訪之。」景恚曰：「會將吴兒女以配奴。」王偉曰：「今坐聽亦死，舉大事亦死，王其圖之。」於是遂懷反計。屬城居人，悉占募爲軍士。輒停責市估及田租，百姓子女悉以配將士。又啓求錦萬疋爲軍人袍，中領軍朱异議以御府錦署止充頒賞〔四〕，不容以供邊用，請送青布以給之。又以臺所給仗多不能精，啓請東冶鍛工欲更營造，敕並給之。景自渦陽敗後，多所徵求，朝廷含弘，未嘗拒絕。

是時貞陽侯明遣使還梁，述魏人請追前好，許放之還。武帝覽之流涕，乃報明啓當別遣行人。帝亦欲息兵，乃與魏和通。景聞之懼，馳啓固諫，帝不從。爾後表疏跋扈，言辭不遜。又聞遣伏挺、徐陵使魏，不知所爲。

元貞知景異志，累啓還朝。景謂曰：「將定江南，何不少忍〔五〕。」貞益懼，奔還建鄴，具以事聞。景又招司州刺史羊鴉仁同逆〔六〕，鴉仁録送其使。時鄱陽王範鎮合肥，及鴉仁俱累啓稱景有異志。朱异曰：「侯景數百叛虜，何能爲役。」並抑不奏聞，景所以姦謀益果。乃上言曰：「高澄狡滑，寧可全信。陛下納其詭語，求與連和，臣亦竊所笑也。臣行年四十有六，未聞江左有佞邪之臣，一旦入朝，乃致囂讟，寧堪粉骨，投命讎門。請乞江西一境，受臣控督，如其不許，即領甲臨江，上向閩、越。非唯朝廷自恥，亦是三公旰食。」帝使朱异宣語答景使曰：「譬如貧家畜十客五客，尚能得意，朕唯有一客，致有忿言，亦是朕之失也。」景又知臨賀王正德怨望朝廷，密令要結。正德許爲内啓。

二年八月，景遂發兵反，於豫州城南集其將帥〔七〕，登壇歃血。是日地大震。於是以誅中領軍朱异、少府卿徐驎、太子左率陸驗、制局監周石珍爲辭，以爲姦臣亂政，請帶甲入朝。先攻馬頭、木栅，執太守劉神茂、戍主曹璆等。武帝聞之，笑曰：「是何能爲，吾以折箠笞之。」乃勑：「購斬景者〔八〕，不問南北人同賞封二千户公、一州刺史〔九〕，其人主帥欲還北不須州者，賞以絹布二萬，以禮發遣。於是詔合州刺史鄱陽王範爲南道都督，北徐州刺史封山侯正表爲北道都督，司州刺史柳仲禮爲西道都督，通直散騎常侍裴之高爲東道都督，同討景，濟自歷陽。又令侍中、開府儀同三司邵陵王綸持節，董督衆軍。

景聞之，謀於王偉。偉曰：「莫若直掩揚都，臨賀反其内，大王攻其外，天下不足定也。兵聞拙速，不聞工遲，令今便須進路，不然邵陵及人。」九月，景發壽春，聲云游獵，人不覺也。留僞中軍大都督王貴顯守壽春城，出軍僞向合肥，遂襲譙州。助防董紹先降之，執刺史豐城侯泰。武帝聞之，遣太子家令王質率兵三千巡江遏防。景進攻歷陽太守莊鐵，鐵遣弟均夜斫景營，戰没。鐵母愛其子，勸鐵降。景拜其母，鐵乃勸景曰：「急則應機，緩必致禍。」景乃使鐵爲導。

是時鎮戍相次啓聞，朱异尚曰：「景必無度江志。」蕭正德先遣大船數十艘僞載荻〔一〇〕，實擬濟景。景至江將度，慮王質爲梗，俄而質被追爲丹陽尹，無故自退。景聞未之信，乃密遣覘之，謂使者：「質若退，折江東樹枝爲驗。」覘人如言而返。景大喜曰：「吾事辦矣。」乃自採石濟，馬數百疋，兵八千人，都下弗之覺。

景即分襲姑熟〔一〕，執淮南太守文成侯寧，遂至慈湖。南津校尉江子一奔還建鄴。皇太子見事急，入面啓武帝曰：「請以事垂付，願不勞聖心。」帝曰：「此自汝事，何更問爲。」太子仍停中書省指授，内外擾亂相劫不復通。於是詔以揚州刺史宣城王大器爲都督内外諸軍事〔二〕，都官尚書羊侃爲軍師將軍以副焉。遣南浦侯推守東府城〔三〕，西豐公大春守石頭，輕車長史謝禧守白下。

既而景至朱雀航，遣徐思玉入啓，乞帶甲入朝，除君側之惡，請遣了事舍人出相領解，實欲觀城中虚實。帝遣中書舍人賀季、主書郭寶亮隨思玉往勞之于板橋。景北面受敕，季曰：「今者之舉，何以爲名？」景曰：「欲爲帝也。」王偉進曰：「朱异、徐驎諂黷亂政，欲除姦臣耳。」景既出惡言，留季不遣，寶亮還宫。

先是，大同中童謡曰：「青絲白馬壽陽來。」景渦陽之敗，求錦，朝廷所給青布，及是皆用爲袍，采色尚青。景乘白馬，青絲爲轡，欲以應謡。蕭正德先屯丹陽郡，至是率所部與景合。建康令庾信率兵千餘人屯航北，及景至徹航，始除一舶，見賊軍皆著鐵面，遂棄軍走。南塘游軍復閉航度景。皇太子以所乘馬授王質，配精兵三千，使援庾信。質至領軍府，與賊遇，未陣便奔。景乘勝至闕下。西豐公大春棄石頭城走，景遣其儀同于子悦據之。謝禧亦棄白下城走。

景遣百道攻城，縱火燒大司馬、東西華諸門。城中倉卒未有備，乃鑿門樓，下水沃火，久之方滅。賊又斫東掖門將入，羊侃鑿門扇刺殺人〔一四〕，賊乃退。又登東宮牆射城内。至夜，簡文募人出燒東宮，臺殿遂盡，所聚圖籍數百厨，一皆灰燼。先是簡文夢有人畫作秦始皇，云「此人復焚書」，至是而驗。景又燒城西馬廄、士林館、太府寺。明日，景又作木驢數百攻城，城上擲以石，並皆碎破〔一五〕。賊又作尖頂木驢，狀似槥，石不能破。乃作雉尾炬，灌以膏蠟，叢下焚之。

賊既不剋，士卒死者甚多，乃止攻，築長圍以絶内外。又啓求誅朱异、陸驗、徐驎、周石珍等。城内亦射賞格出外，有能斬景首，授以景位，并錢一億萬，布絹各萬疋，女樂二部。莊鐵乃奔歷陽，紿言景已梟首。景城守郭駱懼，棄城走壽陽。鐵得入城，遂奔尋陽。

十一月，景立蕭正德爲帝，即僞位，居於儀賢堂，改年曰正平。初童謡有「正平」之言，故立號以應之。識者以爲正德卒當平殄也。景自爲相國、天柱將軍，正德以女妻之。景又攻東府城，設百尺樓車，鉤城堞盡落。城陷，景使其儀同盧暉略率數千人持長刀夾城門〔一六〕，悉驅城内文武倮身而出，使交兵殺之，死者三千餘人〔一七〕。南浦侯推是日遇害。景使正德子見理及暉略守東府城。

初，景至都，便唱云「武帝已晏駕」。雖城内亦以爲然。簡文慮人情有變，乃請上輿駕巡城。上將登城，陸驗諫曰：「陛下萬乘之重，豈可輕脱。」因泣下。帝深感其言，乃幸大司馬門。城上聞蹕聲，皆鼓譟，軍人莫不屑涕，百姓乃安。

景又於城東西各起土山以臨城，城内亦作兩山以應之，簡文以下皆親畚鍤。初，景至便望剋定建鄴，號令甚明，不犯百姓。既攻不下，人心離沮，又恐援軍總集，衆必潰散，乃縱兵殺掠，交尸塞路。富室豪家，恣意哀剥，子女妻妾，悉入軍營。又募北人先爲奴者，並令自拔，賞以不次。朱异家黥奴乃與其儕踰城投賊，景以爲儀同，使至闕下以誘城内，乘馬披錦袍詬曰：「朱异五十年仕宦，方得中領軍。我始事侯王，已爲儀同。」於是奴僮競出，盡皆得志。

景食石頭常平倉既盡，便掠居人，爾後米一升七八萬錢，人相食，有食其子者。又築土山，不限貴賤，晝夜不息，亂加毆棰，疲羸者因殺以填山，號哭之聲動天地。百姓不敢藏隱，並出從之，旬日間衆至數萬。

景儀同范桃棒密貪重賞，求以甲士二千人來降，以景首應購，遣文德主帥前白馬游軍主陳昕夜踰城入，密啓言狀。簡文以啓上，上大悦，使報桃棒，事定許封河南王，鐫銀券以與之。簡文恐其詐，猶豫不決。上怒曰：「受降常理，何忽致疑。」朱异、傅岐同請納之。簡文曰：「吾即堅城自守，所望外援，外援若至，賊豈足平。今若開門以納桃棒，桃棒之意尚且難知，一旦傾危，悔無及矣。」桃棒又曰：「今止將所領五百餘人，若至城門，自皆脫甲。乞朝廷賜容。事濟之時，保禽侯景。」簡文見其言愈疑之。朱异以手搥胸曰：「今年社稷去矣。」俄而桃棒軍人魯伯和告景，並烹之。

至是，邵陵王綸率西豐公大春、新淦公大成、永安侯確、南安鄉侯駿、前譙州刺史趙伯超、武州刺史蕭弄璋、步兵校尉尹思合等馬步三萬〔一八〕，發自京口，直據鍾山。景黨大駭，咸欲逃散，分遣萬餘人拒戰。綸大破之於愛敬寺下〔一九〕。

景初聞綸至，懼形於色，及敗軍還，尤言其盛，愈恐，命具舟石頭，將北濟。任約曰：「去鄉萬里，走欲何之？戰若不捷，君臣同死。草間乞活，約所不爲。」景乃留宋子仙守壁，自將銳卒拒綸，陣於覆舟山北，與綸相持。會暮，景退還，南安侯駿率數十騎挑之。景回軍，駿退。時趙伯超陣於玄武湖北，見駿退，仍率軍前走。衆軍前亂〔二〇〕，遂敗績。綸奔京口。賊執西豐公大春、綸司馬莊丘慧達、直閤將軍胡子約、廣陵令霍儁等來送城下，逼令云：「已禽邵陵王。」霍儁獨云：「王小失利，已全軍還京口，城中但堅守，援軍尋至。」語未卒，賊以刀傷其口，景義而釋焉。正德乃收而害之。是日，鄱陽世子嗣、裴之高至後渚，結營于蔡洲。景分軍屯南岸。

十二月，景造諸攻具及飛樓、橦車、登城車、鉤堞車、階道車、火車，並高數丈，車至二十輪，陳於闕前，百道攻城。以火焚城東南隅大樓〔二一〕，因火勢以攻城。城上縱火，悉焚其攻具，賊乃退。是時，景土山成，城内土山亦成。以太府卿韋黯守西土山，左衞將軍柳津守東土山〔二二〕。山起芙蓉層樓，高四丈，飾以錦罽，捍以烏笙，山峰相近。募敢死士，厚衣袍鎧，名曰「僧騰客」，配二山，交矟以戰。鼓叫沸騰，昏旦不息。土山攻戰既苦，人不堪命，柳津命作地道，毀外山，擲雉尾炬燒其櫓堞。外山崩，壓賊且盡。賊又作蝦蟇車，運土石填塹，戰士升之樓車，四面並至。城内飛石碎其車，賊死積於城下。賊又掘城東南角，城内作迂城形如却月以捍之，賊乃退。

材官將軍宋嶷降賊，因爲立計，引玄武湖水灌臺城，闕前御街並爲洪波矣。又燒南岸居人營寺，莫不咸盡。司州刺史柳仲禮、衡州刺史韋粲、南陵太守陳文徹、宣猛將軍李孝欽等皆來赴援；鄱陽世子嗣、裴之高又濟江。柳仲禮營朱雀航南，裴之高營南苑，韋粲營青塘，陳文徹、李欽屯丹陽郡〔二三〕，鄱陽世子嗣營小航南，並緣淮造栅。及旦，景方覺，乃登禪靈寺門樓以望之。見韋粲營壘未合，度兵擊之，粲敗，景斬粲首徇城下。柳仲禮聞粲敗，不遑貫甲，與數十人赴之。遇賊，斬首數百，仍投水死者千餘人。仲禮深入，馬陷泥，亦被重創。自是賊不敢濟岸。

邵陵王綸又與臨城公大連等自東道集于南岸；荊州刺史湘東王繹遣世子方等、兼司馬吴曄、天門太守樊文皎赴援，營于湘子岸前〔一四〕；高州刺史李遷仕、前司州刺史羊鴉仁又率兵繼至。既而鄱陽世子嗣、永安侯確、羊鴉仁、李遷仕、樊文皎率衆度淮，攻破賊東府城前柵，遂營于青溪水東。景遣其儀同宋子仙緣水西立柵以相拒。景食稍盡，人相食者十五六。

初，援兵至北岸，衆號百萬。百姓扶老攜幼以候王師，纔過淮，便競剥掠，徵責金銀，列營而立，互相疑貳。邵陵王綸、柳仲禮甚於讎敵，臨城公大連、永安侯確逾於水火，無有鬬心。賊黨有欲自拔者，聞之咸止。

賊之始至，城中纔得固守，平蕩之事，期望援軍。既而中外斷絶，有羊車兒獻計，作紙鴉繫以長繩，藏敕於中。簡文出太極殿前，因西北風而放，冀得書達。羣賊駭之，謂是厭勝之術，又射下之，其危急如此。是時城中圍逼既久，膎味頓絶，簡文上厨，僅有一肉之膳。軍士煮弩、燻鼠、捕雀食之。殿堂舊多鴿羣聚，至是殲焉。初，宫門之閉，公卿以食爲念，男女貴賤並出負米，得四十萬斛，收諸府藏錢帛五十億萬，並聚德陽堂，魚鹽樵採所取蓋寡。至是乃壞尚書省爲薪，撤薦剉以飼馬，盡又食飦焉。御甘露厨有乾苔，味酸鹹，分給戰士。軍人屠馬，於殿省間鬻之，雜以人肉，食者必病。賊又置毒於水竇，於是稍行腫滿之疾，城中疫死者太半。初，景之未度江，魏人遺檄，極言景反覆猜忍，又言帝飾智驚愚，將爲景欺。至是禍敗之狀，皆如所陳，南人咸以爲讖。

時景軍亦飢，不能復戰。東城有積粟，其路爲援軍所斷，且聞湘東王下荊州兵。彭城劉邈乃說景曰：「大軍頓兵已久，攻城不拔，今衆軍雲集，未易可破。如聞軍糧不支一月，運漕路絶，野無所掠，嬰兒掌上，信在於今。未若乞和，全師而反。」景乃與王偉計，遣任約至城北拜表僞降，以河南自効。帝曰：「吾有死而已，寧有是議。且賊凶逆多詐，此言云何可信。」既而城中日蹙，簡文乃請武帝曰：「侯景圍逼，既無勤王之師，今欲許和，更思後計。」帝大怒曰：「和不如死。」簡文曰：「城下之盟，乃是深恥；白刃交前，流矢不顧。」上遲回久之，曰：「爾自圖之，無令取笑千載。」乃聽焉。

景請割江右四州地，并求宣城王大器出送，然後解圍濟江。仍許遣其儀同于子悅、左丞王偉入城爲質。中領軍傅岐議以宣城王嫡嗣之重，有輕言者請劍擊之。乃請石城公大款出送，詔許焉。遂於西華門外設壇，遣尚書僕射王克、兼侍中上甲鄉侯韶、兼散騎常侍蕭瑳與于子悅、王偉等登壇共盟。右衞將軍柳津出西華門下，景出其栅門，與津遥相對，刑牲歃血。

南兖州刺史南康嗣王會理、前青冀二州刺史湘潭侯退、西昌侯世子彧率衆三萬至于馬卬洲，景慮北軍自白下而上，斷其江路，請悉勒聚南岸。敕乃遣北軍並進江潭苑。景又啓稱：「永安侯、趙威方頻隔栅詬臣，云『天子自與爾盟，我終當逐汝』。乞召入城，即進發。」敕並召之。景遂運東城米于石頭，食乃足。又啓云：「西岸信至，高澄已得壽春、鍾離，便無處安足，權借廣陵、譙州，須征得壽春、鍾離，即以奉還朝廷。」

時荆州刺史湘東王繹師于武成，河東王譽次巴陵，前信州刺史桂陽王慥頓江津，並未之進。既而有敕班師，湘東王欲旋。中記室參軍蕭賁曰：「景以人臣舉兵向闕，今若放兵，未及度江，童子能斬之，必不爲也。大王以十萬之師，未見賊而退，若何！」湘東王不悅。賁，骨鯁士也，每恨湘東不入援。嘗與王雙六，食子未下，賁曰：「殿下都無下意。」王深爲憾，遂因事害之。

景既知援軍號令不一，終無勤王之效，又聞城中死疾轉多，當有應之者。既却湘東王等兵，又得城東之米〔一五〕，王偉且說景曰：「王以人臣舉兵背叛，圍守宮闕，已盈十旬。逼辱妃主，陵穢宗廟，今日持此〔一六〕，何處容身？願且觀變。」景然之，乃表陳武帝十失。三年三月丙辰朔，城内於太極殿前設壇，使兼太宰、尚書僕射王克等告天地神祇，以景違盟，舉烽鼓譟。初，城圍之日，男女十餘萬，貫甲者三萬，至是疾疫且盡，守埤者止二三千人，並悉羸懦。横屍滿路，無人埋瘞，臭氣熏數里，爛汁滿溝洫。於是羊鵶仁、柳敬禮、鄱陽世子嗣進軍於東府城北〔一七〕。栅壘未立，爲景將宋子仙所敗，送首級於闕下。景又遣于子悅乞和〔二八〕，城内遣御史中丞沈浚至景所。景無去意〔二九〕，浚因責之，景大怒，即决石闕前水，百道攻城，晝夜不息。

丁卯，邵陵王世子子堅帳内白曇朗、董勛華於城西北樓納賊〔三〇〕。五鼓，賊四面飛梯，衆悉上。永安侯確與其兄堅力戰不能却，乃還見文德殿言狀。須臾，景乃先使王偉、儀同陳慶入殿陳謝曰：「臣既與高氏有隙，所以歸投，每啓不蒙爲奏，所以入朝。而姦佞懼誅，深見推拒，連兵多日，罪合萬誅。」武帝曰：「景今何在？可召來。」景入朝，以甲士五百人自衞，帶劍升殿。拜訖，帝神色不變，使引向三公榻坐，謂曰：「卿在戎日久，無乃爲勞。」景默然。又問：「卿何州人？而來至此。」又不對。其從者任約代對。又問：「初度江有幾人？」景曰：「千人。」「圍臺城有幾人？」曰：「十萬。」「今有幾人？」曰：「率土之内，莫非己有。」帝俛首不言。景出，謂其廂公王僧貴曰：「吾常據鞍對敵，矢刃交下，而意了無怖。今見蕭公，使人自慴，豈非天威難犯。吾不可以再見之。」出見簡文于永福省，簡文坐與相見，亦無懼色。

初，簡文寒夕詩云：「雪花無有蔕，冰鏡不安臺。」又詠月云：「飛輪了無轍，明鏡不安臺。」後人以爲詩讖，謂無蔕者，是無帝；不安臺者，臺城不安；輪無轍者，以邵陵名綸，空有赴援名也。

既而景屯兵西州，使僞儀同陳慶以甲防太極殿，悉鹵掠乘輿服玩、後宮嬪妾，收王侯朝士送永福省，撤二宮侍衞。使王偉守武德殿，于子悦屯太極東堂，矯詔大赦，自爲大都督、都督中外諸軍、録尚書事，其侍中、使持節、大丞相、王如故。

先是，城中積屍不暇埋瘞，又有已死未斂，或將死未絶，景悉令聚而焚之，臭氣聞十餘里。尚書外兵郎鮑正疾篤，賊曳出焚之，宛轉火中，久而方絶。景又矯詔征鎮牧守各復本位，於是諸軍並散。降蕭正德爲侍中、大司馬，百官皆復其職。

帝雖外迹不屈，而意猶忿憤〔三一〕，景欲以宋子仙爲司空，帝曰：「調和陰陽，豈在此物。」景又請以文德主帥鄧仲爲城門校尉，帝曰：「不置此官。」簡文重入奏，帝怒曰：「誰令汝來！」景聞亦不敢逼。後每徵求，多不稱旨，至於御膳亦被裁抑。遂懷憂憤。五月，感疾餒，崩于文德殿。景祕不發喪，權殯于昭陽殿，自外文武咸莫之知。二十餘日，然後升梓宮於太極前殿，迎簡文即位。及葬脩陵，使衞士以大釘於要地釘之，欲令後世絶滅。矯詔赦北人爲奴婢者，冀收其力用焉。時東揚州刺史臨城公大連據州，吳興太守張嵊據郡，自南陵以上並各據守。景制命所行，唯吳郡以西、南陵以北而已。

六月，景乃殺蕭正德於永福省，封元羅爲西秦王，元景襲爲陳留王〔三二〕，諸元子弟封王者十餘人。以柳敬禮爲使持節、大都督，隸大丞相，參戎事〔三三〕。

十一月，百濟使至，見城邑丘墟，於端門外號泣，行路見者莫不灑泣。景聞大怒，收小莊嚴寺，禁不聽出入。

大寶元年正月，景矯詔自加班劍四十人，給前後部羽葆、鼓吹，置左右長史、從事中郎四人。三月甲申〔三四〕，景請簡文禊宴於樂游苑，帳飲三日。其逆黨咸以妻子自隨，皇太子以下，並令馬射，箭中者賞以金錢。翌日向晨，簡文還宮。景拜伏苦請，簡文不從。及發，景即與溧陽主共據御牀，南面並坐，羣臣文武列坐侍宴。

四月辛卯，景又召簡文幸西州，簡文御素輦，侍衛四百餘人。景衆數千浴鐵翼衞。簡文至西州，景等逆拜。上冠下屋白紗帽，服白布裠襦。景服紫紬褶，上加金帶，與其僞儀同陳慶、索超世等西向坐。溧陽主與其母范淑妃東向坐。上聞絲竹，悽然下泣。景起謝曰：「陛下何不樂？」上爲笑曰：「丞相言索超世聞此以爲何聲？」景曰：「臣且不知，豈獨超世。」上乃命景起儛，景即下席應弦而歌。上顧命淑妃，淑妃固辭乃止。景又上禮，遂逼上起儛。酒闌坐散，上抱景于牀曰：「我念丞相。」景曰：「陛下如不念臣，臣何至此。」上索筌蹄，曰：「我爲公講。」命景離席，使其唱經。景問超世何經最小，超世曰：「唯觀世音小。」景即唱「爾時無盡意菩薩」。上大笑，夜乃罷。

時江南大飢，江、揚彌甚，旱蝗相係，年穀不登，百姓流亡，死者塗地。父子攜手共入江湖，或弟兄相要俱緣山岳。芰實荇花，所在皆罄，草根木葉，爲之凋殘。雖假命須臾，亦終死山澤。其絶粒久者，鳥面鵠形，俯伏牀帷，不出户牖者，莫不衣羅綺，懷金玉，交相枕藉，待命聽終。於是千里絶烟，人跡罕見，白骨成聚如丘隴焉。而景虐於用刑，酷忍無道，於石頭立大舂碓，有犯法者擣殺之。東陽人李瞻起兵，爲賊所執，送詣建鄴。景先出之市中，斷其手足，刻析心腹，破出肝腸。瞻正色整容，言笑自若，見其膽者乃如升焉。又禁人偶語，不許大酺，有犯則刑及外族。其官人任兼閫外者位必行臺，入附凶徒者並稱開府，其親寄隆重則號曰左右廂公，勇力兼人名爲庫真部督。

七月，景又矯詔自進位相國，封太山等二十郡爲漢王。入朝不趨，贊拜不名，劍履上殿，依漢蕭何故事。十月，景又矯詔自加宇宙大將軍、都督六合諸軍事，以詔文呈簡文。簡文大驚曰：「將軍乃有宇宙之號乎？」初，武帝既崩，景立簡文，升重雲殿禮佛爲盟曰：「臣乞自今兩無疑貳，臣固不負陛下，陛下亦不得負臣。」及南康王會理之事，景稍猜懼，謂簡文欲謀之。王偉因搆扇，遂懷逆謀矣。

二年正月，景以王克爲太宰〔三五〕，宋子仙爲太保，元羅爲太傅，郭元建爲太尉，張化仁爲司徒，任約爲司空，于慶爲太師〔三六〕，紇奚斤爲太子太傅，時靈護爲太子太保，王偉爲尚書左僕射，索超世爲右僕射。於大䑸跨水築城，名曰捍國。

四月，景遣宋子仙襲陷郢州刺史方諸。景乘勝西上，號三十萬〔三七〕，聯旗千里，江左以來，水軍之盛未有也。帝聞之，謂御史中丞宗懍曰〔三八〕：「賊若分守巴陵，鼓行西上，荆、郢殆危，此上策也。身頓長沙，徇地零、桂，運糧以至洞庭，非吾有〔三九〕，此中策也。擁衆江口，連攻巴陵，鋭氣盡於堅城，士卒飢於半菽，此下策也。吾安枕而卧，無所多憂。」及次巴陵，王僧辯沈船卧鼓，若將已遁。景遂圍城。元帝遣平北將軍胡僧祐與居士陸法和大破之，禽其將任約，景乃夜遁還都。左右有泣者，景命斬之。王僧辯乃東下，自是衆軍所至皆捷。先是，景每出師，戒諸將曰：「若破城邑，淨殺却，使天下知吾威名。」故諸將以殺人爲戲笑，百姓雖死不從之。

是月，景乃廢簡文，幽於永福省，迎豫章王棟即皇帝位，升太極前殿，大赦，改元爲天正元年。有回風自永福省吹其文物皆倒折，見者莫不驚駭。初，景既平建鄴，便有簒奪志，以四方須定，故未自立。既而巴陵失律，江、郢喪師，猛將外殲，雄心内沮，便欲速僭大號。又王偉云：「自古移鼎必須廢立。」故景從之。其太尉郭元建聞之，自秦郡馳還諫曰：「主上仁明，何得廢之？」景曰：「王偉勸吾。」元建固陳不可，景意遂回，欲復帝位，以棟爲太孫。王偉固執不可，乃禪位于棟。景以哀太子妃賜郭元建，元建曰：「豈有皇太子妃而降爲人妾。」竟不與相見。景司空劉神茂、儀同尹思合、劉歸義、王曄、桑乾王元頵等據東陽歸順。

十一月，景矯蕭棟詔，自加九錫，漢國置丞相以下百官，陳備物於庭。忽有鳥似山鵲翔于景册書上，赤足丹觜，都下左右所無。賊徒悉駭，競射之，不能中。景又矯棟詔，追崇其祖爲大將軍，父爲大丞相，自加冕十有二旒，建天子旌旗，出警入蹕，乘金根車，駕六馬，備五時副車，置旄頭雲罕，樂儛八佾，鍾虡宮懸之樂，一如舊儀。尋又矯蕭棟詔禪位，使僞太宰王克奉璽紱于己。先夕，景宿大莊嚴寺，即南郊，柴燎于天，升壇受禪，大風折木〔四〇〕，旂蓋盡偃，文物並失舊儀。既唱警蹕，識者以爲名景而言警蹕，非久祥也。景聞惡之，改爲備蹕。人又曰，備於此便畢矣。有司乃奏改云永蹕。乃以廣柳車載鼓吹，橐駞負犧牲，輦上置垂脚坐焉。景所帶劍水精標無故墮落，手自拾取，甚惡之。將登壇，有兔自前而走，俄失所在。又白虹貫日三重，日青無色。還將登太極殿，醜徒數萬同共吹脣唱吼而上。及升御牀，牀脚自陷。大赦，改元爲太始元年。方饗羣臣，中會而起，觸扆墜地。封蕭棟爲淮陰王，幽之。改梁律爲漢律，改左户尚書爲殿中尚書，五兵尚書爲七兵尚書，直殿主帥爲直寢。

景三公之官，動置十數，儀同尤多。或疋馬孤行，自執羈絏。以宋子仙、郭元建、張化仁、任約爲佐命元功，並加三公之位；王偉、索超世爲謀主；于子悦、彭儁主擊斷；陳慶、呂季略、盧暉略、于和、史安和爲爪牙〔四一〕：斯皆尤毒於百姓者。其餘如王伯醜、任延和等復有數十人〔四二〕。梁人而爲景用者，則故將軍趙伯超、前制局監姬石珍、内監嚴亶、邵陵王記室伏知命，此四人盡心竭力者。若太宰王克、太傅元羅、侍中殷不害、太常姬弘正等雖官尊，止從人望，非腹心任也。景祖名乙羽周，及篡以『周』爲廟諱，故改周弘正、石珍姓姬焉。

王偉請立七廟，景曰：「何謂七廟？」偉曰：「天子祭七世祖考，故置七廟。」并請七世諱，敕太常具祭祀之禮。景曰：「前世吾不復憶，唯阿爺名摽，且在朔州，伊那得來噉是。」衆聞咸笑之。景黨有知景祖名乙羽周者，自外悉是王偉制其名位。以漢司徒侯霸爲始祖，晉徵士侯瑾爲七世祖。於是推尊其祖周爲大丞相，父摽爲元皇帝。

于時景脩飾臺城及朱雀、宣陽等門，童謡曰：「的脰烏，拂朱雀，還與吴。」又曰：「脱青袍，著芒屩，荆州天子挺應著。」時都下王侯庶姓五等廟樹，咸見殘毁，唯文宣太后廟四周柏樹獨鬱茂。及景篡，脩南郊路，僞都官尚書呂季略説景，令伐此樹以立三橋。始斫南面十餘株，再宿悉栟生，便長數尺。時既冬月，翠茂若春。賊乃大驚惡之，使悉斫殺。識者以爲昔僵柳起於上林，乃表漢宣之興，今廟樹重青，必彰陝西之瑞。又景牀東邊香爐無故墮地，景呼東西南北皆謂爲廂，景曰：「此東廂香爐那忽下地。」議者以爲湘東軍下之徵。

十二月，謝答仁、李慶等軍至建德，攻元頵、李占柵，大破之。執頵、占送京口，截其手足徇之，經日乃死。景二年，謝答仁攻東陽，劉神茂降，以送建康，景爲大剉碓，先進其脚，寸寸斬之，至頭方止。使衆觀之以示威。

王僧辯軍至蕪湖，城主宵遁。侯子鑒率步騎萬餘人度州，并引水軍俱進。僧辯逆擊，大破之。景聞之大懼涕下，覆面引衾卧，良久方起，歎曰：「咄叱！咄叱！誤殺乃公。」初，景之爲丞相，居于西州，將率謀臣，朝必集行列門外，謂之牙門。以次引進，賚以酒食，言笑談論，善惡必同。及篡，恒坐内不出，舊將稀見面，咸有怨心。至是登烽火樓望西師，看一人以爲十人，大懼。僧辯及諸將遂於石頭城西步上，連營立柵，至于落星墩。景大恐，遣掘王僧辯父墓，剖棺焚其屍。王僧辯等進營於石頭城北，景列陣挑戰，僧辯大破之。

景既退敗，不敢入宮，斂其散兵屯于闕下，遂將逃。王偉按劍攬轡諫曰：「自古豈有叛天子；今宮中衛士尚足一戰，寧可便走。」景曰：「我在北打賀拔勝，敗葛榮，揚名河朔，與高王一種人。來南直度大江，取臺城如反掌，打邵陵王於北山，破柳仲禮於南岸，皆乃所親見。今日之事，恐是天亡。乃好守城，當復一決。」仰觀石闕，逡巡歎息久之。乃以皮囊盛二子挂馬鞍，與其儀同田遷、范希榮等百餘騎東奔。王偉遂委臺城竄逸。侯子鑒等奔廣陵。王克開臺城門引裴之横入宫，縱兵蹂掠。是夜遺燼燒太極殿及東西堂、延閣、祕署皆盡，羽儀輦輅莫有孑遺。王僧辯命武州刺史杜崱救火，僅而得滅。故武德、五明、重雲殿及門下、中書、尚書省得免。

僧辯迎簡文梓宫升於朝堂，三軍縞素，踊於哀次。命侯瑱、裴之横追賊於東，焚僞神主於宣陽門，作神主於太廟，收圖書八萬卷歸江陵。杜崱守臺城，都下户口百遺一二，大航南岸極目無煙。老小相扶競出，纔度淮，王琳、杜龕軍人掠之，甚于寇賊，號叫徹于石頭〔四三〕。僧辯謂爲有變，登城問故，亦不禁也。僉以王師之酷，甚於侯景，君子以是知僧辯之不終。

初，景之圍臺城，援軍三十萬，兵士望青袍則氣消膽奪。及赤亭之役，胡僧祐以羸卒一千破任約精甲二萬，轉戰而東，前無横陣。既而侯瑱追及，景衆未陣，皆舉幡乞降，景不能制〔四四〕。乃與腹心人數十單舸走，推墮二子於水，自滬瀆入海至胡豆洲。前太子舍人羊鯤殺之，送于王僧辯。

景長不滿七尺，長上短下，眉目疎秀，廣顙高權，色赤少鬢，低眡屢顧，聲散，識者曰：

「此謂豺狼之聲，故能食人，亦當爲人所食。」既南奔，魏相高澄悉命先剝景妻子面皮，以大鐵鑊盛油煎殺之。女以入宮爲婢，男三歲者並下蠶室。後齊文宣夢獮猴坐御牀，乃並煮景子於鑊，其子之在北者殲焉。

景性猜忍，好殺戮，恒以手刃爲戲。方食，斬人於前，言笑自若，口不輟飡。或先斷手足，割舌劓鼻，經日乃殺之。自篡立後，時著白紗帽，而尚披青袍，頭插象牙梳，牀上常設胡牀及筌蹄，著靴垂脚坐。或跂户限，或走馬遨游，彈射鴉鳥。自爲天子，王偉不許輕出，於是鬱快，更成失志，曰：「吾無事爲帝，與受擯不殊。」及聞義師轉近，猜忌彌深，牀前蘭錡自遶，然後見客。每登武帝所常幸殿，若有芒刺在身，恒聞叱咄者。又處宴居殿，一夜驚起，若有物扣其心。自是凡武帝所常居處，並不敢處。多在昭陽殿廊下。所居殿屋，常有鵂鶹鳥鳴呼，景惡之，每使人窮山野捕鳥。景所乘白馬，每戰將勝，輒躑躅嘶鳴，意氣駿逸；其有奔衂，必低頭不前。及石頭之役，精神沮喪，卧不肯動。景使左右拜請，或加箠策，終不肯進。始景左足上有肉瘤，狀似龜，戰應剋捷，瘤則隱起分明；如不勝，瘤則低。至日，瘤隱陷肉中〔四五〕。

天監中，沙門釋寶誌曰：「掘尾狗子自發狂，當死未死嚙人傷。須臾之間自滅亡，起自汝陰死三湘。」又曰：「山家小兒果攘臂，太極殿前作虎視。」狗子，景小字；山家小兒，猴狀。景遂覆陷都邑，毒害皇家。起自懸瓠，即昔之汝南。巴陵有地名三湘，景奔敗處。其言皆驗。景常謂人曰：「侯字人邊作主，下作人，此明是人主也。」臺城既陷，武帝嘗語人曰：「侯景必得爲帝，但不久耳。破『侯景』字成『小人百日天子』，爲帝當得百日。」案景以辛未年十一月十九日篡位，壬申年三月十九日敗，得一百二十日。而景以三月一日便往姑孰，計在宮殿足滿十旬，其言竟驗。又大同中，太醫令朱耽嘗直禁省，無何夢犬羊各一在御坐，覺而告人曰：「犬羊非佳物也，今據御座，將有變乎？」既而天子蒙塵，景登正殿焉。

及景將敗，有僧通道人者，意性若狂，飲酒噉肉，不異凡等。世間游行已數十載，姓名鄉里，人莫能知。初言隱伏，久乃方驗。人並呼爲闍梨。景甚信敬之。景嘗於後堂與其徒共射，時僧通在坐，奪景弓射景陽山，大呼云「得奴已」。景後又宴集其黨，又召僧通。僧通取肉揾鹽以進景，問曰：「好不？」景答：「所恨大鹹。」僧通曰：「不鹹則爛。」及景死，僧辯截其二手送齊文宣，傳首江陵，果以鹽五斗置腹中，送于建康，暴之于市。百姓爭取屠膾羹食皆盡，并溧陽主亦預食例。景焚骨揚灰，曾罹其禍者，乃以灰和酒飲之。首至江陵，元帝命梟於市三日，然後煮而漆之，以付武庫。先是江陵謠言：「苦竹町，市南有好井。荆州軍，殺侯景。」及景首至，元帝付諮議參軍李季長宅，宅東即苦竹町也。既加鼎鑊，即用市南水焉。景儀同謝答仁、行臺趙伯超降于侯瑱，生禽賊行臺田遷、儀同房世貴、蔡壽樂、領軍王伯醜。凶黨悉平，斬房世貴於建康市，餘黨送江陵。初，郭元建以有禮於皇太子妃，將降，侯子鑒曰：「此小惠也，不足自全。」乃奔齊。

王偉，其先略陽人。父略，仕魏爲許昌令，因居潁川。偉學通周易，雅高辭采，仕魏爲行臺郎。景叛後，高澄以書招之，偉爲景報澄書，其文甚美。澄覽書曰：「誰所作也？」左右稱偉之文。澄曰：「才如此，何由不早使知邪？」偉既協景謀謨，其文檄並偉所製，及行篡逆，皆偉創謀也。

景敗，與侯子鑒俱走相失，潛匿草中，直瀆戍主黄公喜禽送之。見王僧辯，長揖不拜。執者促之，偉曰：「各爲人臣，何事相敬。」僧辯謂曰：「卿爲賊相，不能死節，而求活草間，顛而不扶，安用彼相。」偉曰：「廢興時也，工拙在人。向使侯氏早從偉言，明公豈有今日之勢。」僧辯大笑，意甚異之，命出以徇。偉曰：「昨及朝行八十里，願借一驢代步。」僧辯曰：「汝頭方行萬里，何八十里哉。」偉笑曰：「今日之事，乃吾心也。」前尚書左丞虞騭嘗見辱於偉，遇之而唾其面，曰：「死虜，庸復能爲惡乎！」偉曰：「君不讀書，不足與語。」騭慙而退。及吕季略、周石珍、嚴亶俱送江陵，偉尚望見全，於獄爲詩贈元帝下要人曰：「趙壹能爲賦，鄱陽解獻書。何惜西江水，不救轍中魚。」又上五百字詩於帝，帝愛其才，將捨之，朝士多忌，乃請曰：「前日偉作檄文，有異辭句。」元帝求而視之，檄云：「項羽重瞳，尚有烏江之敗；湘東一目，寧爲四海所歸。」帝大怒，使以釘釘其舌於柱，剜其腸。顏色自若。仇家臠其肉，俛而視之，至骨方刑之。石珍及亶並夷三族。

趙伯超，趙革子也。初至建鄴，王僧辯謂曰：「卿荷國重恩，遂復同逆。」對曰：「當今禍福，恩在明公。」僧辯又顧謝答仁曰：「聞卿是侯景梟將，恨不與卿交兵。」答仁曰：「公英武蓋世，答仁安能仰敵。」僧辯大笑。答仁以不失禮於簡文見宥，伯超及伏知命俱餓死江陵獄中。彭儁亦生獲，破腹抽出其肝藏，儁猶不死，然後斬之。

熊曇朗，豫章南昌人也，世爲郡著姓。曇朗跅弛不羈，有膂力，容貌甚偉。侯景之亂，稍聚少年，據豐城縣爲栅，桀黠劫盜多附之。梁元帝以爲巴山太守。魏剋荆州，曇朗兵力稍强，劫掠隣縣，縛賣居人，山谷之中，最爲巨患。

及侯瑱鎮豫章，曇朗外示服從，陰欲圖瑱。侯方兒之反瑱也，曇朗爲之謀主。瑱敗，曇朗獲瑱馬仗子女甚多。

及蕭勃踰嶺，歐陽頠爲前軍。曇朗紿頠共往巴山襲黄法㲒。又報法㲒期共破頠，且曰：「事捷與我馬仗。」乃出軍與頠掎角而進。又紿頠曰：「余孝頃欲相掩襲，須分留奇兵。」頠送甲三百領助之〔四六〕。及至城下，將戰，曇朗僞北，法㲒乘之〔四七〕，頠失援，狼狽退衂。曇朗取其馬仗而歸。

時巴山陳定亦擁兵立砦，曇朗僞以女妻定子，又謂定曰：「周迪、余孝頃並不願此昏，必須以强兵來迎。」定信之。及至，曇朗執之，收其馬仗，並論價責贖。

陳初以南川豪帥，歷宜新、豫章二郡太守。抗拒王琳有功，封永化縣侯，位平西將軍、開府儀同三司。及周文育攻余孝勱於豫章，曇朗出軍會之，文育失利，曇朗乃害文育以應王琳。琳東下，文帝徵南川兵，江州刺史周迪、高州刺史黄法㲒欲沿流應赴，曇朗乃據城列艦遏迪等。及王琳敗走，迪攻陷其城。曇朗走入村中。村人斬之，傳首建鄴，懸于朱雀觀〔四八〕，宗族無少長皆棄市。

周迪，臨川南城人也。少居山谷，有膂力，能挽强弩，以弋獵爲事。侯景之亂，迪宗人周續起兵於臨川，梁始興王蕭毅以郡讓續，迪占募鄉人從之，每戰勇冠諸軍。續所部渠帥，皆郡中豪族，稍驕横，續頗禁之，渠帥等乃殺續推迪爲主。梁元帝授迪高州刺史，封臨汝縣侯。紹泰二年，爲衡州刺史，領臨川内史。周文育之討蕭勃也，迪按甲保境，以觀成敗。

陳武帝受禪，王琳東下，迪欲自據南川，乃總召所部八郡守宰結盟，聲言入赴，朝廷恐其爲變，因厚撫之。琳至盆城，新吴洞主余孝頃舉兵應琳。琳以爲南川諸郡可傳檄而定，乃遣其將李孝欽、樊猛等南徵糧餉。孝欽等與余孝頃逼迪，迪大敗之，禽孝欽、猛、孝頃送建鄴。以功加平南將軍、開府儀同三司。

文帝嗣位，熊曇朗反，迪與周敷、黄法𣰰等圍曇朗，屠之。王琳敗後，文帝徵迪出鎮盆口，又徵其子入朝，迪趑趄顧望並不至。豫章太守周敷本屬迪，至是與法𣰰率其部詣闕，文帝録其破熊曇朗功，並加官賞。迪聞之不平，乃陰與留異相結。及王師討異，迪疑懼，乃使其弟方興襲周敷，敷與戰，破之。又别使兵襲華皎於盆城，事覺，盡爲皎禽。

天嘉三年，文帝乃使江州刺史吴明徹都督衆軍，與高州刺史黄法𣰰、豫章太守周敷討迪，不能剋。文帝乃遣宣帝總督討之，迪衆潰，脱身踰嶺之晉安，依陳寶應。寶應以兵資迪，留異又遣第二子忠臣隨之。明年秋，復越東興嶺。文帝遣都督章昭達征迪，迪又散于山谷。

初，侯景之亂，百姓皆棄本爲盜，唯迪所部獨不侵擾，耕作肆業，各有贏儲，政令嚴明，徵斂必至。性質朴，不事威儀。冬則短身布袍，夏則紫紗袜腹。居常徒跣，雖外列兵衞，内有女伎，挼繩破篾，傍若無人。然輕財好施，凡所周贍，毫釐必均。訥於語言，而衿懷信實，臨川人皆德之。至是並藏匿，雖加誅戮，無肯言者。

昭達仍度嶺與陳寶應相抗。迪復收合出東興，文帝遣都督程靈洗破之。迪又與十餘人竄山穴中。後遣人潛出臨川郡市魚鮭，臨川太守駱文牙執之，令取迪自効。誘迪出獵，伏兵斬之。傳首建鄴，梟于朱雀觀三日〔四九〕。

留異，東陽長山人也，世爲郡姓〔五〇〕。異善自居處，言語醞藉，爲鄉里雄豪。多聚惡少，陵侮貧賤，守宰皆患之。仕梁，晉安、安固二縣令。

侯景之亂，還鄉里，占募士卒〔五一〕。太守沈巡援臺，讓郡於異，異使兄子超監知郡事，率兵隨巡出都。及城陷，異隨梁臨城公大連，大連委以軍事。異性殘暴，無遠略，私樹威福，衆並患之。會景將宋子仙濟浙江，異奔還鄉里，尋以衆降子仙。子仙以爲鄉道，令執大連。邵陵王綸聞之曰：「姓作去留之留，名作同異之異，理當同於逆虜。」侯景署異爲東陽太守，收其妻子爲質。行臺劉神茂建義拒景，異外同神茂，而密契於景。及神茂敗，被景誅，異獨獲免。

景平後，王僧辯使異慰勞東陽，仍保據巖阻，州郡憚焉。魏克荆州，王僧辯以異爲東陽太守。陳文帝平定會稽，異雖有糧饋，而擁擅一郡，威福在己。紹泰二年，以應接功，除縉州刺史，領東陽太守，封永嘉縣侯〔五二〕。又以文帝長女豐安公主配異第三子貞臣。

陳永定三年〔五三〕，徵異爲南徐州刺史，遷延不就。文帝即位，改授縉州刺史，領東陽太守。異頻遣其長史王澌爲使入朝。澌每言朝廷虛弱，異信之，恒懷兩端，與王琳潛通信使。及琳敗，文帝遣左衛將軍沈恪代異爲郡，實以兵襲之。異與恪戰，敗，乃表啓遜謝。時朝廷方事湘、郢，且羈縻之。異知終見討，乃使兵戍下淮及建德，以備江路。

湘州平，文帝乃下詔揚其罪惡，使司空侯安都討之。異與第二子忠臣奔陳寶應。及寶應平，并禽異送都，斬建康市，子姪並伏誅，唯第三子貞臣以尚主獲免。

陳寶應，晉安候官人也，世爲閩中四姓。父羽，有材幹，爲郡雄豪。寶應性反覆，多變詐。梁時晉安數反，累殺郡將，羽初並扇惑成其事，後復爲官軍鄉導破之，由是一郡兵權皆自己出。侯景之亂，晉安太守賓化侯蕭雲以郡讓羽，羽年老，但主郡事，令寶應典兵。時東境飢饉，會稽尤甚，死者十七八，而晉安獨豐沃，士衆强盛。侯景平，元帝因以羽爲晉安太守。陳武帝輔政，羽請歸老，求傳郡於寶應，武帝許之。紹泰二年〔五四〕，封侯官縣侯。武帝受禪，授閩州刺史，領會稽太守。文帝即位〔五五〕，加其父光禄大夫，仍命宗正録其本系，編爲宗室。

寶應娶留異女爲妻，侯安都之討異，寶應遣命助之〔五六〕，又資周迪兵糧，出寇臨川。及都督章昭達破迪，文帝因命討寶應，詔宗正絶其屬籍。寶應據建安湖際逆拒昭達，昭達深溝高壘不與戰。但命爲簰，俄而水盛，乘流放之，突其水栅，寶應衆潰。執送都，斬建康市。

論曰：侯景起于邊服，備嘗艱險，自北而南，多行狡筭。于時江表之地，不見干戈。梁武以耄期之年，溺情釋教，外弛藩籬之固，内絶防閑之心，不備不虞，難以爲國。加以姦回在側，貨賄潛通，景乃因機騁詐，肆行矯慝。王偉爲其謀主，飾以文辭，武帝溺於知音，惑兹邪説。遂使乘桁直濟，長江喪其天險，揚旌指闕，金墉亡其地利。生靈塗炭，宗社丘墟。於是村屯塢壁之豪，郡邑巖穴之長，恣陵侮而爲暴，資剽掠以爲雄。陳武應期撫運，戡定安輯。熊曇朗、周迪、留異、陳寶應等，雖逢興運，未改迷塗，志在亂常，自致夷戮，亦其宜矣。

校勘記

〔一〕初學兵法於榮部將慕容紹宗　「慕容紹宗」，原作「慕容超宗」，據宋乙本壹及通志卷一四三改。按「慕容超宗」於史無考，慕容紹宗傳見北齊書卷二〇。下徑改不再出校。

〔二〕今必致殆　「殆」，原作「怠」，據宋乙本壹及御覽卷四三五引梁書、通志卷一四三改。

〔三〕因是踣馬　王懋竑記疑卷一三謂「踣」字有疑。按「踣」或是「踢」之訛。本書卷一五劉穆之傳附劉瑀傳「瑀踢馬及之」，「踢」即「踏」之本字，謂蹴踢。

〔四〕中領軍朱异議以御府錦署止充頒賞　「頒」，原作「領」，據宋乙本壹及梁書卷五六侯景傳改。

〔五〕何不少忍　「忍」，原作「思」，據宋乙本壹、南監本、北監本、殿本及通志卷一四三改。

〔六〕景又招司州刺史羊鴉仁同逆　「招」，原作「徵」，據宋乙本壹、南監本、北監本、汲本、殿本及通志卷一四三改。

〔七〕於豫州城南集其將帥　「南」，原作「內」，據宋乙本壹及通志卷一四三改。

〔八〕乃敕購斬景者　「購」字原脱，據宋乙本壹及通鑑卷一六一梁紀一七太清二年、通志卷一四三補。

〔九〕不問南北人同賞封二千户公一州刺史　「公」，原作「兼」，據宋乙本壹及通鑑卷一六一梁紀一七太清二年、通志卷一四三改。

〔一〇〕蕭正德先遣大船數十艘僞載荻　「僞」，梁書卷五六侯景傳、通志卷一四三作「僞稱」。

〔一一〕景即分襲姑熟　「即」，原作「出」，據宋乙本壹、南監本、北監本、殿本及梁書卷五六侯景傳、通志卷一四三改。

〔一二〕於是詔以揚州刺史宣城王大器爲都督内外諸軍事　「内外」，梁書卷五六侯景傳、通鑑卷一六一梁紀一七太清二年作「城内」。按下云「羊侃爲軍師將軍以副焉」，梁書卷三九羊侃傳載「追侃入副宣城王都督城内諸軍事」，疑當作「城内」。

〔一三〕遣南浦侯推守東府城　「推」，原作「持」，據北監本、殿本及梁書卷五六侯景傳、通鑑卷一六一梁紀一七太清二年、通志卷一四三改。按南浦侯推爲安成王秀之子，傳見梁書卷二二太祖五王傳中。

〔一四〕羊侃鑿門扇刺殺人　「人」，梁書卷五六侯景傳作「數人」。

〔一五〕景又作木驢數百攻城城上擲以石並皆碎破　原不疊「城」字，據梁書卷五六侯景傳、通鑑卷一六一梁紀一七太清二年、通志卷一四三補。

〔一六〕景使其儀同盧暉略率數千人持長刀夾城門　「千」，原作「十」，據殿本及梁書卷五六侯景傳、通鑑卷一六一梁紀一七太清二年改。

〔一七〕死者三千餘人　「三千」，梁書卷五六侯景傳作「二千」。

〔一八〕「至是」至「三萬」　「三萬」，原作「二萬」，據梁書卷五六侯景傳、卷二九高祖三王邵陵攜王綸傳、建康實録卷一七、册府卷二八五、卷七六三、通鑑卷一六一梁紀一七太清二年改。

〔一九〕綸大破之於愛敬寺下　「破」，原作「敗」，據宋乙本壹、南監本、北監本、殿本及梁書卷五六侯景傳、通志卷一四三改。

〔二〇〕衆軍前亂　「前」，梁書卷五六侯景傳、册府卷二八五、通志卷一四三作「因」。

〔二一〕以火焚城東南隅大樓　「火」，梁書卷五六侯景傳作「火車」，疑是。

〔二二〕左衞將軍柳津守東土山　按下文有「右衞將軍柳津出西華門下」（梁書卷五六侯景傳則作「左衞」），與此不一。按本書卷三六沈演之傳附沈浚傳、通鑑卷一六一梁紀一七太清二年均云柳津爲右衞將軍。

〔二三〕陳文徹李欽屯丹陽郡　「李欽」，梁書卷五六侯景傳作「李孝欽」。

〔二四〕營于湘子岸前　「湘」，原作「洲」，據梁書卷五六侯景傳、册府卷二八五改。

〔二五〕又得城東之米　「城東」，北監本、殿本作「城中」。按上云「景遂運東城米于石頭」，疑此誤倒。

〔二六〕今日持此　「今」，原作「令」，據宋乙本壹、南監本、北監本、殿本及梁書卷五六侯景傳、通鑑卷一六二梁紀一八太清三年、通志卷一四三改。

〔二七〕於是羊鴉仁柳敬禮鄱陽世子嗣進軍於東府城北　「柳敬禮」，原作「柳仲禮」，據宋乙本壹及梁書卷五六侯景傳改。

〔二八〕景又遣于子悦乞和　「和」字原脱，據通志卷一四三補。按梁書卷五六侯景傳云「景又遣于子悦至，更請和」，卷四三沈浚傳云「侯景表請求和」，知誤奪「和」字。

〔二九〕景無去意　「景」字原脱，據梁書卷五六侯景傳、通志卷一四三補。

〔三〇〕邵陵王世子子堅帳内白曇朗董勛華於城西北樓納賊　「世子子堅」，梁書卷二九高祖三王邵陵攜王綸傳載綸長子名「堅」。「白曇朗」，原作「白雲朗」，據梁書改。

〔三一〕帝雖外迹不屈而意猶忿憤　「不屈」，梁書卷五六侯景傳作「已屈」。按通鑑卷一六二梁紀一八太清三年載此，作「上雖外爲侯景所制，而内甚不平」。

〔三二〕元景襲爲陳留王　「元景襲」，梁書卷五六侯景傳作「元景龍」。

〔三三〕以柳敬禮爲使持節大都督隸大丞相參戎事　「柳敬禮」，原作「柳仲禮」，據梁書卷五六侯景傳改。按梁書卷四三柳敬禮傳：「臺城没，敬禮與仲禮俱見於景。景遣仲禮經略上流，留敬禮爲質，以爲護軍。」同書侯景傳下載「景以柳敬禮爲護軍將軍」。

〔三四〕三月甲申　按大寶元年三月庚戌朔，是月無甲申。

〔三五〕景以王克爲太宰　「太宰」，梁書卷五六侯景傳、通鑑卷一六四梁紀二〇大寶二年作「太師」。

〔三六〕于慶爲太師　「太師」，梁書卷五六侯景傳作「太子太師」。

〔三七〕號三十萬　「三十萬」，原作「二十萬」，據宋乙本壹及通志卷一四三改。

〔三八〕帝聞之謂御史中丞宗懍曰　按馬宗霍校證：「此所謂『帝』，即湘東王繹也，其時尚未即位，從後稱之。『帝』上應加『元』字，下文正稱『元帝』可證。」「宗懍」，原作「宗懷」，據宋乙本壹及通志卷一四三改。

〔三九〕運糧以至洞庭非吾有　通志卷一四三「非」上有「湘郢」二字。

〔四〇〕大風折木　「折」，原作「拔」，據宋乙本壹及通志卷一四三改。

〔四一〕陳慶吕季略盧暉略于和史安和爲爪牙　按張森楷南史校勘記：「時無于和而有于慶，疑『和』當是『慶』誤。」

〔四二〕其餘如王伯醜任延和等復有數十人　「如」字原脱，據宋乙本壹及通志卷一四三補。

〔四三〕號叫徹于石頭　「徹」，原作「聞」，據宋乙本壹、南監本、北監本、汲本、殿本及通志卷一四三改。

〔四四〕景不能制　此句上原衍「殺之送于王僧辯」一句，爲下文誤竄，據南監本、北監本、殿本删。

〔四五〕至日瘤隱陷肉中　「至日」，册府卷九五一作「至景敗日」，通志卷一四三作「至是」。

〔四六〕頒送甲三百領助之　「三百」，原作「二百」，據宋乙本壹及陳書卷三五熊曇朗傳、通志卷一四五改。

〔四七〕法氍乘之　「之」字原脱，據陳書卷三五熊曇朗傳補。

〔四八〕傳首建鄴懸于朱雀觀　「朱雀觀」，原作「朱雀航」，據宋乙本壹及陳書卷三五熊曇朗傳、建康實録卷一九、通志卷一四五改。

〔四九〕梟于朱雀觀三日　「朱雀觀」，原作「朱雀航」，據宋乙本壹及陳書卷三五周迪傳、通志卷一四五改。

〔五〇〕世爲郡姓　「姓」，北監本、汲本、殿本及陳書卷三五留異傳作「著姓」，通志卷一四五作「豪姓」。

〔五一〕占募士卒　「占」，宋乙本壹及陳書卷三五留異傳、册府卷九二〇、卷九四一、通志卷一四五作「召」。

〔五二〕封永嘉縣侯　「永嘉」，陳書卷三五留異傳、建康實録卷一九作「永興」。

〔五三〕陳永定三年　「三年」，陳書卷三五留異傳作「二年」。

〔五四〕紹泰二年　「二年」，原作「三年」，據陳書卷三五陳寶應傳、通志卷一四五改。按紹泰無三年。

〔五五〕文帝即位　「即位」，原作「即嗣」，據宋乙本壹、南監本、北監本、汲本、殿本及通志卷一四五改。

〔五六〕寶應遣命助之　「命」，陳書卷三五陳寶應傳、通志卷一四五作「兵」。

附録

百衲本跋

張元濟

眉山七史既印行，隋書選用元大德本，亦已竣工，當續出南北史。北史宋刻廑有殘本，而南史則幾絶迹於天壤間，不得已而思其次。北平圖書館藏元大德本，既借影如干卷，不足，補以涵芬樓藏本，顧版多漫漶，不可讀。余友常熟瞿良士、江安傅沅叔各出所藏，以彌其憾。雖間有補版，然皆清朗悦目。

是亦爲建康道屬九路刻本，卷首有大德丙午刊書序，惜缺一葉，諸家藏本均同，無自訪補。版心不記刊版地名，惟梁本紀八第一葉魚尾下有「古杭占閏」，列傳第三十一第十八葉有「古杭良卿刊」等字。又列傳第七十末葉版心下題「桐學儒生趙良粢謹書，自起手至閣筆凡十月」小字二行。縣名首冠「桐」字者不一。以上文刻工推之，當爲桐廬。按元太平路刻漢書儒學教授孔文聲跋，有「致工於武林」之語。宋南渡後，杭州刻書甚盛，即遭鼎革，良工猶存。以意度之，是占閏、良卿二人必至自武林之匠役，寫官趙氏或同時與之俱來。至爲何路所刻，則不能確定矣。

鐵琴銅劍樓藏書目稱是本謝瀹傳「流湎」不誤「沈湎」；王儉傳「長史兼侍中」不誤「長兼侍中」。雙鑑樓藏書續記亦歷舉是本卷一勝於殿本者有二十餘字。然尚有出於所述外者。殿本及明監本、汲古閣本齊本紀上宋帝九錫文，「乃者袁、劉構禍，實繁有徒」。袁、劉何人？王鳴盛舉袁標、劉延熙以當之。是本「袁劉」作「袁鄧」。按本史宋本紀下，泰始元年十二月，「江州刺史晉安王子勛舉兵反，鎮軍長史袁顗赴之，鄧琬爲其謀主」。宋本宋書作「劉琬」實誤，殿本考證謂無其人。若袁標、劉延熙者，不過後來響應之輩，且與袁、劉同時舉兵者，尚有顧深、王曇生、程天祚諸人。九錫文贊揚齊帝功業，必以戡除禍首爲言，斷無遺首舉從之理。是知「袁劉」誤而「袁鄧」實不誤也。

江祏傳：「祏等既誅，帝恣意遊走，單騎奔馳，謂左右曰：『祏常禁吾騎馬，小子若在，吾豈能得此。』因問祏親親餘誰，答曰：『江祥今猶在也。』乃於馬上作敕，賜祥死。」是本作「今猶在冶」，不作「在也」。按本史梁武帝紀：「東昏聞郢城没，乃爲城守計，簡二尚方二冶囚徒以配軍。」始安王遥光傳：遥光「欲以討劉暄爲名。夜遣數百人破東冶出囚」。晉安王子懋傳：子懋既被害，其故人董僧慧爲王玄邈所執。僧慧請俟主人大斂畢，退就湯鑊。玄邈義之，具白明帝，乃配東冶。文學卞彬傳：「永明中，琅邪諸葛勗爲國子生。

坐事繫東治，作東治徒賦。」是「治」者，實爲當時縶繫囚徒之所。江祏既誅，其弟祥必以親屬繫獄。左右答明帝問，謂今猶「在治」者，猶言今尚在獄中也。若僅言其人猶在，則必先事追捕，又安能即於馬上作敕賜死乎？是知「在也」誤，而「在治」實不誤也。

蘭欽傳，欽「授都督、衡州刺史。未及赴職」，下文「詔加散騎常侍，仍令赴職」。是本均作「述職」，不作「赴職」。此惟汲古閣本未改。按本史張纘傳：「改爲湘州刺史，述職經塗，作南征賦。」孫謙傳：「宋明帝以爲巴東、建平二郡太守。謙將述職，勅募千人自隨。」雖與孟子「諸侯朝於天子」之義有所不合，然此自是當時通行之語。且張纘、孫謙二傳亦均仍其原文，則蘭欽傳必爲後人竄改。是可知「赴職」誤，而「述職」實不誤也。

昭明太子傳：「始興王憺薨。舊事以東宮禮絶傍親，書翰並依常儀。太子以爲疑，命僕射劉孝綽議其事。」是本作「僕劉孝綽」，無「射」字。按下文太子令亦言「劉僕議云，『傍絶之義，義在去服』」云云，並不稱「劉僕射」。孝綽本傳：「爲太子僕，掌東宮管記。」梁書本傳亦言先後爲太子僕。攷其歷官，未至僕射。是可知「僕射」誤，而無「射」字實不誤也。

孝義江泌傳：「牽車至染烏頭，見一老公步行，下車載之，躬自步去。梁武帝以爲南康王子琳侍讀。」是本「躬自步去」下、「武帝」上，作「染」不作「梁」。按本史梁武帝諸子傳有南康簡王績，而無子琳其人。子琳實爲齊武帝第十九子，見齊武帝諸子傳。齊書江泌傳亦言：「世祖以爲南康王子琳侍讀。」且「染」爲上文「染烏頭」之省文，「步去」下綴此一字，於文義亦較完足。是知「梁」誤而「染」實不誤也。

其他譌舛，不可僂指，余别有札記，今不悉舉矣。海鹽張元濟。

主要參考文獻

一

南史，南宋前期浙刊本，存四卷，中國國家圖書館藏（善本書號：一一二八三）。

南史，南宋中期建刊本配清抄本，存四十五卷（宋刊三十九卷，配清抄本六卷），中國國家圖書館藏（善本書號：一一三九〇），中華再造善本影印本。

南史，南宋中期建刊本，存一卷，遼寧省圖書館藏。

南史，元大德十年廣德路儒學刊早印本，存二十六卷，臺北故宫博物院藏。

南史，元大德十年廣德路儒學刊早印本，存十七卷，臺北故宫博物院藏。

南史，明萬曆十七至十九年南京國子監刊清順治補修本，中華書局圖書館藏。

南史，明萬曆三十至三十一年北京國子監刊清康熙重修本，中華書局圖書館藏。

南史，明崇禎十三年毛氏汲古閣刊本，中華書局圖書館藏。

南史，清乾隆四年武英殿刊本，中華書局圖書館藏。

二

十三經注疏，清阮元校刻，中華書局影印本，一九八〇年。
説文解字，漢許慎撰，中華書局影印同治陳昌治刻本，一九六三年。
玉篇校釋，胡吉宣著，上海古籍出版社，一九八九年。
匡謬正俗平議，唐顔師古撰，劉曉東平議，齊魯書社，二〇一六年。
一切經音義三種校本合刊（修訂本），唐釋慧琳等撰，徐時儀校注，上海古籍出版社，二〇一二年。
音學五書，清顧炎武撰，中華書局影印本，一九八二年。
史記（修訂本），漢司馬遷撰，南朝宋裴駰集解，唐司馬貞索隱，唐張守節正義，中華書局，二〇一四年。
漢書，漢班固撰，唐顔師古注，中華書局，一九六二年。

後漢書，南朝宋范曄撰，唐李賢等注，中華書局，一九六五年。
三國志，晉陳壽撰，南朝宋裴松之注，中華書局，一九八二年。
晉書，唐房玄齡等撰，中華書局，一九七四年。
宋書（修訂本），南朝梁沈約撰，中華書局，二〇一八年。
宋書考論，孫虨撰，國立北平圖書館館刊九卷一至四號抽印本，一九三五年。
南齊書（修訂本），南朝梁蕭子顯撰，中華書局，二〇一九年。
梁書（修訂本），唐姚思廉撰，中華書局，二〇二〇年。
陳書（修訂本），唐姚思廉撰，中華書局，二〇二一年。
魏書（修訂本），北齊魏收撰，中華書局，二〇一七年。
北齊書，唐李百藥撰，中華書局，一九七二年。
南史詳節，宋呂祖謙纂，十七史詳節，日本宮内廳書陵部藏宋元版漢籍選刊影印元刊本，上海古籍出版社，二〇一二年。
北史，唐李延壽撰，中華書局，一九七四年。
隋書（修訂本），唐魏徵等撰，中華書局，二〇一九年。
舊唐書，後晉劉昫等撰，中華書局，一九七五年。

新唐書，宋歐陽脩、宋祁撰，中華書局，一九七五年。
元經，隋王通撰，唐薛收傳，宋阮逸注，增訂漢魏叢書本。
資治通鑑，宋司馬光編著，元胡三省音注，中華書局，一九五六年。
資治通鑑目録，宋司馬光編集，四部叢刊本。
蜀鑑，宋郭允蹈撰，巴蜀書社影印本，一九八四年。
建康實録，唐許嵩撰，張忱石點校，中華書局，一九八六年。
華陽國志校補圖注，晉常璩撰，任乃强校注，上海古籍出版社，一九八七年。
太平寰宇記，宋樂史撰，王文楚等點校，中華書局，二〇〇七年。
讀史方輿紀要，清顧祖禹撰，賀次君、施和金點校，中華書局，二〇〇五年。
吴郡志，宋范成大纂修，汪泰亨等增訂，宋元方志叢刊本，中華書局，一九九〇年。
嘉泰會稽志，宋沈作賓修，施宿等纂，宋元方志叢刊本，中華書局，一九九〇年。
景定建康志，宋馬光祖修，周應合纂，宋元方志叢刊本，中華書局，一九九〇年。
萬曆廣東通志，明郭棐修，王學曾纂，明萬曆三十年刻本。
水經注校證，北魏酈道元著，陳橋驛校證，中華書局，二〇〇七年。

桂林風土記，唐莫休符撰，廣西師範大學出版社，二〇一四年。
六朝事迹編類，宋張敦頤撰，張忱石點校，中華書局，二〇一二年。
宣和奉使高麗圖經，宋徐兢撰，國家圖書館出版社影印本，二〇〇九年。
通典，唐杜佑撰，王文錦等點校，中華書局，一九八八年。
北宋版通典，唐杜佑撰，日長澤規矩也、尾崎康校，韓昇譯，上海人民出版社影印本，二〇〇八年。
唐會要，宋王溥撰，中華書局，一九六〇年。
宋會要輯稿，清徐松輯，中華書局，一九五七年。
建炎以來朝野雜記，宋李心傳撰，徐規點校，中華書局，二〇〇〇年。
通志，宋鄭樵撰，中華再造善本影印元大德三山郡庠刻元明遞修弘治公文紙印本，北京圖書館出版社，二〇〇六年。
文獻通考，元馬端臨著，上海師範大學古籍研究所、華東師範大學古籍研究所點校，中華書局，二〇一一年。
續文獻通考，清乾隆官修，浙江古籍出版社影印本，二〇〇〇年。
南廱志，明黃佐撰，續修四庫全書本，上海古籍出版社，二〇〇二年。

郡齋讀書志校證，宋晁公武撰，孫猛校證，上海古籍出版社，二〇一一年。
直齋書録解題，宋陳振孫撰，徐小蠻、顧美華點校，上海古籍出版社，一九八七年。
善本書室藏書志，清丁丙撰，中華書局影印本，一九九〇年。
淳化閣帖，文物出版社，二〇〇三年。
古刻叢鈔，明陶宗儀撰，文淵閣四庫全書本。
史通通釋，唐劉知幾撰，清浦起龍釋，上海古籍出版社，一九七八年。
讀書記疑，清王懋竑撰，清同治刻本。
十七史商榷，清王鳴盛著，黄曙輝點校，上海書店出版社，二〇〇五年。
廿二史考異，清錢大昕著，方詩銘、周殿傑校點，上海古籍出版社，二〇〇四年。
廿二史劄記校證，清趙翼著，王樹民校證，中華書局，一九八四年。
諸史考異，清洪頤煊著，叢書集成初編本，中華書局，一九九一年。
越縵堂讀史札記，清李慈銘撰，王重民輯，國立北平圖書館排印本，一九三二年。
武經總要，宋曾公亮等著，陳建中、黄明珍點校，商務印書館，二〇一七年。
金樓子校箋，南朝梁蕭繹撰，許逸民校箋，中華書局，二〇一一年。

法書要録校理，唐張彦遠纂輯，劉石校理，中華書局，二〇二一年。
歷代名畫記校箋，唐張彦遠撰，許逸民校箋，中華書局，二〇二一年。
容齋隨筆，宋洪邁撰，孔凡禮點校，中華書局，二〇〇五年。
賓退録，宋趙與旹撰，齊治平點校，中華書局，二〇二一年。
日知録集釋，清顧炎武著，清黄汝成集釋，欒保羣、吕宗力校點，上海古籍出版社，二〇〇六年。
瞥記，清梁玉繩撰，清白士集，清嘉慶刻本。
讀書脞録，清孫志祖撰，清嘉慶七年刻本。
論衡校釋，黄暉撰，中華書局，一九九〇年。
墨莊漫録，宋張邦基撰，孔凡禮點校，中華書局，二〇〇二年。
世説新語校箋，南朝宋劉義慶撰，徐震堮著，中華書局，一九八四年。
墨客揮犀，宋彭□輯撰，孔凡禮點校，中華書局，二〇〇二年。
出三藏記集，南朝梁釋僧祐撰，蘇晉仁、蕭錬子點校，中華書局，一九九五年。
高僧傳，南朝梁釋慧皎撰，富世平點校，中華書局，二〇二三年。
弘明集校箋，南朝梁釋僧祐撰，李小榮校箋，上海古籍出版社，二〇一三年。

廣弘明集，唐道宣撰，上海古籍出版社影印本，一九九一年。
法苑珠林校注，唐釋道世著，周叔迦、蘇晉仁校注，中華書局，二〇〇三年。
佛祖歷代通載，大正新脩大藏經本。
老子道德經河上公章句，王卡點校，中華書局，一九九三年。
雲笈七籤，宋張君房編，李永晟點校，中華書局，二〇〇三年。
藝文類聚，唐歐陽詢撰，汪紹楹校，上海古籍出版社，一九八二年。
初學記，唐徐堅等著，中華書局，二〇〇四年。
元和姓纂（附四校記），唐林寶撰，岑仲勉校記，郁賢皓、陶敏整理，孫望審訂，中華書局，一九九四年。
小名録，唐陸龜蒙輯，叢書集成初編本。
太平廣記，宋李昉等編，中華書局，一九六一年。
太平御覽，宋李昉等撰，中華書局影印本，一九六〇年。
宋本册府元龜，宋王欽若等編，中華書局影印本，一九八九年。
册府元龜，宋王欽若等編，中華書局影印明刻本，一九六〇年。
事物紀原，宋高承撰，明李果訂，金圓、許沛藻點校，中華書局，一九八九年。

新輯實賓録，宋馬永易撰，陳鴻圖輯校，中華書局，二〇一八年。
古今姓氏書辯證，宋鄧名世撰，王力平點校，江西人民出版社，二〇〇六年。
職官分紀，宋孫逢吉撰，中華書局影印本，一九八八年。
記纂淵海，宋潘自牧編纂，中華書局影印本，一九八八年。
名賢氏族言行類稿，宋章定撰，文淵閣四庫全書本。
合璧本玉海，宋王應麟撰，日本京都中文出版社影印本，一九七七年。
永樂大典，明解縉等編，中華書局影印本，一九八六年。
廣博物志，明董斯張撰，江蘇廣陵古籍刻印社影印本，一九九〇年。
楚辭補注，宋洪興祖撰，白化文等點校，中華書局，一九八三年。
文選，梁蕭統編，唐李善注，上海古籍出版社，一九八六年。
影弘仁本文館詞林，唐許敬宗編，日本古典研究會影印本，一九六九年。
文苑英華，宋李昉等編，中華書局影印本，一九六六年。
温國文正公文集，宋司馬光撰，四部叢刊初編本。
蘇軾文集，宋蘇軾撰，明茅維編，孔凡禮點校，中華書局，一九八六年。

景迂生集，宋晁説之撰，文淵閣四庫全書本。
攻媿集，宋樓鑰撰，叢書集成初編本。
詩品集注，梁鍾嶸著，曹旭集注，上海古籍出版社，一九九四年。

三

點校本宋書、南史獻疑，丁福林撰，徐州師範學院學報（哲學社會科學版）一九八五年第一期。
南史校勘二則，陳慶元撰，貴州社會科學一九八五年第一期。
南史循吏、儒林、文學傳標點商榷八則，胡迎建撰，晉陽學刊一九九三年第三期。
南史考疑（一）至（三十），丁福林撰，江海學刊二〇〇二年第一期至二〇一一年第五期。
中華本南史校勘記訂補，王勇撰，中國典籍與文化二〇〇四年第四期。
南史勘誤一則，丁樹芳撰，中國史研究二〇〇九年第三期。
南史校勘舉誤二則，張徽撰，中國史研究二〇一〇年第一期。
梁書南史互勘正訛，真大成撰，中國典籍與文化二〇一〇年第二期。

南史張率傳辨誤一則，洪衛中撰，中華文史論叢二〇一一年第四期。
南史宋本紀中札記一則，丁樹芳撰，中華文史論叢二〇一五年第一期。
周捨卒年問題及梁書南史三傳勘誤，趙燦鵬撰，文史二〇一五年第一輯。

校史隨筆，張元濟撰，上海古籍出版社，一九九八年。
張森楷史學遺著輯略，張森楷著，唐唯目編，西南師範大學出版社，一九九八年。
南北朝八書二史疑年録，許福謙著，北京出版社、文津出版社，二〇〇三年。
十七史疑年録，牛繼清、張林祥著，黄山書社，二〇〇七年。
北朝胡姓考（修訂本），姚薇元著，中華書局，二〇〇七年。
南史校證，馬宗霍著，戴維校點，湖南教育出版社，二〇〇八年。
魏晉南北朝史札記（補訂本），周一良著，中華書局，二〇一五年。
諸史天象記録考證，劉次沅著，中華書局，二〇一五年。
中古史書校證，真大成著，中華書局，二〇一三年。
正史宋元版之研究，日尾崎康著，喬秀岩、王鏗編譯，中華書局，二〇一八年。
歷代長術輯要，清汪曰楨撰，中華再造善本，國家圖書館出版社，二〇〇九年。

二十四史月日考，清汪曰楨撰，北京圖書館出版社影印本，二〇〇五年。
二十史朔閏表，陳垣著，中華書局，一九六二年。
史諱舉例，陳垣撰，中華書局，一九六二年。
中國歷史地圖集，譚其驤主編，中國地圖出版社，一九九六年。
中國史曆日和中西曆日對照表，方詩銘、方小芬編著，上海辭書出版社，二〇〇七年。

後記

點校本南史修訂工作於二〇〇七年啓動，前後延續十餘年之久，實在是始料未及，而工作量之大也遠超最初想象。本次修訂是在「二十四史」及清史稿修訂工程修纂委員會的指導下，根據相關文件規定進行的。我們首先對點校本南史所做的工作進行核查和分析，調查了解南史版本的收藏情況，並到數家圖書館查閱若干善本，選擇數卷進行對校，從而爲確定底本和通校本、參校本提供依據，還對與他校和理校相關的文獻做了初步分析。在此基礎上提出修訂方案、凡例及兩卷樣稿（卷二一、二三），二〇一〇年經專家評審後正式開始修訂工作。

在版本對校過程中，我所指導的好幾届研究生對通校本、參校本進行多遍覈校，最後由謝翀等四位研究生統計列表。張鋭撰寫列傳三卷（卷四七至四九）校勘記初稿和十卷（卷四一至五〇）長編，並匯總覆覈版本校勘表。權玉峰撰寫列傳三十卷（卷一一至四〇）長編。在定稿階段，王蕊、熊昕童、張鋭和博士生謝翀、朱富春、任建芳也做了大量文獻覈校和文字訂正工作。

校勘記等文稿撰寫的具體承擔情況如下：張金龍，本紀一卷（卷二）及列傳六十卷（卷一一至一九、二三、二六至四〇、四六至八〇）校勘記和部分長編的撰寫，同時撰寫前言；王蕊，本紀九卷（卷一、三至一〇）長編和校勘記的撰寫；熊昕童，列傳十卷（卷二〇至二二、二四、二五、四一至四五）長編和校勘記的撰寫。最後由張金龍統一全稿，提交中華書局終審。

此外，高賢棟、韋琦輝、董劭偉、王蓮英、李方曉、孫齊、曹建剛、張曉永在修訂初期亦曾參與過相關輔助工作。

最後，對中華書局前後主管領導以及編輯組所給予的大力支持、幫助和付出的辛勤勞動表示衷心感謝，還要特別感謝各位評審專家，感謝本書修訂過程中的所有參與者——包括多位没有提及姓名的參與版本校對的研究生。

張金龍

二〇二三年八月

點校本二十四史及清史稿修訂工程組織機構

總　修　纂　任繼愈

學術顧問　王元化　王永興　王鍾翰　何兹全　季羨林　馮其庸　蔡尚思

戴　逸　饒宗頤（以姓氏筆畫爲序）

修纂委員會　丁福林　王小盾　王　素　朱　雷　吴玉貴　吴金華　吴麗娱

汪桂海　辛德勇　周天游　武秀成　孟彦弘　南炳文　施新榮

烏　蘭　凍國棟　陳尚君　陳高華　徐　俊　張　帆　張金龍

程妮娜　景蜀慧　趙生群　裴汝誠　鄭小容　劉次沅　劉浦江

戴建國　羅　新（以姓氏筆畫爲序）

審定委員會　王天有　王文楚　王春瑜　王　堯　王曾瑜　王繼如　白化文

田餘慶　安平秋　安作璋　何英芳　何齡修　吴宗國　吴榮曾
宋德金　李學勤　周良霄　周振鶴　周清澍　周偉洲　來新夏
祝總斌　陳允吉　陳祖武　陳智超　袁行霈　高　敏　陶　敏
徐蘋芳　張大可　張文强　張忱石　崔文印　梁太濟　許逸民
黄留珠　鄒逸麟　程毅中　傅璇琮　傅熹年　裘錫圭　蔡美彪
熊國禎　樓宇烈　劉鳳翥　龔延明　（以姓氏筆畫爲序）